AF340847

LA SCIENCE
ROYALE.
AV ROY LOVYS LE IVSTE:
A LA REYNE MERE DV ROY.

DE CONSIDERATIONE AD D. CARDINALEM DE SOVRDIS.
A MONSEIGNEVR LE CARDINAL DE LA ROCHEFOVCAVT.
A MONSEIGNEVR LE CARDINAL DE LA VALLETTE.
LA SCIENCE DES SCIENCES, A MONSEIGNEVR LE
CARDINAL DE RICHELIEV.
A MONSEIGNEVR D'HALLIGRE CHANCELLIER DE FRANCE.
A MONSEIGNEVR DE RETHZ ARCHEVESQVE DE PARIS.
DE CONSIDERATIONE AD D. MYRON EPISCOPVM ANDEGAVENSEM.
A MONSIEVR LE R. P. SEGVIRAN I. P ET C. ORDINAIRE DV ROY.
A MONSIEVR LE R. P. IOSEPH P. DES CAPVCINS EN TOVRAINE.

DIEV, LE ROY, ET L'ESTAT.

Ouurage qui a seruy aux Reglements faits par le Roy
en ses Codes. Louys 14. Sa Maiesté
sens permettre Tenues d'Estats Generaux
a Fait par Son Code ce que sous
les Estats grand en France auoient tant
mais Inutilem.t Desirés. V. pages 81.122

A SAVMVR,
Par PIERRE GODEAV, ET IEAN
GODEAV Imprimeurs, & Libraires.
M. DC. XXV.

AV ROY.

 IRE,

Le defefpoir d'vn meilleur ordre, que les plus grands perfonnages de voftre Royaume ont excité maintefois aux affemblees publiques, & priuees, fur la reftauration des abus, deffauts, & maluerfations, qu'on y commet trop licentieufement fous le voile de la iuftice, me force d'annoncer à V. M. en toute verité, humilité, & fujection, qu'apres trente-deux ans de labeurs opiniaftres, & fans exemple, en l'exercice des deux charges d'Aduocat, & de Iuge, accompagnees de prodigieux accidents, m'eftant retiré au defert, pour vacquer au feruice de Dieu dans fon Eglife, & fecourir vn grand Ordre, mon efprit a efté illuminé d'vne fcience inconnüe aux humains, laquelle m'a donné l'affeurance de penetrer iufqu'au plus profond abyme de la verité des caufes effentielles de la corruption publique, & des remedes conuenables. Ie ne parle point au Monde ignorant, & maling en fes artifices d'vne prudence charnelle, mais à vn Roy Iufte inftruict dans l'efcoole du pauure Iefus-Chrift, qui n'a eu que de pauures difciples, pour parfaire les plus grands ouurages de la Nature, furpaffants en toute façon les forces du plus riche entendement. Ainfi les bons Roys viues images de Dieu fur la terre, ont laiffé à fon imitation des

témoignages miraculeux de leur pieté, & iuſtice, par le miniſtere de quelques bonnes ames abſtraictes de la conuoitiſe ordinaire aux mortels, pour ioüyr de la perfection, qu'elles acquierent en la liaiſon, & tres-eſtroicte vnion auec Dieu, par
vn ſingulier amour enuers luy, & ſes creatures, qui les a éclairé
d'vne lumiere ſi excellente, qu'elle a diſſipé l'ignorance, & la
malice des hommes éleués aux plus grandes charges, leſquels
ne ſe rendent preſque conſiderables au Vulgaire, que par
l'apparence de leur mine. Or auant que de venir au point de
tous les mal-heurs de voſtre Eſtat au ſuject de la iuſtice, lequel eſt mon ſeul, & vnique but, i'expoſeray à V. M., ſelon
que ie me ſens appellé au grand ouurage de la purification de
ſes temples, apres vn examen religieux de la vocation, que
tous les ſiecles deſpuis la creation du Monde ont eſté ſemblables, ou peu diuers en malice, & que les vices tandis qu'il y aura des hommes commanderont ſur la face de la terre. C'eſt vn
ſecret de la Prouidence, duquel l'homme ne ſera iamais capable, puiſ-que le Bien, & le Mal ſont en l'ordre, jaçoit que
Dieu ſoit ennemi de l'vn, & autheur de l'autre. Mais il n'y
eut iamais ſiecle ſi ſterile en vertu, lequel ſelon les neceſſités
de la Choſe-publique n'aie faict voir des eſprits embraſés
d'amour, & de gloire, roidiſſants les bras, pour le ſalut de leur
païs, contre le torrent des iniquités publiques. Ie n'en veux
qu'vn ſeul exemple, de C. Octauius Cæſar, lequel à l'entree
de ſon dix-neufieſme an voyant la Republique Romaine en
vn ſi piteux eſtat ſous l'oppreſſion d'Anthoine, que la fureur
des deſordres émeus de toutes parts auoit excité de l'indignation dans les plus genereux courages, y pourueut hardiment,
& apres auoir oſé entreprendre de grandes choſes en executa
d'admirables, ſurmontant par la vertu de ſes propres conſeils

la

la molleſſe du Senat. Que ſi cette voie euſt eſté practiquee
dans voſtre Royaume deſpuis quatre-vingts ans, que la Chicane ſ'eſt éleuee menant par la main l'Hereſie ſa ſœur germai-
ne côtre la Religion, & la Iuſtice, nous n'euſſions eſté ennuyés
par tant d'Harangueurs, qui l'ont ſouſtenu, & par le ſubtil
poïſon de leur babil ont comblé vos peuples, d'horreur, d'opprobre, & d'abomination. Voyla, SIRE, le premier commencement des tragedies de la France, qui ont eu cette ſuite
au dernier ſiecle, que vos ſujects ennuyés de leur mal ont cher-
ché toutes ſortes d'occaſions, pour ſe deſchirer par des libelles, qui n'eſtoient que des flambeaux de ſeditions, afin de mutiner les eſprits, & les faire reuolter contre voſtre puiſſance
ſouueraine. Or comme ces actions ont eſté autrefois capitales,
ainſi que des crimes de leze Majeſté diuine, & humaine, auant
la conſtitution des Empereurs Theodoſe, Arcade, & HONORÈ,
il eſt vray, que ces triſtes Orateurs ont commis vne grande
faute, en releuant d'vn ſi haut ſtyle les maladies publiques, &
ne propoſant aucun leniment aux Roys vos majeurs, & à
Vous, SIRE, leque', comm'vn ſouuerain Medecin, aués la
puiſſance de conſolider les playes de voſtre Royaume, par le
ſalutaire baume d'vne belle Legiſlation. Et puiſ-qu'il n'eſt
pas beſoin de remüer ces ordures, & qu'aux entrepriſes de la
reſtauration des Monarchies le decret d'amniſtie des Atheniens eſt treſ-neceſſaire, ainſi que Ciceron repreſenta au Senat Romain apres la mort de Cæſar maſſacré par la coniuration de Brutus, & C. Caſſius, ie me contenteray de faire voir,
qu'en la derniere aſſemblee des Eſtats tenus dans voſtre Royau
me, les labeurs des trois Ordres ont eſté contre-poinctés les
vns contre les autres, & que par vne grande faction, il y a eu
des gents, qui ſe font eſtudiés de ſe maintenir en vn empire

B

immoderé par des pretextes , qui n'eſtoient en effect , que les auant-coureurs d'vn mal-heureux ſchiſme. Ie paſſe infinies choſes, pour venir au vœu, que i'ay faict, apres auoir conſideré les trois Ordres en vne grande patience aux pieds de la Croix de Ieſus-Chriſt, de ne plus viure au Monde, que pour ſauuer ſon Egliſe , & les Pauures ſes amis des pates de la Chichane, qui les mâtine iniurieuſement, & ſans aucun reſpect des Loix de Dieu, & des Ordonnances de voſtre Royaume, les aſſujectit à l'intolerable fureur de ſa domination. La voye m'en eſt faicte, ſi i'ay l'honneur de reueler, & deſcouurir en la preſence de V. M. les Ordonnances , que i'ay dreſſé ſur ce ſuject, auec cette proteſtation cordiale, de n'eſtre touché d'aucun intereſt, que de celuy de Dieu, de V. M. & de voſtre Royaume , & de garder la reuerence, qui eſt deüe aux puiſſances de la iuſtice, comm'en verité la hayne, ny l'enuie, n'ont iamais ſayſi mon ame

Si donc il eſt conſtant, SIRE, pour vn principe de verité eternelle, que vous ne ſçauriés heureuſement regner en paix, n'y maintenir voſtre Royaume ſans vne loyale diſtribution de iuſtice à vos ſujects, & que la meilleure iuſtice eſt maintenant vne grande iniuſtice, par les circuits, & les in ſo'utions, que la Chicane a fait naiſtre dans les Palais, en aboliſſant toutes les maximes politiques, la France eſpere , que ces fraudes, & cauteles vous eſtans deſcouuertes, vous acquiterés voſtre conſcience enuers Dieu , & vos ſujects, par la reſtauration de l'ordre, & de la diſcipline, qu'on doit garder aux iugements, en la foy deſquels eſt appuyee la proſperité des familles, & le bon-heur de voſtre Eſtat. Cette propoſition a eſté pronócee à tous les ROYS, par la bouche des Prophetes, des Apoſtres, & des ſaincts perſonnages, que Dieu a choïſi, pour eſtre des aſtres de

faincteté, de benediction, & de bons exemples parmy les tenebres de l'ignorance, & de l'erreur, qui commandent au Vulgaire, ressentant pluftoft la befte en fes paffions, que l'homme
creé à l'image, & femblance de Dieu, quand il fe conforme en
foy, en efperance, & en charité, à la volonté de fon Createur.
Mais comme cette Iuftice eft nette, & fans macule, il eft vray
qu'elle ne faict iamais fes operations, que par la puiffance
fouueraine, & inflexible des Ordonnances, que Dieu guidant
les cœurs des Roys leurs enuoye felon les temps, qui fait, que
la iuftice n'eft qu'vn pur effect de la Loy, & que toutes les autres procedures de voftre Royaume; auquel n'y a autre Ordonnance, que le bon plaifir des vns & des autres, font autant
de crimes de leze Majefté diuine, & humaine, qualifiés du
nom de Chicane, non moins oppofee à la Iuftice, que font les
tenebres au Soleil, & le vice à la vertu. Ie fçay, SIRE, que
dans voftre Eftat la Prudence feinct deux iuftices, l'vne publique, & l'autre priuee, voire mefme, qu'elle eftablit vne in-
difference en la diftribution du droict, qui appartient à vn
chacun, fuppofant que l'Eftat ny pert rien, puis-que le bien
ne faict que changer de main, & f'en ailler de l'vn à l'autre.
Ces impietés, & abominations femblables fleftriront fous la
iuftice de voftre regne, vne, & égale à tous, voire, fi l'extenfion
f'en pouuoit faire, plus fauorable aux pauures, qu'aux riches,
felon que les Roys ont efté fingulierement inftitüés pour la
defence des plus foibles contre l'infolence des plus grands.
Auffi certes vn bon Roy fe donnera-il bien garde, de diftinguer iamais la caufe de fon Eftat d'auec le droict de la plus
fimple creature, qui faict, que le pus augufte titre, que vous
fçauriès acquerir, fera toufiours, de vous eftimer, non côm'vn,
mais l'vn de vos fujects. Ie ne veux pas m'eftendre fur cette

verité , & chercher des exemples estrangers de Traian , & de
l'Empereur Seuere, lequel aymoit tant la iustice distributiue,
qu'il auoit faict grauer sur ses palais la loy de Nature, puis-
qu'en effect les Chrestiens sçauent, que c'est la simple volonté
de Dieu, de laquelle sont découlees, ainsi que d'vne viue, &
immortelle source de fœlicité, toutes les bónes Loix du Monde. Ie diray seulement à V. M, qu'elle receura vne singuliere
ioye , si elle se represente entre les actions memorables de ses
maieurs deux exemples des Roys S. Louys & Louys XII,
puis-que ce nom semble luy auoir esté donné , comme par vn
presage de bon-heur en la restauration des mœurs corompus,
& alterés en toutes les parties de l'Estat. Car il est vray, que le
Roy S. Louys ne mesura iamais la grandeur de sa Majesté, par
les honneurs , & les puissances de la terre , estimant , que tout
ce qui estoit perissable estoit au dessous d'vn courage Royal,
& qu'il n'y auoit rien, qui releuast la dignité des Princes souuerains, que la soigneuse obseruance des mysteres de la religion , & de la iustice en humilité , & grande crainčte enuers
Dieu accompagnees d'equité allendroit de leurs suiects. Il a
esté aussi touché d'vn singulier amour enuers l'Estat Ecclesiastic , en la fœlicité duquel il establissoit l'asseurance, & l'affer-
missement de ses couronnes. Que peut-on dire d'ailleurs di-
- gne d'estre admiré qu'il n'aie faict voir par sa iustice, laquelle
il rendoit de viue voix à ses peuples, & par l'exemple de sa vie,
qui a esté, ainsi qu'vn parfaict tableau de saincteté, & des vertus Royales ? Ie ne vous representeray point les graces singulieres, qui reluy soiët en luy, seulement diray-ie, qu'en ce seul
Oracle ; *Que la plus belle garde , & le plus asseuré reuenu du Prince est
l'amour, & la bien-veillence de ses peuples enuers luy*, il a compris, &
& executé tout ce, que les liures sacrés, & prophanes ont pro-
nonce'

noncé de plus beau, dont il a reçeu cette gloire d'eſtre couron-
né du titre de ſainct par le iugement de l'Egliſe. Parleray-ie
de Louys XII. apres auoir faict voir tant de fois au public,
qu'aux actions de la iuſtice, il a rendu témoignage au ciel, &
à la terre, qu'il eſtoit, non ſeulement Roy de ſes ſujects par nature, mais Pere par vn amour égal ? Mais ne ſerois-ie pas coupable de preuarication, ſi ie n'adiouſtois la remonſtrance, que
fiſt Louys le Gros à Louys le ieune ſon fils, apres auoir reçeu
le S. Sacrement, qu'il luy delaiſſoit le royaume auec vn grand
deſplaiſir, de n'auoir bien deſchargé ſa conſcience en la direction de ſes ſujects, le coniurant par les viues impreſſions de
l'amour paternel au dernier ſouſpir de ſa vie, de proteger
l'Egliſe de Dieu auec ſes Miniſtres, ſoulager les pauures, &
preſter ſecours aux Veuues? Il n'eſt pas beſoin, SIRE, de parler dauantage ſur ce ſujet à vn bon Roy : Voſtre conſcience
vous iuge aſſés de l'inuiolable obligatió, qui vous excite à faire iuſtice à vos peuples, ſi vous deſirés regner en paix, & vous
vnir eternellement auec Dieu lors, qu'apres vne longue vie
comblee d'vne belle lignee vous aurés triomphé de la terre:
L'innocence en vn Prince eſt la moindre de ſes vertus: Il n'eſt
pas nè pour luy, & ſa vie doit eſtre vne ſource fœconde de
bonnes loix, pour la gloire de Dieu, & le ſalut de ſes ſujects,
leſquels ſe perdent dans leurs infidelités, & de Chreſtiens
qu'ils ſont en voſtre Royaume par la vertu du bapteſme, ſe
font des furies par l'horreur de leurs actions. Cæſar Auguſte
aymoit tant la iuſtice, qu'il eſtoit ſans ceſſe empeſché à iuger,
& quand il eſtoit malade, il ſe faiſoit porter dans ſa littiere,
pour faire iugement, comme c'eſtoit l'exercice ordinaire des
Empereurs Romains. Ie laiſſe ces exemples eſtrangers, pour
vous exciter, SIRE, à policer voſtre Royaume par vne ſain-

éte legiſlation à l'exemple de Ioſias, lequel ne ſe contenta pas de plorer amerement les pechez de ſon peuple, & decheminer par les droictes voyes durant ſa ieuneſſe, mais eſtant monté ſur le degré du téple, apres qu'il eut eſté repurgé, l'euſt au peuple de ſa propre bouche le Deuteronome, qui l'émeut tellement, qu'il bruſla les Idoles. Qui ne ſçait les actions de Salomon, apres les ſacrifices faicts à Dieu, & la remonſtrance, qu'il luy fit de ſon enfance, & ignorance, auec tres-humble ſupplication, de luy donner vn cœur docile, & bien inſtruict, pour gouuerner ſon peuple en droicture, & luy faire iugement, & iuſtice? Mais comment peut-on pouruoir à vn ſi ſainct ouurage? Entendés-le, SIRE, entendés-le de Moyſe, le bien-aime de Dieu, & des hommes, lequel auant ſa mort donna ſa benediction aux enfans d'Iſraël, & leurs annonça les choſes futures de la part de Dieu tenãt en ſa dextre vne loy de feu : Car il eſt vray, que trois choſes vous ſont tres-neceſſaires en ce temps, l'Amour, l'Ordre, & la Terreur; & que ſi vous en delaiſſés l'vne, les deux autres vous ſeront invtiles: Pour l'Amour, vous eſtes bon, & iuſte par nature, & toutes vos intentions reſpondent aux graces, que Dieu a ſemé dans voſtre ame, cóm'en vn iardin delicieux des plus belles vertus: Quant à l'Ordre, par lequel Dieu gouuerne tout, il doit venir de voſtre Conſeil, & des auis ſalutaires, que les gents de bien ſont obligés d'ouurir à M. V, pour faire iuſtice à ſes peuples, & tout ce qu'on peut deſirer de vous eſt, d'en faire choix, ainſi que Seuere fiſt d'Vlpian, Traian de Pline ſecond, & les autres Princes ſouuerains de quelques perſonnages integres, qui ont rendu la memoire de leur domination d'vne eternelle duree, par la force de leurs Ordonnances. A ces deux vertus ſuccede la Terreur, & l'inflexibilité des loix, pour la vangence des

crimes, lesquels periffent par la feuerité, ainfi que V. M., par
cette voye a commencé de fauuer, & fauuera, fi elle eft inflexible en fa iuftice, des peines de la mort, & de la mort eternelle fa Nobleffe, laquelle ne prenoit plaifir, qu'à f'entretüer pour
vn rien, & par forme de paffetemps. C'eft le confeil falutaire,
que donnoit Atteius Capito à Tybere, Qu'il luy eftoit feant
d'eftre lent en la vangence de fes propres douleurs, mais qu'il
ne deuoit faire aucune largeffe des iniures, violences, rapines,
& concuffions publiques, defquelles il eft temps de voir quelque punition exemplaire, pour ferrer du frein de la peine
l'impudence, & l'audace de ceux, qui n'ont autres loix, que
leurs volontés. Ce font les voyes de Dieu, SIRE, qui vous
promettent en affeurance de grandes benedictions au Ciel, &
des richeffes infinies fur la terre. Ie le dis hardiment, puif-
qu'il n'y a aucun moyen plus iufte, ny plus prompt, pour enfler voftre Efpargne, qu'vn loyal exercice de la iuftice, felon
les loix diuines, & humaines, dont voftre Majefté receura ce
contentement, fans fouler fes pauures, & affligés fujects de
furcharges, qu'elle aura moyen de mettre fus la milice, pour
laquelle i'ay dreffé vne Ordonnance au grand foulagement
de la Nobleffe; La iuftice fans la force eft vn nom vain, & la
force fans la iuftice vn brigandage. L'vne, & l'autre verus
f'entrefuiuent, & fe dónent la main, pour maintenir les Eftats
en vne paix ftable contre les mouuements, qui fe font au dedans, & au dehors. Ainfi ferés-vous le Roy iufte, & magnanime deuant Dieu, & les hommes: Ainfi viuerès vous heureux,
& vos actions ne feront, que des rofees de charité à vos peuples. Ainfi ferès-vous aymable à l'Eglife, & aux Pauures deliurés d'vne grande captiuité, &, comme vous facrifierés des
facrifices de iuftice à Dieu, poffederés-vous par leurs prieres

voſtre heritage en abondance de biens. Voyla, SIRE, le tres-
humble auis d'vn chetif, & miferable homme par les cruautés de la Chicane, mais qui fera tel, qu'il plaira à V. M., dans
l'Eglife, & en voſtre Confeil, pour ne ceder iamais à aucun
autre en zele, & en puiſſance de la feruir au miniſtere de la iuſtice, qui eſt le feul office de fuje&tion, que les gents de la Robbe ſçauroient rendre à leur Roy. Toutes les autres confiderations font des fanfares, & des vanités de flatteurs, defquels le
Prophete Ifaye vous aduertir, de vous donner garde, & de
pouruoir au falut de voſtre Royaume, par le fecours, & le miniſtere des gents de bien, fans attendre les auis des vns, & des
autres, qui ne vous enuironnent communement, que pour leur
proffit. Ie fuis loyal, SIRE, & comme l'Empereur Seuere
vouloit, que ceux, qui f'approchoient de luy, à la façon des
anciens facrifices, fuſſent integres, ie protefte au peril de la vie
fans aucune grace, d'auoir purifié mon cœur de tout autre intereſt, que de celuy de Dieu, de V. M., & du Royaume, ainſi
que la verité de la legiſlation, dont ie publie le bien, iuſtifiera
en la prefence de V M, fous la prote&tion de laquelle ces
bons propos doiuent eſtre expliqués.

Ie ſçay, SIRE, que les gents fages viuent fous la forme du
gouuernement, qu'ils ont trouué, en patience, & en repos.
Mais il ne fut iamais, que les bons Roys n'aient reçeu benignement les fupplications tres-humbles de leurs fuje&ts, pour
la confolation qu'ils peuuent attendre de leur bonté, fans aucun conterolle de leurs commandements. Et paſſant outre ie
dis, qu'en ce fuje&t de la iuſtice, auquel perfonne ne voit goutte, il eſt neceſſaire qu'vn hôme ſçauant, & expert découure les
voyes de la malice, & de la iuſtice à V. M., afin de retirer vos
fuje&ts des premieres, & les faire viure dans les fecondes.
Il n'y a

Il n'y a plus d'ordre, & pour vn rien, comme les affaires des
Palais n'ont autre fons que malice, & iniquité flattees par
l'impunité, vos fujeéts perdent l'ame, & le corps par vne guerre continuelle contre Dieu, & le prochain, fuyuie en la diffipation de tout leur auoir des mefmes euenements, que le vain-
queur, & le vaincu durant les guerres des Romains auec les
Carthaginois Voftre facré nom, S I R E, eft à la tefte de tous
ces ouurages, & la Chicane ruine voftre Eftat fous fa feule auctorité auec ce grand mal-heur, que vos fujeéts ne fçachants à
qui recourir n'ont autre voix en la bouche, que, le Roy cecy,
le Roy cela, côme fi les actions de vos Officiers bleffoient voftre innocence connüe à tout le Monde. Eft-ce pas la verité,
& que fçauroit on defirer de V.M., que l'on n'aie obtenu, ainfi
que des Roys vos majeurs, pour bien faire la iuftice en vne am-
ple, & profonde liberté? Il eft vray, que le Vulgaire cherche
les remedes à fon mal dans l'aïde liberale des loix, que le furieux commerce des Offices femble auoir rendu coupables:
Mais cela n'eft pas la caufe du defordre, que V.M., en attendant le fouuerain remede, peut, & eft obligee de temperer par
la moderation du prix des charges, ainfi que la loy faiéte fur
ce fujeét fera voir au public. Le Roy S. Louys trouua les mefmes confufions, & y donna ordre, comme vous ferés, S I R E,
par l'ouuerture du temple de l'Honneur aux actions de la
Vertu. Toutes chofes ont leur temps: Il faut commencer par
autres voyes aïfees, & reftaurer l'auctorité des loix, par vn
puiffant accord de voftre Confeil auec vos Parlements, qui
offenfent le ciel, & la terre par leurs contentions. L'Eglife
d'ailleurs foufpire, & demande liberté, pour chanter à voftre
gloire apres fa deliurance des mains de fes ennemis, *Ils m'ont
fouuentefois combattu, & ils n'ont rien pu contre moy:* Ne permettés

D

donc plus, SIRE, que les Prelats de voftre Royaume feruent de proye aux calõnies de vos Palais, auec lefquels ils n'ont rien à demefler, puif-que l'vn, & l'autre glaiue ont diuers objects, & que le temporel eft defenfeur du fpirituel. Ne fouffrés plus, fi vous defirés voir la paix dans voftre Eftat, que l'Eglife, de dame qu'elle eft, & maiftreffe du Monde, ayant efté rachetee par le propre fang de Iefus-Chrift épandu en la Croix, foit renduë ferue fous la domination des efprits trop ambitieux, & infatiables en leurs conuoitifes. Ie fçay, quel eft l'honneur & le refpect, qu'on doit à V.M., & à vos Officiers, & pluftoft fouffrirois-ie vne cruelle mort, que d'en rien diminüer, mais c'eft vn abus, de prendre ce pretexte, pour eftablir la confufion en la iuftice à l'auátage de l'Herefie, laquelle ne fe nourrit que du fcandale, & du mefpris qu'on faict de l'Eglife. Et f'il y a, SIRE, quelque chofe à confiderer en ce faict, practiqués la conftitution de Charlemagne, lequel vouloit, que ces caufes, & celles des Veuues, des Pupilles, & des Orphelins fuffent terminees dans fon Confeil, & non pas tympanifees dans les lieux publics par des langues venales. Suyués encore la voye de S. Louys, lequel reftaura le Royaume malade, cõm'il eft, par vne fainite Legiflation, au grand honneur de l'Eglife, & au bien de fes fujects, comm'en effect, SIRE, le commandement à vn Roy aux affaires publiques eft fufpect, & fi vous çroyés Cæfar, il n'en faut iamais vfer aux chofes, qu'on peut eftablir par des loix. Ce n'eft pas encore affés, mais paffant outre eft-il iufte, qu'à l'imitation du grand Conftantin, vous abolifliés des formes, & des cauteles en la Iuftice, plus conuenables à des Sophiftes, qu'elles n'eftoient à des Legiflateurs, qui les ont introduict en vn exercice, qu'on ne fçauroit rendre trop fimple, Et pour dire en vn mot, fi vous faictes la iu-

ſtice à vos peuples, vous leurs ferés vn plus grand bien, que ſi
faiſiés parſemer l'Eſtat de piſtoles, & leurs remetties tous les
ſubſides. La Iuſtice eſt le refuge commun des hommes, & n'y
a perſonne ſi prouide, qui n'en aie autant affaire, que des elements. Nous ſçauons, SIRE, que vous eſtes bon, & iuſte, mais
puiſ-que la Prouidence de Dieu vous a reſeruè par grace ſpe-
ciale l'honneur du triomphe des iniquités de voſtre Eſtat par
vne belle Legiſlation, il eſt bien raiſonnable, que les effects reſpondent au grand connon de Iuſte, que vous aués reçeu de la
voix publique, comme le nom de noms donné par S. Iean l'E-
uangeliſte à Ieſus-Chriſt, & par ſa propre bouche à Dieu ſon
Pere, lors qu'il prioit pour ſes Apoſtres. Les Hiſtoriens flat-
tent les Roys, mais la propre vertu de vos actions, que les enfans ſuççeront aux ſeins de leurs meres deliurees auec l'Egliſe,
& les pauures d'vne grande perſecution fera viure au ſiecle
des ſiecles la iuſtice de voſtre regne. Les chartes, & les tables
des plus ſainctes loix periſſent, ainſi que tous les ouurages de
la Nature : L'eternité ſera la meſure des voſtres puïſees dans
les Ordonnances de Dieu, & purifiees par les ardents braſiers
de ſa charité. Les bons Roys ont accouſtumé de preuenir la
ſimplicité de leurs ſujects, qui n'ont pas vn libre accés vers
leurs Majeſtés par des interrogatoires gracieux : Vos Ordonnances viues, & animees parleront d'elles-meſmes, &, cóm'vn
Soleil pritannier, diſſiperont les grands nüages, que la malice
a planté dans vos Palais, pour reduire toutes choſes, ainſi que
faiſoient les Magiſtrats en la ville d'Athenes au ſeul proffit.
I'appelle, SIRE, de tous ces abus, comme d'abus à voſtre conſcience, & demande au nom de Dieu audience deuant V. M.
pour luy faire entendre de belles choſes, auec cette proteſtation, qu'apres que i'auray expedié la Chicane, l'Hereſie aura

D ij

son faict. Ce sont, S I R E, les effects de la science Royale, que i'ay formé au desert, qui n'est en effect, qu'vne saincte legisla- tion, pour tüer, & consumer dés le matin, à l'exemple de Da- uid, tous les pecheurs de vostre Royaume. Cherche qui vou- dra les biens de la terre, ie ne demande quant à moy, que de ser- uir V. M. aux sacrifices de la iustice, laquelle il semble, que i'aie appris à mon grand dómage, par vn secret iugement de Dieu, afin que par la connoissance de mon mal vn monde de personnes miserables soit deliuré auec moy d'vne grande oppression, cóm'il sera par le secours des trois Ordonnances, que i'ay preparè à mes accidents. Vne paùure vieille parlant à Philippe Roy de Macedoine l'arresteroit volontiers par ses larmes, pour faire droict à sa requeste, & le soin de l'obseruan- ce des loix porteroit peut-estre Traian dans le Senat, pour ró- pre, & annuller les decrets contraires à leur auctorité : Nous ne demandons pas, SIRE, que vous soiés importuné de cette façon : Il n'est question que d'vn moment de temps, pour l'employer á la connoissance des maladies publiques, & des remedes : Les Perses ne salüoient iamais leurs Roys, qu'auec des presens terrestres: I'offre à V. M. des thresors d'vne bene- diction spirituelle, & temporelle, par la pure distribution de la iustice. Vous estes le bon Genie de la France, & eslu de Dieu, pour triompher, ainsi qu'vn Hercule Gaulois, des deux móstres, qui la rongent iusqu'aux os. Dieu en a donné des té- moignages singuliers en l'hyuer de vostre regne, auquel V. M a surmonté cótre l'esperance humaine de grands, & fascheux perils. Ces bons commencements promettent, que mainte- nant vous serés pleinemét victorieux, non par vos seules for- ces, mais par le secours de Dieu, que vous aués, á l'imitation de Dauid, pour refuge, protecteur, & liberateur en toutes vos

entreprises.

entreprifes. Ainfi Samüel en vne tendre ieuneffe donnant
fon cœur à Dieu, & fe rendant foupple à fes infpirations fur-
paffa en fageffe les confeils chenus, & la prudence des annees.
Ainfi en auint-il á Philippes Auguſte ayeul de S Louys fur-
nommé le Conquerant, lequel, comm'il eſtoit grand amateur
de la iuſtice, & de l'ordre, cueillit parmy les tempeſtes, & les
orages de la France ce beau boucquet de gloire, *Que le Roy ver-*
tueux eſt enfin victorieux de quelques difficultés, dont il fe trouue aſſiegé.

Et pour faire fin confiderés, SIRE, qu'outre le deuoir de
voſtre confcience, qui vous follicite à faire iuſtice à vos peuples, que fi vous y pouruoiés, vous verrés en vn inſtant vn
million d'hommes, qui ne viuent que depicorée, portés aux
armes pour la defence du Royaume, & aux conqueſtes fur la
terre, & la mer auec de iuſtes finances dans voſtre Efpargne.
Voſtre Nobleffe d'ailleurs deliuree de mille, & mille forte de
mal-heurs aura la liberté, & le moien de feruir V.M. aux rencontres, & neceffités felon vos commandements. Cet Ordre
fe ruine en procés, & femble, foit que la violence des iniquités
publiques l'oblige à cela, ou que par habitude il y prenne
quelque plaifir, qu'il vueille changer fes armes en des efcritoires, comm'on ne voit plus que des gentils-hommes cou-
rants çà, & là dans les Palais, ainfi que des Solliciteurs. Et
fi dailleurs la Nobleffe n'a prefque plus de refpect à la iuſtice, & comm'elle voit que fes Officiers font trop acharnés au
guain, elle les mefprife, & f'emporte aux paffions fans aucune
crainčte: Le pauure peuple crie mifericorde par tout en fes
oppreffions, & ne fçauroit fe garantir de ruine de la part des
Practiciens, qui n'ont autre reuenu, ni induſtrie, que les malices, qu'ils font fouffrir aux Païfans. La Terre gemit par le
defaut de Laboureurs, & l'innocence du commerce, qui eſt le

principal nerf de l'Eftat , eft entierement ruinee par les circuits des Palais. Or eft-il encore vray , que tous ces Practiciens, qui font en vn nombre innombrable , y ayant plus de
gents de Palais en voftre ville de Paris, que peut eftre en tous
les Eftats, ne payent prefque rien, & qu'ils fe defchargent des
fubfides par leur credit, fans que V. M. particulierement, ni
l'Eftat en reçoiuent aucun bien.

La France, SIRE , n'a pas efté inftituee, pour eftre vne Monarchie de fraudes, de corbineries, d'exactions, de côcuffions,
de fauffetés, & de tricotages de procés. Dieu la honoré d'vn
autre titre de Tref-Chreftienne, comme la fille aifnee de l'E-
glife, la fœur de l'Empire, & la mere des Royaumes, pour y
eftre feruy en foy, loyauté, & iuftice. Les Roys vos majeurs
l'ont bien re-connu, & le mal, qu'on y voit maintenant , n'eft
monté fi haut, que defpuis l'abandonnement , qu'a faict voftre Confeil des Ordonnances de la Iuftice à la merci des vns,
& des autres. Et puif-que Dieu, SIRE, vous ouure maintenant
les voies, de faire merueilles par le miniftere, & le fecours d'vn
fien pauure feruiteur, qu'il a preuenu des graces de fa benediction à fon entree dans le Palais, pour y apprendre la verité
du bien, & du mal, afin de fuyure l'vn, & fuyr l'autre, ferués-
vous de l'occafion, & donnés quelqu'heure payfible à l'examen de la propofition. La fin fe tournera en joye, & le bien
fera fi grand, qu'on ne verra qu'acclamations pour voftre
profperité, puif-que tout eft en l'ordre de la Iuftice , & que fi
vne-fois elle eft exercee dignement dans voftre Monarchie,
elle fera capable de faire trébler tout le Monde. Mais en la façon qu'on vit maintenant, il n'y a plus d'hommes, ni de courage, tant le dol, & l'infidelité ont ietté de fortes racines dans
les cœurs de vos fujects, qui prennent à gloire de fe ruiner par

fauſſetés, & tricheries. Les Harangues qu'on a faict ſur ces
miſeres ne ſont qu'æquiuoques, ænigmes, & paroles ſpecieu-
ſes ſous de belles ombres de iuſtice. I'ay la verité en ma main,
pour la faire paroiſtre à V. M., ſi elle me faict l'honneur, que
d'en entendre les demonſtrations. Ce ſont mes ſouhaicts, &
ma voix s'eſleue ſans fin vers le Ciel, pour obtenir du grand
Dieu, qu'il vous inſpire à policer voſtre Royaume par la Legiſlation, que i'offre à V. M., afin de faire reuiure l'honneur
des François, qui ne doiuent reſpirer, que choſes hautes, & dignes des trophees de leurs progeniteurs, ſans plus croupir en
la fange d'vne penſee ſi vile, & ſi abjecte, de proffiter des exercices de la iuſtice, ainſique d'vn ſale, & inique commerce,
conuertiſſant la ſainteté des Loix en prophanation, &
impieté.

Ces fondements d'ordré, & de reſtauration iettés, i'entre,
SIRE, dans les concluſions des biens reels, & viſibles, que i'offre faire voir confidemment, & ſans controuerſe à V. M.
Or auant que d'en venir là il m'eſt neceſſaire d'octoriſer les
maximes, que i'ay eſtably pour la neceſſité, qui preſſe de purifier auant tout-œuure les téples de la Iuſtice. Car ainſi le mal
eſtant découuert nüement, le remede ſera plus gracieuſement
reçeu. Ie ne m'eſtendray point ſur vn long recueil des Harangues faictes aux Roys vos majeurs, & à V. M., puiſqu'aux paroles racourcies du grãd Preſident d'Harlay, qui a eſté trente
tant d'annees premier Preſident, & autãt Preſident, & Côſeil
ler en voſtre Parlement, pronõcees deuant le Roy Henry III.
ſeant en ſon lict de iuſtice, on re-connoiſt la verité des miſeres
de voſtre Eſtat ſans aucun reproche contre le témoignage de
celuy, qui guidoit le plus auguſte Senat de voſtre Royaume.
C'eſt, diſoit-il, par la iuſtice, que regnent les Roys tant en la paix, qu'en la

guerre: La Iuſtice, qui eſt le lien du peuple, venant à deffaillir, la Force, qui eſt l'autre partie de voſtre Royaume ne ſçauroit eſtre de longue duree. Or le deſordre eſt ia paſſé ſi auant, & la confuſion a deſia tellement occupé la place de la Iuſtice, que ie ne ſçay, ſi nous en auons de reſte l'ombre, ou l'image ſeulement. Car qu'elle difference y a-il de chaſſer rudement ceux, qui demandent vengeance de leurs iniures, la reſtitution de leurs biens, ou leurs tendre tant de pieges, leurs donner tant d'entorſes par les chemins, qu'ils ne puiſſent tous perdus, & ruinés arriuer iuſqu'à vous, pour vous demander iuſtice. Qui eſt auiourd'huy le ſi heureux playdeur, qui aiant obtenu vn Arreſt à ſon proffit n'aie plus perdu que gaigné, & outre le meilleur de ſon temps ne ſe voie deſpouïllé du meilleur de ſon bien? Combien faut il de veilles, & de peines, pour trauerſer tant de circuits, & racheter cette miſerable Iuſtice, qui eſt, à vray dire, miſe à rāçon par tant d'Edicts, & nouuelles creations? De tout cela nous en portons la plus grand part de l'enuie entre les hōmes. Nous le ſentons, & le déplorons, cōme les autres, mais c'eſt vous principallement, qui auès a en conter auec Dieu, & à en rendre raiſon à ſon grand, & epouuentable iugement.

Ie laiſſe les autres paroles, ainſi que les belles conceptions de l'admirable Stoicien du Vair, lequel a dépeint les iniquités, & malices des Palais par les plus grands prodiges du Ciel, de la Terre, & de la Mer, ſans autre ouuerture de remede quelconque, pour demeurer en cette propoſition, qu'à la relation de tous les plus celebres Officiers de voſtre Eſtat, il n'y a ni foy, ni loy, ni iuſtice. Il me ſouuient ſur ce ſujeĉt, comme la verité en la Politique ſe manifeſte par les exemples, d'vn vieil gentil-homme aimé dudiĉt ſieur Preſident d'Harlay, lequel interrogé par luy comm' alloient ſes affaires, luy reſpondit de bonne grace, *Qu'il auoit guaigné tous ſes procés, & perdu tout ſon bien.* I'eſtois, SIRE, ſur cet ouurage, lors qu'vn particulier, duquel i'a'y autre-fois eſté Aduocat, me racontoit, qu'en la cauſe quil playde contre ſa femme y a maintes annees, qu'on a donné ſix vingts tant de iugements en vne meſme compagnee, & qu'il eſt encore au commencement. C'eſt la meſme plainĉte, qui fuſt faiĉte par vn deputé aux Eſtats, lequel pour verifier les

abus,

abus, & circuits des Palais reprefenta, qu'vn gentil-homme aiant playdé fon partage fans controuerfe durant trente-ans gaigna tout, mais arriua que le fons, les fruiéts, & les defpens ne purent payer la moitié des deniers, qu'il auoit enprunté pour faire la defpenfe, dont ie fuis trop affeuré, eftant vray, qu'outre mon labeur mes pauures enfans n'ont arpent de terre, qui ne coufte plus cher, que par decreét. Il ne faut donc point fe rendre curieux de la verité du mal en ce fiecle plus perdu que les autres par le defaut de pudeur, qui retenoit encore les efprits en nos derniers iours dans la modeftie, mais voir f'il y a moien de remedier à ces abominations. Or comme de toute eternité les hommes ont pris plaifir, ainfi que fit Nigrin Tribun du peuple deuant Traian, à remüer ces ordures fans autres conclufions du bien, ie quiéte ces voies, pour affurer au peril de la vie V. M., que quand le mal feroit encore plus grand, quecela n'eft rien, & que fi vous aués agreable de voir les Palais de voftre Royaume deferts, l'herbe y fera bien toft en eftat d'eftre fauchee. Ie ne veux point fonder les caufes de l'ignorance, ou de la diffimulation des leniments falutaires à ces playes, mon intention n'eftant que de parfaire, & accomplir les riches ouurages de la iuftice fans bruit, & auec prudence.

Le mal ainfi eftably, ie ne pretens pas, SIRE, chercher les remedes dans des Idees platoniques, mais en la fontaine de vos Ordonnances fainétes en leurs intentions, & tres-dangereufes en leurs conceptions. Ie choifis donc pour bafe en la reftauration des defauts du Palais la propofition admirable du Roy Louys XII. en l'inftitution du Parlement d'Aix, les effeéts de laquelle i'efpere, SIRE, faire voir deuant vos yeux par vn fi bon ordre, que la fin vous en fera tres-agreable, & fa-

F

lutaire à voſtre Eſtat. Car comme ce ſiecle a eſté heureux, il ſe rencontre gratieuſement pour object, puiſ-qu'en matiere de reformation des Monarchies, il ne faut pas re-monter trop-haut, mais ſe tenir à quelque temps fauorable, & qui ſoit peu èloigné, comm'eſt celuy de ce bon Roy, que nous ſentons, & touſchons preſ-qu'encore par la memoire de nos Peres, qui l'ont veu, & en racontent les fœlicitès. *Iuſtice, diſoit-il, eſt celle, par laquelle les Monarchies, Principautés, & Seigneuries ſont ſous la main de noſtre Createur entretenuё en leurs grands, & ſouuerains droiĕts de preeminences; L'Egliſe en ſa liberté, la Nobleſſe en proſperité, & glorieuſe renömee, la Marchandiſe en ſon cours, & exercice, tous crimes, & maleſices punis, & corrigés, & toutes voies obſcures illuminees.* Compoſe qui voudra des liures apres auoir pillé tout ce qu'il y a de beau en l'Antiquité, & il n'approchera iamais de la perfection de ces paroles, leſquelles, SIRE, ſe peuuent reduire en deux mots, qui comprennent toutes les fonctions des Roys, *Iuger, & combattre,* le iugement marchant deuant la force, ſelon que Dieu en a ordonné pour la conduicte de l'vniuers. Or il eſt vray que la Iuſtice vient de la Loy, ainſi que l'effect de ſa cauſe, & que tous autres propos qui ne ſont bornés aux commandements des Loix ſont autant de malices, & d'oppreſſions. Cette propoſition eſt infaillible, & quiconque la voudroit conteſter, ne ſçauroit iamais ſe ſauuer du nom de Tyran, puiſ-qu'en vne Monarchie bien reiglee la Loy eſt vn Roy müet, & le Roy vne Loy parlante.

Ie fonderay donc, SIRE, ma Legiſlation pour la reſtauration de la France ſur vne premiere Loy ſaincte, & d'vne raiſon eternelle contre les erreurs de nos Peres, leſquels, pour n'auoir gardé, ni tenu aucun ordre en l'eſtabliſſement des Ordonnances du Royaume, ne nous ont laiſſé, que des pieges, cauteles, & ſophiſmes, pour formenter la licence d'aucuns

Magiſtrats, & les malices de vos ſujects, qui ſe mangent les
vns les autres à la grande honte de la France. Qui peut conteſter la propoſition, & y a-il perſonne ſi peu verſee en la connoiſſance des affaires, qui ne ſçache, que pluſtoſt on verroit
de la lumiere ſans vn Soleil, que de la iuſtice ſans des Loix?
Qui n'a auſſi appris, que l'Equitè n'eſt qu'vn cas obmis par la
loy, & que les choſes vne-fois eſtablies par les Ordonnances
du Roy, & les Couſtumes du Royaume, qui ſont des loix mu-
nicipales octoriſees par le Roy Charles VII., & vos majeurs,
doiuent eſtre inuiolables tandis que la Loy dure, & qu'elle
n'eſt changee, ni abolie par le Prince? Et comme la Loy eſt le
commandement du Souuerain, le plus grand honneur, que
ſçauroient acquerir ſes Officiers, eſt la fidelle obeïſſance à ſes
decrects, ſans que directement, ou indirectement ils y puiſſent contreuenir qu'ils n'encourent, non ſeulement la note
d'infamie impoſee aux Iuges corrupteurs des Loix par les anciennes conſtitutions, mais encore vn crime formel de leze
majeſté diuine & humaine. Car ſi autrement la Loy ne commande imperieuſement à tous, il n'y aura aucune ſeuretè, ni
foy entre les hommes, qui ne ſeront, que des trompeurs, & af-
fronteurs ſous le voile de la playdérie, lequel couure les graces, faueurs, pactions, & autres telles corruptions, deſquelles
les meſchants ſe ſeruent, pour enuahir finement les biens des
foibles plus ſujects à ces orages, que les autres, qui peuuent
faire à la pareille, & re-connoiſtre la courtoiſie. Les interpre-
tations, modifications, alterations, & autres changements des
Loix dependent du Roy ſeul apres l'eſtabliſſement des Ordonnances, auſquelles on peut oppoſer les remonſtrances
auant la publication, pour finir par vne inuiolable obeïſſance
au vouloir du Souuerain fondé en cette puiſſance incommu-

nicable de Dieu , felon que S. Auguftin m'a appris, de changer les Loix de fon Eftat, le plus rarement toutesfois que faire
fe peut, pour le bien de fes fujeéts. C'eft pourquoy, SIRE, la
diffolution publique des Ordonnances de voftre Royaume
defire inftamment de V.M., qu'elle donne ordre à deux fautes commifes par les Legiflateurs, qui les ont redigè par efcrit:
L'vne eft, qu'ils n'ont pas penetré affés auant dans le fons des
efprits François agiles , & malings , f'ils ne font tenus en deuoir par la feuerité des Loix : L'autre, qui eft la plus importante, regarde la confufion des Ordonnances non accommo-
dees nettement fur le train ordinaire des affaires , qu'on a
laiffé à l'arbitrage du Magiftrat, qui va toufiours fappant, mi-
nant, & alterant, autant qu'il peut, leur fouueraineté , pour
profiter du defordre, lequel tire apres foy infinies ruines. Et,
pour dire en vn mot, nos Legiflateurs n'ont pas gardé cet ordre, qu'il faut toufiours tenir les hommes, ainfi que des Furies,
fans efperer aucun bien d'eux , eftant vray que l'ambition, &
l'auarice f'oppofent fans fin au droit, & à la raifon, & que d'ailleurs il ne faut laiffer aucune chofeau hazard nõ de tout mal-
heur en l'Efcriture fainéte, quant on peut l'eftablir par de fer-
mes ordonnances. Il y a des reigles vniuerfelles pour la dire-
étion des compagnees de la Iuftice , lefquelles n'ont efté ba-
lancees, ni confiderees, pour les appliquer fur le cours des negoces humains, dont la Chicane a pris cet auantage, qu'en vn
lieu on voit vne Loy reçeüe, & rejettee en l'autre, bien qu'en
effeét elle n'aie par tout aucun pouuoir. Le grand Cardinal
d'Amboife, qui ne fçauroit eftre affés loüé, re-connut cette
verité du temps du Roy Louys XII., & fe porta pour ces confiderations à la iuftice, comm'au fouuerain bien du Royaume,
felon que nous voyons par plufieurs ouurages finguliers , qui
n'ont

n'ont encore esté accomplis, pour l'inexperience qui estoit en luy de la malice du Palais, laquelle ne s'apprent que par vsage. Mais comme la fureur des guerres intestines dans vn Estat corrompt la meilleure discipline, il est vray que la Chicane prenant la place de la Iustice par l'euersion des maximes politiques a soufleué l'Heresie, & que nous sommes tombés dans vn tel precipice, que les meilleures Ordonnances du dernier siecle ont esté funestes à l'Estat. L'Ordonnance de l'an 1539., qui porte sur le front l'abbreuiation des procés, est vn parfaict exemplaire de cette verité, & la source fœconde des circuits, & inuolutions du Palais. Ie ne m'arresteray point sur l'effroiable multitude de celles, qui ont suyui, puis-que de la ne sont venus que des moiens, pour immortaliser les procés, ce qui ne fust pas auenu auec telle violence, si vostre Conseil veillant à la seureté des bonnes Ordonnances eust arresté la confusion des entreprises qu'on a faict sur leurs decrets, de laquelle se plaignoit ledict Sieur President d'Harlay, ainsi qu'il est aisé de faire par la censure des mauuais Officiers sel on les rencontres des plainctes de vos sujects. Les Estats de Bloys en l'an 1576. reconnoissans cette verité apres auoir suyui neantmoins le mesme train, & faisants le côtraire de ce qu'ils disoient, finirent par cette côclusion en l'art. 207, la perfection de laquelle est le seul moien capable, de restablir la iustice dans vostre Estat, sans que par autres voies on y puisse iamais rien auancer.

Et sur la requeste, qui nous a esté faicte par nos Estats, de faire reuoir les Ordonnances faictes par les Roys nos predecesseurs, aucunes desquelles ont esté abrogees, & reuoquees, les autres ne s'obseruent, & à la publication d'aucunes nos Cours souueraines ont adiousté certaines modifications contenües en leurs registres inconnües à nos suiects; Nous auons auisé de commettre certains personnages, pour recueillir, & arrester lesdictes Ordonnances, reduire par ordre en vn volume celles, qui se trouueront vtiles, & necessaires, & pareillement rediger, reformer, & éclaircir au mieux qu'il sera possible les constitutions particulieres, & locales de chacune Prouince.

Cette deliberation sainĉte est demeurée là, comm'en effeĉt on ne verra iamais ce grand bien, si Dieu ne suscite quelque ame genereuse, pour l'executer en nos iours. Car le Code Henry du doĉte Brisson a esté la vraye matiere, qui a excité dans les Palais encore plus de tricheries, ayant esté composé pour la plus grande partie, non d'ordonnances, ains d'arrests du Parlement müables, sans que nous remarquions en iceluy aucun ordre de Loix vniuerselles, lesquelles destruisent, & renuersent les causes premieres de la malice des parties, & des Iuges, qui font par trop multiplier les procés pour vn rien, sans lesquelles tout ce qu'on sçauroit faire ne sera que pauureté. Pour executer donc ce dessein il faut vn homme égal aux trois Ordres sans passion, & expert au Palais, de peur qu'vn Iusticier flatte par trop, ainsi qu'il est tousiours auenu dans cet Estat, la puissance du Magistrat, qui se veut sans fin reseruer la souueraineté sur la Loy. Ce sujeĉt me faiĉt ressouuenir des mutineries, qui furent entre les trois Ordres d'Athenes, ausquels Solon s'estant rendu ègal fust élu reformateur de tous. Les mesmes considerations, SIRE, meurent instamment vn grand Seigneur de vostre Royaume, la mort duquel m'a estè fort amere, à me solliciter d'ailler aux Estats derniers, re-connoissant que Dieu m'auoit donné vn singulier esprit pour la Legislation, & qu'aucune passion, ni interest ne me possedent, la Nature m'ayant faiĉt gentil-homme, l'exercice de ma vie Aduocat, & Iuge, & la deuotion Ecclesiastic, & Theologien, aymant sur tout la iustice, & me complaisant en ses sacrifices par dessus toutes autres choses. Et comme cette

bonne ame re-connoiſſoit, que tout le mal de la France vient
de la corruption du Palais, & que perſonne n'y ſçauroit mettre ordre, qu'vn homme verſé en cett'art, il eſt vray, qu'il ſou-
haitoit, que V. M. choyſit quelque grand Aduocat, Iuge, ou
perſonne verſee aux deux charges, ainſi qu'il eſt neceſſaire en
cette occaſion, & luy offrit plus de bonne fortune, qu'il n'en
ſçauroit faire par vn guain ſale, pour luy découurir nüement
les malices du Palais, & les remedes à la Chicane. Charges
certes, dont il me iugeoit capable, comme ie le ſuis trop par
vne chere experience, laquelle ioincte à vn bon courage eſt
capable de faire merueilles.

Cette verité a eſté connüe à nos Peres, qui ont trauaillé à
faire obſeruer les Ordonnances, mais en vain, par la diſſimulation, & conniuence de voſtre Conſeil, lequel les a abandonné auec l'Egliſe, & les Pauures, ſur leſquels les iniquités ont
eſté exercees plus que ſur le reſte de vos ſujects. Ainſi l'Empire Romain ſeſt-il veu confus, & enſeuely dans vn abyme
de belles Loix en apparence, ſi nous les conſiderons ſur les
queſtions, & reſponſes des faicts particuliers, mais iniuſtes, &
impertinentes, quand elles ſont rapportees à l'ordre du gouuernement. C'eſt la raiſon, qui obligea Iuſtiniain, apres auoir
veu qu'aucun des Empereurs auant luy n'auoit oſé entreprendre la reduction des Loix en bon ordre, bien que tous l'euſſent
deſiré, à choyſir diuers grands perſonnages pour cet effect,
leſquels gaſterent tout, & firent connoiſtte nettement, que la
Politique n'a iamais eſté entendüe. I'ay longuement, SIRE,
medité ſur ce point, mais en fin S. Bernard m'en a faict connoiſtre la cauſe naïuement par l'epithete, qu'il donne à la iuſtice de laborieuſe, comm'en effect, il n'y a rien de ſi eſpineux,
& qui engendre ſi peu de proffit à ſon ouurier, le bien qu'elle

produict fe communiquant à autruy, & ne laiffant à l'homme iufte, que pauureté, enuie, & opprobre.

Comme donc les Ordonnances du Royaume ont efté a-bandonnees, de la eft venu le mefpris des Roys, côtre lefquels ont efté faictes les reuoltes, dont encore la memoire n'eft pas effacee, fous pretexte des remonftrances, ou pluftoft d'vn con-terolle du gouuernement, qui toufiours eft fuyui de fafcheu-fes tragedies. Il n'eft point queftion de ramenteuoir ces mal-heurs, dont les flambeaux ont efté rallumés deuant vos yeux, efteincts pluftoft par la generofité de voftre courage affifté d'vne grace finguliere de Dieu, qu'ils n'aient pu embrafer les Prouinces de l'Eftat. Mais puif-que la neceflité du fujeĉt ne me permet pas de taire fans preuarication la verité, ie dis que defpuis maintes annees l'anneantiffement des Ordonnances a diuifé les Parlements d'auec voftre Côfeil, & fi auant, qu'au traicté de Loudun art. 9. & 10. on voit, que les Parlements doiuent eftre reftablis en leurs anciennes preeminences, & di-gnités, pour lequel effect fe doit faire vne conference nonob-ftant vn arreft de voftre Confeil, lequel feroit demeuré fans effect. Or ces altercations ont encore paffé fi auant, que vos fujeĉts en leurs negoces feruent de matiere pour les entrete-nir, n'y ayant rien plus ordinaire, que les combats de ces deux Puiffances, qui preffurent les parties, ainfi qu'vne balle au tri-pot, laquelle ayant efté bien bricollee de part, & d'autre fe re-duict à rien. Le grand Chancellier de L'hofpital a autre-fois voulu pouruoir à ces miferes par fes remonftrances deuant le Roy Charles IX., ainfi que fur ce fujeĉt ont efté faictes plu-fieurs autres ouuertures demeurees fans conclufion par l'im-prudence des Harangueurs, lefquels nous ont plaftré de belles paroles, & empoifonné de diuerfes actions procedantes d'vn

cœur

cœur bien contraire à la langue. Au temps paſſé, SIRE, il y auoit des Commiſſaires de la part des Roys vos majeurs, & meſmes les Conſeillers du grand Conſeil, qu'on appelle à preſent priué Conſeil, qui ailloient, & venoient aux Parlements, pour entendre ce qui ſ'y faiſoit, & en faire rapport au Roy, dont ſortoient de grands biens en l'obſeruance de la diſcipline, qui eſt le lien de la iuſtice, laquelle n'ayant plus eſté gardee a excité tout mal-heur. Ie me reſſouuiens à ce propos des paroles du meſme Preſident d'Harlay addreſſees au Roy Henry III, à la ſuicte des precedentes, *Qu'entre les Loix de la France celle la eſt vne des plus ſainctes, & laquelle vos predeceſſeurs ont plus relligieuſement gardé, de ne publier, ny Loy, ny Ordonnance, qui ne fuſt verifiee en cette compagnee. Ils ont eſtimé, que violer cette Loy, c'eſtoit auſſi violer celle, par laquelle ils ſont faicts Roys, & donner occaſion à leurs peuples de mécroire de leur bonté. Car les bonnes Loix ſe perſuadent aiſement d'elles meſmes, meſme en telle compagnee, qu'eſt celle-cy, qui ne reſpire autre choſe, que la fœlicité du Prince, & n'eſt eſtablie, que pour conſeruer ſes ſujects en obeïſſance.* De toutes ces conſiderations reſultent, SIRE, deux principes de verité inuiolable: Le premier, qu'on n'a iamais pourueu à l'eſtabliſſement des Ordonnances portees au ſeul bien commun des trois Ordres, qui ne demandent que la ruine des procés. Le ſecond, que nos Legiſlateurs ont planté, & edifié ſur de l'argille ſans ordre quelconque, ayants peché en la rectitude des Loix, & au moien de leur conſerua ion, à quoy il eſt aiſé de pouruoir par des conſiderations plus fortes, que les volontés des vſurpateurs de la puiſſance ſouueraine des Ordonnances, & des Couſtumes.

La ſeconde partie de la Loy regarde les oppreſſions, cruautès, & autres telles abominations, qui procedent de la contrauention aux Ordonnances, Couſtumes, & grandes maximes de la Iuſtice, le iugement deſquelles, SIRE, appartient à vo-

ſtre conſcience chargee des iniquités manifeſtes de vos Officiers ſi elle ne les vange, pour en reſpondre deuant Dieu. Car
il ne ſuffit pas, que vous aiés commis l'adminiſtration de la
iuſtice à vos Iuges, ſi vous ne ſçaués quels ſont leurs deportements, pour faire ſelon les ſujects vne iuſtice exemplaire, qui
preuienne infinis ma heurs, & étouffe les autres quand ils
ſont nés, par la force de la peine, autant admirable en ſes effects, qu'eſt l'impunité dommageable à l'Eſtat. Ie ſçay, que la
prudence du Monde a quelque-fois eſtimé, qu'vn Roy ſe doit
meſler de la iuſtice ſobrement: Mais cette maxime eſt impie,
& doit eſtre attrempee par cette raiſon, que le Roy ſe deſcharge de la iuſtice ſur ſes Officiers, pour la bien faire, & auec cette condition, que ſ'ils y manquent la punition ſera auſſi ſou-
daine, que le crime, eſtant obligé pour cet effect d'ouyr à quelques heures ſes ſujects, afin que l'exemple ſoit comm'vn grand
rampart contre l'inſolence, & la temerité en pluſieurs occaſions, dont la verité n'eſt reuelee. Cette conſideration me repreſente vn ſuject rare, & qui n'a point de ſecond en l'H ſtoi-
re, du meſme Roy Louys XII, lequel en l'inſtitution du Parlement d'Aix dont i'ay parlé, crea vn Aduocat, & Procureur
des Pauures en titre d'office, qu'ils incorpora au Parlement,
ſçachant que leur cauſe eſt ordinairement abandonnee, &
qu'ils ſont expoſés à la proye du Palais. Ie ne m'eſtendray
point ſur le genie particulier des Ordonnances du Royaume,
qui a pour object le ſalut, & la defence des pauures ſur tous
vos ſujects, mais ſeulement expoſeray-ie deuant vos yeux vne
Ordōnance mot à mot de l'Empereur Charlemagne, laquelle en tous liures ſacrés & prophanes n'a point ſa ſemblable:
*Nous voulons, que les cauſes des veuues, des pupilles, des orphelins, & des
perſonnes miſerables, ſoient definies en la premiere partie du iour, & auant
midy, pour eſtre traictees aux heures de releuee les cauſes de l'Egliſe, & des au-*

tres gents mieux fortunés, d'autant que les pauures ont soif de iustice, & n'ont
aucun moien de viure, qui faict, que leurs plainctes remplissent sans cesse nos
oreilles: Ie me perdrois, SIRE, dans les actions des Roys vos
majeurs, si i'en voulois descrire la iustice, & le but porté a ra-
mener prudemment l'octorité au Magistrat, pour faire iugement, & iustice à voftre pauure peuple. Qui a plus aimé la iuftice, que S. Louys, qui la rendoit de viue voix, estant soigneux
de sçauoir les deportements de ses Officiers, dont vous serés
informé par les plainctes singulieres, lesquelles vous donne-
ront le moien de pouruoir aux miseres de voftre Royaume,
par le iufte chaftiment des rebelles à vos Ordonnances, ainfi
que fit l'Empereur Seuere, lequel chaffa rudement les mauuais
Iuges, qu'Heliogabale auoit éleué à la Magiftrature, quoy faifant vous obligerés vos fujects par dela tous autres biens, que
V. M leurs fçauroit faire. Quelles paroles fçauroit-on rencontrer plus diuines, que celles d'vne Ordonnance de Charles IV, pour appaifer les querelles, & les noifes de fes fujects,
qui ruinent toufiours les pauures opprimés par la puiffance
des riches? Souuenés-vous encore, SIRE, de Charles V. vray-
ment fage de nom, & d'effect, la ieunesse duquel ayant esté a-
gitee, ainfi qu'à esté la voftre, fuft comblee en la vieilleffe de
tout bon-heur, pour le grand foin, qu'il eut de bien faire ad-
miniftrer la iustice aux Pauures. Il vifitoit fouuente-fois la
Cour de Parlement, & la Chambre des Contes, donnant audience à ceux qui l'en requeroient auec ordre, & employ de
quelques iours de la femaine aux œuures de la iuftice vraie-
ment paternelle, & royale. Ie paffe le refte de nos Hiftoires,
pour fondre en ce point, que vous deués la iuftice à tous, &
fpecialement aux Pauures, pour lefquels il y a de belles Ordonnances inexecutees comme les autres. Ce font, SIRE, vos

bonsamis, & ceux qui ont les thresors de la bontè, & misericorde diuine en leur possession, pour vous en faire participant, si vous les traictès, ainsi qu'vn Roy misericordieux par vne Legislation bien ordonnee ; Vous estes vn soleil de iustice, mais, ô Dieu ! les belles lumieres de vostre ame sont souuente-fois èclipsees par la malice de vos Officiers, lesquels changent ce grand benefice en horreur, & oppression. Il est temps de remedier à ces desordres, & de visiter vos peuples par les influences de vostre iustice, ainsi que V. M. fera plus heureusement encore que ne faisoit Traian, par le ministere de l'Ordonnance, que i'ay posé sur le frontispice des Loix necessaires en vostre Royaume. Car la seconde partie de la Loy pouruoit à ce que le temple de la Iustice soit l'asyle des personnes affligés, & le refuge des Pauures. Commencés, SIRE, commencés donc à temperer par ces voies l'ire de Dieu enflammee sur vostre Estat, par les cruautès, extorsions, & pilleries, qu'on faict sur vostre peuple Le Roy bien-aimé de Dieu vous excite à cette charité par toutes ses chansons, & vous presente le bel éloge digne du plus grand Roy, de Pere des Orphelins, & Iuge des Veuues.

La troisieme partie de la Loy regarde les contentions de l'Eglise auec vos Parlemeats, lesquelles, ainsi que ie feray voir à la suite de celle-ci, il conuient regler autant que faire se pourra. Mais comm'apres vne longue, & grande secousse des guerres ciuiles, il est mal-aisé de mettre vn si bon ordre à la corruption, qu'on puisse d'abord fermer toutes les playes, il est necessaire que sans bruit en vn Côseil de iustice côposé des trois Ordres, qui est le fondement, & l'object de la Loy, à la façon que Charlemagne admirable en ses œuures auoit ordonné, qu'en retranchant ces differents on pouruoie à légale

protection

protection des deux puissances, & que si apres l'establissment
de la Loy il naissoit encore quelque different pour l'honneur
de vos Couronnes, sur lequel l'Eglise ne doit rien entreprendre, on y apporte l'ordre conuenable, voire plus que si entre
les personnes Ecclesiastiques sourdoient quelques diuisions,
qu'on les étouffe par vne voie prompte, & sans bruict, ainsi
qu'il est necessaire de faire entre vos Officiers inferieurs, lesquels se deschirent, & mangent honteusement à la ruine de
voftre pauure peuple, qui sert de matiere pour entretenir ces
contentions.

Ie ne sçaurois me découurir, SIRE, naïuement en ce suject, &
expliquer deux petis mots, qui sont cause de toutes les miseres
de voftre Royaume, mesme des contentions de voftre Conseil
auec les Parlements, & de vos Officiers les vns contre les autres, dont sous la protection de V. M. ie feray voir la verité,
quand elle me le commandera. Ie sçay quel est l'honneur dû
aux puissances de voftre Eftat, mais il est temps de leuer le maf-
que, & de voir l'abus, qu'on déguise de la saincteté de ce nom.
Ie passe, SIRE, à la seconde Loy, laquelle concerne le premier
effect de la iuftice selon la proposition de ce bon Roy cy dessus
exprimee pour la liberté de l'Eglise, qu'on a despuis son regne
assuiecti à vne intolerable, & honteuse seruitude dans les palais de voftre Royaume. Car comme les Romains deuofts en
leurs superftitions deliberoient premierement touschant la
Religion ainsique le but, ou toutes les actions humaines doiuent commencer, & finir, il est bien iufte d'examiner auant
toutes choses les contentions d'entre l'Eglise, & vos Parlements, qui sont les deux forts liens de voftre Royaume, quand
l'vnion, & la concorde gouuerneront les esprits appellés à la
direction des deux puissances. Or ie ne sçaurois parler en ce

ſujeſt qu'auec douleur, & m'a plume rebouſche en l'expreſ-
ſion des miſeres, que les contentions d'entre l'Egliſe, & vos
Parlements ont excité deſpuis le ſiecle de ce Roy, comm'il eſt
treſ-conſtant entre les gents ſages , que l'Hereſie a pris plus
d'accroiſſement de ces contraſtes , que de toutes les propoſitions des Hereſiarques. C'eſt la plainſte d'Optate Mileuitain
de ſon temps côtre ceux, qui diffamoient les actions des Eueſques, & ſuperieurs de l'Egliſe par la poinſte d'vne langue ve-
neneuſe, *Pourquoy auès vous tüé Getulie, Parthenie, & Donat Eueſques de
Dieu, en reſpandant le ſang, non de leurs corps, ains de leur hôneur.* Or com-
m'en ces queſtions on n'a veu , & ne voit-on tous les iours de
part, & d'autre, que paſſion, & aigreur , ie laiſſe les anciennes
diſputes du temps de Philippe de Valois d'entre le Cardinal
Bertrand, & Mre. Pierre de Cugneres, d'eſquelles ayant voulu
extraire la cauſe, i'ay trouué, que ſous pretexte de l'excellence, de la dignité , & ſainſteté de l'Egliſe on vouloit vſurper
entierement les fonctions , & les titres de la Royauté. C'eſt
pourquoy prennant la voie moienne ie dis, que l'Egliſe tient
immediatement ſa puiſſance de Dieu, & que c'eſt vne Monarchie ſpirituelle, la protection de laquelle vous appartient,
SIRE, entre les autres Roys de la terre, comm'à ſon fils aiſné,
& celuy qui eſt honoré par deſſus tous les Roys de grandes
prerogatiues. Et paſſant outre ie ſouſtiens poſitiuement, que
par les hiſtoires du Royaume la France n'a iamais eſtè plus
heureuſe, qu'au temps, qu'elle a eſté le rampart, & la fortereſſe
de l'Egliſe. Ainſi remarquons-nous, que les Roys vos majeurs
ont proſperé par trois choſes ſingulieres : La premiere a eſté
leur grande foy, & deuotion enuers Dieu, la ſeconde le ſingulier honneur, & la reuerence, qu'ils ont porté à l'Egliſe, & la
troſieme la iuſtice, qu'ils ont rendu à leurs ſujects. Or il eſt

vray, que cette Eglife eft dans voftre Royaume non par fujection en l'exercice de fa puiffance fpirituelle, mais cóm'eftant
diffufe par toute la terre, & ayant vn empire vniuerfel pour
la direction de l'ame, lequel doit eftre fortifié, & protegé par
les armes de tous les Princes, qui ne les fçauroient plus gene-
reufement employer, que pour la defence de l'efpoufe de
Iefus Chrift, par lequel feul les Roys regnent, & decernent
chofes iuftes. I'ay lu, & relu infinies chofes enttemeflees de
tant de cauteles, & fophifmes, qu'en verité ce feroit crime de
les ramenteuoir maintenant, puif-qu'entre noftre S. Pere, &
V.M. il y a vne eftroicte vnion pour la gloire de Dieu, & la
grandeur de fon Eglife, en laquelle font auffi tous les Princes
du Monde, comme dans le feul vaiffeau de falut. Le mal-heur
du dernier fiecle enragé dans fes folles opinions colorees du
voile de la Religion, nous a faict voir des liures mal-encon-
treux pour abbaiffer la Royauté, & luy rauir les beaux ornements de la puiffance fouueraine, qu'elle a reçeu de Dieu pour
la conduicte des chofes temporelles. C'eft pourquoy i'ay tiré d'vne confufion d'efcrits ces maximes veritables, que les
Royaumes dependent de Dieu feul, & que comme noftre
S. Pere, & les Euefques font fes Vicaires felon l'ordre relatif à
la Monarchie fpirituelle, les Roys le font auffi pour le Royaume terrien, & ne plus ne moins qu'à l'Eglife a efté delaiffé le
glaiue fpirituel, que priuatiuement à elle a efté auffi conferé
le glaiue corporel à la Royauté. Ces queftions, SIRE, ne doiuent iamais eftre remüees, & tout ce qu'on doit faire pour la
reconciliation des deux puiffances en l'exercice des fonctions
neceffaires au gouuernement de l'Eftat eft, d'en venir à la diftinction neceffaire du fuject, & de la matiere de l'vne, & l'autre iurifdiction fpirituelle, & temporelle contre l'opinion

du Cardinal Bertrand , & d'autres, que i'ay veu en cet erreur
dignement côbattu par le defenfeur des droicts de vos courô-
res, comm'en effect c'eft vne grande faute, que de les confondre. C'eft l'auis d'Hildebert Euefque du Mans addreffé à vn
Roy de France, ou d'Angleterre conuenable au iugement de
toutes ces controuerfes, & digne de voftre iuftice : *Le fiege de la
Iuftice a efté exalté , & l'ordre des chofes fera reftituë en fon ancien luftre
fous vn tref-iufte, & tref clement Roy, qui fçait rendre à Cafar ce qui eft à
Cafar, & à Dieu ce qui eft à Dieu :* Les Anciens Prelats de l'Eglife
n'ont iamais eu autres voix, & entre les autres Yuo Euefque de
Chartres a parlé en l'humilité conuenable aux Roys de la
puiffance fouueraine de l'Eglife aux chofes fpirituelles contre
les vfurpations, & entreprifes de vos Officiers, qu'ils cou-
urent du grand manteau de voftre octorité , comme fi elle re-
ceuoit quelque accroiffement par des actions illicites, & bien
contraires à vos fainctes intentions, qui ne fe portent iamais
qu'à ce que vous pouués iuftement , & auec droict entreprendre par la tref-humble foufmiffion de vos interefts à ceux de
Dieu, & de fon Eglife. Ie pourrois adioufter les propos fort
côuenables à la licence du temps fur ce faict de Goffrid Abbé
de Vendofme efcrits au Pape Calixte fecond , & à l'Euefque
de Chartres, pour monftrer, qu'il y a trop d'iniquité aux entreprifes de vos Officiers fur les droicts de l'Eglife, lefquelles
ils font, & eftendent á difcretion , fous pretexte de quelque
leger fuject, qui les licencie á rauager fa liberté. Et afin de ne
rien dire d'obfcur, & demefler ce point d'vn abyme de cauillations, confiderés, SIRE, que l'Eglife eft le premier, & le plus
noble membre de voftre Eftat , ainfi qu'elle eft comprife dans
les perfonnes ECCLESIASTIQUES, & que vous tenés de Dieu le
fceptre, pour en defendre les droicts, libertés, & franchife
contre les Herefies, & les vfurpations de vos Officiers, qui

on

ont touſiours les yeux ouuerts, pour connoiſtre de ſes Ordonnances, leſquelles, cóme les oracles du S. Eſprit, ſont exempts
de la cenſure des hommes. Or tout ainſi que cette Puiſſance
ſacree a flotté ça, & là durant les contentions auec vos Parlements deſpuis cent tant d'annees, du meſpris de ſon oćtorité
ſe ſont deriuees l'Hereſie, l'impieté, & l'irreligion ſi communes en voſtre Royaume, que Dieu n'y eſt preſque plus ſerui
qu'en apparence, & ſimulation par les gents du ſiecle. Ces
mal-heurs extremes ont pris leur naiſſance de l'ambition de
vos Officiers, leſquels ſe ſont diuiſés des anciennes voies de
nos Peres, & ſous pretexte des appellations comme d'abus legitimes en leurs vrays termes, ont faićt vne extenſion de puiſſance immoderee, pour rauir á l'Egliſe le moien de policer,
corriger, & diſcipliner ſes Miniſtres, afin qu'eſtans retenus en
leur deuoir on la vit florir par des aćtions Eccleſiaſtiques, ſelon la verité de l'oracle de S. Bernard, que le Roy S. Louys
auoit touſiours en la bouche, *Que les principalles pierres du temple
de Dieu eſtoient viues, & qu'il y failloit pluſtoſt ordonner de bonnes mœurs,
que de riches murs.*

Or comme ie ſuis de l'vn, & de l'autre corps de l'Egliſe, &
de la Iuſtice, ie ſuis auſſi égal á tous deux, & ſans intereſt, qui
faićt, que ie reprendray la verité de ce qui peut ſeruir au iugement de cette cauſe, pour vous faire voir, SIRE, qu'en la puiſſance de Ieſus-Chriſt le Sacerdoce, & la Royauté ont eſté ſi
bien vnis, que ſelon la chair il a paru, & grand Preſtre, & grád
Roy, ayant faićt vn tel meſlange de ces deux dignités en ſon
peuple Chreſtien, duquel il eſt le chef, que par la voix Apoſto
lique il eſt apppellé la gent élüe, & le Royal Sacerdoce. C'eſt
le témoignage de l'Eſcriture, laquelle honore les predeſtinés
à la vie eternelle du titre de Roys, & de Preſtres, dont ie tire

cette conclusion infaillible, que ces deux Puissances sont ioin
ctes d'vn nœu si ferme, que la contestation de l'vne allencontre de l'autre est vn signe, & presage de la decadence des Estats
selon la voix du sage, *Les deux freres seront consolés lors qu'ils s'ayde-*
ront l'vn l'autre. Mais comme cett'vnion de puissance a esté en
Iesus-Christ, & grand Prestre, & grand Roy, il est vray, que
luy mesme les a separé en establissant deux Monarchies sur la
terre, pour la direction du corps, & de l'ame, auec vne telle
liaison toutesfois, que l'vne, & l'autre sont ensemble par refle
ction d'vn mutuel secours. Est-ce pas la verité, &, comme
i'ay dict, l'Eglise n'est-elle pas espandüe dans la Monarchie,
pour y verser les influences des Sacrements, & toutes les choses necessaires au salut des Chrestiens auec vne loyale obeïssance des personnes Ecclesiastiques à V. M? L'honneur de
tous les Princes d'ailleurs n'est-il pas en ce point, de proteger,
& defendre les droicts, & libertés de l'Eglise contre les Heresies, & entreprises qu'on faict sur sa puissance? La Monarchie
n'est-elle pas aussi dans l'Eglise par obeïssance, & soumission
à ses saincts decrects, & par la communion des Chrestiens? Il
ne faut point s'estendre plus auant sur cette verité, puis-qu'il
n'y a personne, qui ne sçache, que ces deux Puissances sont
étroictement liees, & neantmoins que leurs fonctions sont diuerses, & differentes. L'Eglise a pour object les choses spirituelles priuatiuement à la puissance temporelle fondee en vn
empire souuerain pour les biens du Monde, & l'vne, & l'autre
se dônent la main pour la gloire de Dieu, qui est la fontaine
immortelle des Puissances. C'est pourquoy les Roys vos predecesseurs ont tousiours esté curieux obseruateurs des droicts
de l'Eglise, & n'ont iamais permis que leurs Officiers entre-
prissent sur sa liberté, quand ils en ont eu connoissance.

L'Hiftoire fournit tous les témoignages de cette verité, en-tre lefquels ie n'en trouue point vn plus fort, ni plus clair, que de l'Empereur Charlemagne, lequel à fa qualité de Roy adiouftoit le titre de deuot defenfeur, & humble adiuteur de l'Eglife lors qu'il efcriuoit aux Ordres Ecclefiaftiques, & aux Puiffances feculieres, à ce deffein d'exciter les Prelats, qu'ils appelle Pafteurs de l'Eglife de Iefus-Chrift, côducteurs de fon troupeau, & les brillantes lumieres du Monde, à con-tenir fes fujects en l'amour, & l'obeïffance des conftitutions, & Conciles de l'Eglife. Ie paffe aux propos diuins de Louys auffi Empereur, & Roy, lequel dignement re-connoiffoit, que luy, & fes majeurs eftoient élus, & appellés à la direction de la puiffance temporelle pour l'honneur de l'Eglife, qu'il faifoit marcher deuant le Royaume, eftimant que la paix, & la fœli-cité des Eftats procedent de fa gloire. A quoy i'adioufte, pour chofe fort remarquable, qu'encore qu'on trouue plufieurs conftitutions fur la police de l'Eglife fous les noms de ces deux Roys, fi eft-ce que le mefme Louys proteftoit, qu'il n'e-ftoit pas Legiflateur en ce faict, ains admoniteur enuers les Euefques du Royaume, aufquels il f'addreffoit pour faire flo-rir l'Eglife par vne faincte difcipline. Or les paroles, dont vfé ce Roy pour le gouuernement de l'Eftat dans l'obeïffance deüe à l'Eglife font excellentes, & fingulierement celles, qu'il addreffe aux Euefques, pour les difficultés, qu'on oppofe à leurs bonnes intentions, defquelles il defire d'eftre aduerti, afin de les aïder, & fecourir en l'execution de leurs vœux par fon octorité, laquelle il re-connoift tenir de Dieu, *Famulante noftra poteftate*, pour feruir à ce fainct ouurage. Il n'y a en tou-tes ces conftitutions qu'aduertiffements aux Euefques fans ucune entreprife fur la puiffance de l'Eglife, & quand aux

Officiers, que le Roy appelle ſes Coadiuteurs , il leurs commande d'aſſiſter, & defendre les Prelats par les actions de la
iuſtice,& leurs enioinct de la faire diligemment, meſme aux
pupilles,aux veuues,& aux pauures auec vn ſingulier reſpect
enuers l'Egliſe. Le Roy S Louys a laiſſé vne côſtitution particuliere pour cet effect,laquelle ſe voit en ſa pragmatique ſan-
ctiõ,& verifie clairement l'octorité, & la puiſſance de l'Egliſe.
Nous ordonnons en premier lieu, que les Prælats de noſtre Royaume ,patrons,
& collateurs ordinaires des benefices aient leurs droicts pleinement , &
qu'à vn chacun ſa iuriſdiction ſoit deüement conferuee. Cette verité ne
veut point d'autre preuue, que le ſens commun, qui ne peut
pas admettre, qu'vne puiſſance eſtablie de Dieu , & conferuee
par les Roys agiſſe,que par l'ordre conuenable à ſa fin. L'article 58 des Ordonnances de Bloys eſt vne confirmation gene-
le de toutes les precedentes conſtitutions , pour la manu-ten-
tion de la puiſſance,octorité,& iuriſdiction de l'Egliſe. Ie dis
iuriſdiction , puiſque le mot eſt en l'ordonnance de S Louys.
Car encore que les Loix Romaines aient parlé de notion, &
d'audience, c'eſt en effect vne connoiſſance ſuffiſante pour les
reglements Eccleſiaſtiques, aucuns deſquels ont eſté faicts par
les Eueſques , & publiés ſous les noms des Empereurs, dont il
n'y auoit point d'appel, ainſi que nous voyons en la Nouelle
de Iuſtiniain 79 conforme à la 83 , leſquelles doiuent arreſter
ces trompettes de procés entre les gents d'Egliſe, & de la Iuſtice,que ce grand Empereur deteſte,ainſi que l'abomination.
A quoy on peut adiouſter les conſtitutions redigees par Bal-
zamon,qui font voir, qu'aux cauſes pecuniaires, & temporelles les perſonnes Eccleſiaſtiques ne pouuoient eſtre traictees
que deuant les Eueſques, ou Patriarches, ſans que iamais on
aie veu loy,laquelle aie donné pouuoir aux Officiers ſeculiers,
de connoiſtre, ny en premiere inſtance, ny par appel de la
foy

foy, des ceremonies,& de la iurifdiction de l'Eglife.

Si donc la puiflance de l'Eglife eft eftablie par les Ordonnances de Dieu maintenües par les Roys vos majeurs fort
religieufement,que peut on dire, & alleguer, pour couurir
vne voie indirecte, qui la ruine par les appellations comme
d'abus, & trouble l'ordre, & les myfteres de la religion? Car
l'appel comme d'abus, ainfi que le nom fignifie, n'eft qu'vn
moien pour contenir l'Eglife en fon deuoir , & empefcher
l'vfurpation fur le temporel, fans que par cette cautele vos
Officiers foient fondés en aucun pouuoir, de porter les Ordonnances de l'Eglife à la confufion , & au mefpris. Voyla,
SIRE, la corruption qui renuerfe l'ordre de la Monarchie au
grand preiudice de la Religion, & de la Iuftice, qu'on ébranle
par des fchifmes, & diuifions d'vne perilleufe confequence.
Il me fouuient fur ce fujeét d'vne caufe, laquelle fut playdee
y.a trois ans dans voftre grand Confeil d'vn appel comme
d abus interjecté de l'ordonnance rendüe en quelque con-
gregation de l'ordre de S. Benoift par vn Religieux, qui fut
apres vne diferte explication de la verité faicte par Mon-
fi eur Bignon voftre Aduocat general pour les droiéts de
l'Eglife renuoyee par fin de non receuoir. Mais, SIRE, ce
n'eft pas fatisfaire à l'Eglife, laquelle à fes loix, & fes Iuges
particuliers, pour decider, & terminer les differents concer-
nants les chofes fpirituelles , fans que les Prelats, & les Su pe-
rieurs foient tenus de courir dans les Palais,& fouffrir desin-
iures en la face publique. C'eft la voie de la diffolution de la
difcipline Ecclefiaftique, fans laquelle on ne verra iamais
fleftrir l'Herefie, ny la pieté reftauree. La Nouelle fufdicte
de l'Empereur Iuftiniain 79 vous expofe cette verité, & rend
des raifons fainétes, par lefquelles les caufes des Religieux ne

L

ſe doiuent traicter que deuant l'Eueſque, & non pas en la iuſtice ſeculiere, quand meſme vn Lais feroit partie, adiouſtant,
que ſi aucun Iuge eſt ſi temeraire, que d'en connoiſtre, qu'il
ſoit priué de ſon Office, auec amende de dix liures d'or, pour
auoir faict iniure à la diuinité. *Iudex ab adminiſtratione repelle-*
tur, tanquam diuinitati iniuriam faciens, & pœna decem librarum auri
vnà cum officio ſuo muctabitur. L'Empereur Charlemagne la
bien re-connu par l'expreſſe defenſe qu'il a faict de non tirer
les Moines de leurs monaſteres, leurs ayant interdict la communication auec les gents ſeculiers, ſi ce n'eſtoit par l'ordonnance de leurs Eueſques, ainſi que nous liſons dans Platon,
que le Philoſophe, qu'il appelle parfaict, ne ſçait que c'eſt de
marché, ni de iugement, ni de palais, & que meſme il en ignore les voies. Le meſme Empereur a faict vne belle proteſtation aux Eueſques du Royaume de les maintenir en leur
octorité, & puiſſance, afin qu'ils euſſent le moien d'accomplir dignement leur vocation, les exhortant, pour la reuerence qu'il portoit à leurs conſeils, qu'ils gardaſſent à ſa Majeſté
l'honneur, que leurs Anteceſſeurs auoient deferé, afin que par
l'vnion des deux puiſſances Dieu fuſt dignement ſerui dans le
Royaume. Ie paſſe encore pluſieurs bellles conſtitutions des
Empereurs Iuſtiniain, & Theodoſe, pour exempter les Clercs
& Religieux de la iuſtice temporelle en leurs negoces, pour la
connoiſſance qu'ils auoient du grand preiudice, que telles
contentions apportent à la paix d'vne ame conſacree à Dieu,
dont il n'eſt pas queſtion, la puiſſance de vos Officiers en ce
ſujeēt eſtant re-connüe ſans controuerſe. Mais ie ne ſçaurois
oublier en ce miſerable ſiecle de Chicane vne conſtitution du
meſme Empereur Charlemagne fort ſinguliere, par laquelle
il vouloit, que tous les peuples ſujects à ſon Empire reſpon-
diſſent deuant les Eueſques, ſi vne-fois la cauſe y eſtoit intro-

duicte, quelque declinatoire, qui fuſt propoſé par l'vne des
parties, pour abolir les malicieuſes ſemences des procés, qu'-
on faict maintenant trop prouuigner, adiouſtant par vn grãd
reſpect enuers les Eueſques, que les Iuges reçeuſſent le témoignage donné meſme par vn ſeul, & que leurs iugements ſur
les affaires ciuiles fuſſent inuiolables, comme auſſi qu'on ren-
dit tous les Clercs accuſés à leurs Eueſques, afin d'en faire, &
ordonner pour la ſatisfaction. Ce ne ſeroit iamais faict,
SIRE, ſi ie voulois repreſenter à V.M. les conſtitutions, & les
Ordonnances des Roys vos majeurs, par leſquelles ils ont deferé à l'Egliſe vn grand honneur, & l'ont conſerué en la liberté de la iuſtice du Roy Louys XII, dont il eſt temps de
voir les effects ſous voſtre domination, pour retrancher les
ſcandales, & côtentions des gents d'Egliſe auec vos Officiers,
non ſans vn preiudice notable de la Religion, qui fuït les
propoſitions ſchiſmatiques, & contraires à la puiſſance de
l'Egliſe.

Mais auant que de reſoudre la concluſion de cette Loy, il
eſt neceſſaire, SIRE, que ie reſponde au ſuject, qui ſe preſente,
de la cauſe du Sieur Eueſque d'Angers auec vn particulier,
que le Chapitre maintient, ſur lequel i'ay veu diuers diſcours, dont par ordre i'ay recueilli les points importants, ſans
m'arreſter à des paroles fardees, & éloignees du point deciſif,
d'autant que la verité de tous ces differents ſera pleinement
éclaircie par le conflict des raiſons de l'vne, & l'autre des
parties.

Il y a, SIRE, en ce ſuject deux choſes à conſiderer, qui ſem-
blent ſe rencontrer heureuſement, pour reigler ces grands
differents, dont deſpuis cent ans, & ſur tout durant les regnes
des Roys Charles IX, Henry III, & Henry le Grand, & meſ-

L ij

me defpuis voftre auenement à la couronne on a veu trop de
bruiĉt en ce Royaume: L'vne concerne l'excommunication
fulminee par lediĉt Sieur Euefque d'Angers contre fon Ar-
chidiarcre, laquelle eft noircie par des conuices, des iniures, &
des propos, qui témoignent vn grand feu, mefme en ce qu'on
oppofe la dignité d'Archidiacre, de laquelle vn fils de France a autre-fois efté pourueu, pour donner par ces voies fort
èloignees de la Religion, qui fuït les vanités, quelque luftre à
vne grande rebellion contre les Prelats. On parle auffi des
exéptions des Chapitres, aufquelles il eft à defirer qu'on euft
mis ordre, pour le grand preiudice qu'elles apportent, afin
que l'Euefque, & le Chapitre bien vnis enfemble ne fiffent
qu'vn mefme Senat en l'Eglife. Car il eft vray, & cette caufe
en rend vne preuue trop conftante, que les iniures, qu'on vo-
mit fans fin contre l'Euefque, qui eft vn, & preﬁde à l'Eglife,
font les fources fœcondes des fchifmes, & diuifions entre les
perfonnes Ecclefiaftiques, lefquelles eftans vne-fois formees
appreftent à rire par tout, endurciffent le Heretiques, & engendrent l'Atheïfme. Ie dis cecy en paffant contre ces hardis
Iuges, qui fans ouyr condamnent, & auant qu'on aie fondé la
iurifdiĉtion prononcent leurs fentences, contre lefquelles
i'employerois volontiers S. Cypriain admirable en ce fujeĉt
en l'efp. 69, pour apprendre aux langues médifantes de fe
contenir aux termes de la modeftie, & à ceux qui voient tels
libelles de munir leurs aureilles d'efpines. Que fi on erre au
fondement de la procedure pour la iurifdiĉtion, il en eft de
mefme en toutes les maximes, fur lefquelles on eftablit les
appellations comme d'abus, le commencement, le millieu, &
la fin n'eftans remplis, que d'æquiuoques, & propofitions à
double face, pour d'étruire les maximes premieres de l'vne,
& l'autre

& l'autre puiſſance, & en vn mot confondre l'ordre de la Monarchie.

SIRE, Toutes ces contentions m'ont abſtraict de moy-meſme, pour mediter profondement ſur l'excellence des propos du Sage, que toutes choſes ont leur ſaiſon, & qu'il a veu ſous le Soleil meſchanceté au lieu de iugement, & iniquité en la place de la iuſtice, & lors auoit dict en ſon cœur, *Le Seigneur iugera le iuſte, & celuy, qui eſt ſans pitié, & adonc ſera le temps de toutes choſes.* Car il ſemble que Dieu patient, & fort en ſes iuſtices aie permis, que deuant vos yeux ſe ſoit leué ce grand trouble auenu en voſtre ville d'Angers, pour deliurer, & affranchir l'Egliſe d'vne honteuſe ſeruitude. Et plus oſeray-ie dire, que Dieu vous fera voir en ce ſujeç̧t vn témoignage ſingulier de ſa bonté enuers vne pauure creature, qu'il a re-compenſé apres de grands maux d'vne ſcience lumineuſe, pour la diſcretion du vray d'auec le faux en l'ordre politic.

Pour preuue de la propoſition ie ſuyueray la ſimplicité du faict, & tireray des propres entrailles de la cauſe le veritable point de la deciſion de ce grand different, pour le pacifier par vne loy generale, qui vous donnera vn ſingulier contentement.

Il eſt donc vray, que le Sieur Eueſque d'Angers a ſuſpendu Me. Pierre Garande Archidiacre de l'Egliſe de l'execution des ſainctes Ordres, & qu'il a appellé comme d'abus de la ſuſpenſion, & releué l'appel en voſtre Parlement: L'intymation faicte audiçt Sieur Eueſque il a deſpuis apres vne troiſieme monition declaré l'excommunication encouruë de droict par ledict Garande, pour le tranſport de iuriſdiction, & par ce qu'il ſe ſeroit pourueu en vne cauſe ſpirituelle ailleurs qu'en l'Egliſe ſelon l'ordre de la Iuriſdiction conformement

M

aux Canons. Voſtre Parlement au contraire prennant conꝰ noiſſance de cauſe a declaré la procedure dudict Sieur Eueſ‑ que abuſiue, & luy a faict defenſes de proceder à l'auenir par telles voies, au preiudice des loix fõdamentales du Royaume, de voſtre Souueraineté, & de l'obeïſſance, qui vous eſt deüe par tous vos ſujects tant Clercs, que Laics, & iuſques à ce qu'il euſt ſatisfaict à quelques autres clauſes a ordonné que le temporel de ſes benefices ſeroit ſayſi, ainſi qu'il a eſté. C'eſt la ſubſtance de l'arreſt ſuyui d'vn autre, par lequel la Cour auroit decernè ſa commiſſion, pour abſoudre ledict ſieur Garande *ad cautelam*.

Or le Clergé d'vn autre coſté ſ'eſt ioint auec ledict Sieur Eueſque, & d'vne cauſe particuliere en a faict vne publique pour la iuriſdiction de l'Egliſe, comm'au contraire ceux, qui parlent, & eſcriuent de ces choſes en ont faict vne generale, pour la manu‑tention des droicts de la Royauté: Et comme ces feux ont eſté allumé on a couru à V M., pour les eſteindre par vn Arreſt, ou pluſtoſt vne Loy publique, qui pouruoie à tels inconuenients, dont nous n'auons eu aucune fin certaine, & au contraire, vn ſuject pour renouueller encore ces querel‑ les le iour du Sacre, iour de reuerence, & de reſpect en voſtre ville d'Angers par deſſus les autres lieux du Royaume, dont encore ſont venües des appellations comme d'abus ſur l'effect d'vne proceſſion ſolemnelle, & myſterieuſe auec tant de ſcan‑ dale, que tout le païs en eſt offenſé:

Du faict ſimple, & nu, ſans touſcher le fons, puiſ‑qu'il n'en eſt pas queſtion, & qu'il faut eſtablir la competence du Iuge, qui connoiſſe de la verité parties ouyes, reſulte cette queſtion vniuerſelle des appellations comme d'abus traictee contre les actions dudict Sieur Eueſque, leſquelles on condamne ſans l'oüir, & auant que la iuriſdiction ſoit eſtablie, qui eſt vn erreur procedant de la paſſion des eſprits ignorants l'ordre de la iuſtice, & portés à la meſdiſance. Ie ne ſuis point Partiſan, SIRE, des affections d'autruy, & comme Dieu m'a pu de ſes graces dés mon enfance ſans autre ſecours, ni cabale, ie parle en homme libre, & qui n'a, & n'aura iamais autre but, que Dieu, V. M., & l'Eſtat.

Il eſt donc queſtion de ſçauoir, ſi tout appel qualifié comme d'abus, ſans diſtinction de la cauſe controuerſee, interiecté des ordonnances des Superieurs en l'Egliſe appartient à vos Parlements, ou ſi le Iuge d'Egliſe n'a pas droict de maintenir ſa iuridiction par les cenſures Eccleſiaſtiques, ainſi que vos Officiers par ſaiſies, & autres voies reelles.

SIRE, comme i'ay dit Mre. Pierre de Cugneres eſtoit equitable en cette cauſe, laquelle ne ſe peut accorder, que par la ſeparation, qu'il propoſoit de la iuriſdiction Seculiere d'auec l'Eccleſiaſtique, laquelle deſlors pouuoit vuider ces differents, ſi le Cardinal Bertrand ſe fuſt ſouſmis à la raiſon, le Roy auec tout le Conſeil eſtant porté à la diſtinction des choſes ſpirituelles, & ſeculieres, pour la matiere de l'vne, & l'autre iuriſdiction, ſeule capable, quelque choſe qu'on veuïlle dire de part & d'autre, de terminer tous ces differents, vraies ſemences de ſchiſmes, de ſcandales, & d'opprobres contre l'Egliſe, & la Iuſtice, qu'on faict ſeruir à des paſſions d'intereſt, & de gloire.

Qui peut conteſter cette propoſition fondamentale, & tout ce qu'on ſçauroit dire au contraire n'eſt-ce pas vn ſophiſme ? L'art. 59 des Eſtats de Bloys faict preuue de la verité

Nous defendons à nos Cours de Parlements de receuoir aucunes appella-
tions comme d'abus, sinon es cas de nos Ordonnances, & à nos amès, & feaux
les Maistres des requestes ordinaires de nostre Hostel, & Gardes des sçeaux
de nos Chancelleries, de bailler lettres de relief desdictes appellations comme
d'abus, ne icelles lettres seeller, qu'elles n'aient esté rapportees, & à cette fin
paraphees du Rapporteur ou Referendaire. Et neantmoins lesdictes appella-
tions comme d'abus n'auront aucun effect suspensif en cas de correction, &
discipline Ecclesiastique, mais deuolutif seulement, sur lesquelles appellations
nosdictes Cours ne pourront moderer les amandes, pour quelque occasion que
ce soit, ce que nous leurs defendons tres expressement.

SIRE, cette Ordonnance en sa premiere partie est claire,
& la mesme iustice pour la distinction des deux puissances:
Mais les cas dont elle parle sont encore à expliquer, & n'y a
rien de clair aux Ordonnances pour ce regard. C'est le train
de toutes les Loix du Royaume obscures, incertaines, &
ænigmatiques. Et qui plus est la seconde partie figure quelque contrarieté à la premiere par le mot de deuolutif, qui
sembleroit donner quelque connoissance à vos Parlements
de la correction, & discipline Ecclesiastique contre la maxime vniuerselle, & inuiolable des Ordonnances, & la loy fondamentale de la Monarchie conseruatrice de la puissance de
l'Eglise en ses droicts, & libertés pour les choses spirituelles.
Que si la fin de l'Ordonnance eust esté gardee par la peine
des amandes contre les Chicaneurs abusants de la iustice sous
le mot d'abus, on n'eust veu infinis scandales, dont les gents
de bien ont esté offensés pour l'auantage, qu'en ont tiré
l'Heresie, & l'Atheïsme.

Et afin que la verité se manifeste sans controuerse, il est necessaire de considerer, que l'Eglise est fondee en vne puissance de Dieu, comme dict est, de connoistre par voie ordinaire des choses spirituelles, ainsi que vos Officiers re-connoisf-
sent,

sent, & par appel consequemment, puis-qu'en l'Eglise y a des degrés de iurisdiction pour l'appel establis par le mesme ordre, que la premiere puissance & octorizés encore par le Concordat, auquel y a vn titre special des appellations, dont à quelque heure ie parleray, quand il sera question de la police de l'Eglise. Si donc ainsi est, comment peut-on dire, que l'Eglise iuge en premiere instance d'vn faict entre des gents d'Eglise, & que l'appel sous pretexte d'vne tricherie couuerte du nom d'abus s'en aille en vne iurisdiction seculiere differente du tout en principes, moiens, & conclusions des formes de la Iustice du Parlement ? Le sens commun resiste à la proposition, & tout ce qu'on sçauroit dire pour l'vn, & l'autre corps de l'Eglise, & de la Iustice est, qu'il faut separer les deux Puissances par vne distinction claire, autant que faire se pourra, des cas, dont l'Eglise doit connoistre priuatiuement à la iustice temporelle, laquelle autrement fera ses saillies, & ne cessera point en ses entreprises par la malice des discoles, rebelles, & factieux tousiours flattés dans les Palais en leur desobeissance enuers leurs Superieurs. Ie passe outre, & dis, que c'est vne grande iniustice, de vouloir assujectir les Prelats de l'Eglise à rendre raison de leurs iugements dans les Palais, puis-que l'vn, & l'autre obiect de l'Eglise, & de la Iustice sont autant diuers, que sont l'homme interieur, & exterieur de l'Apostre. Par exemple, si vn General d'ordre, Prouincial, ou autre selon sa qualité veut faire quelque reglement spirituel, est-il iuste, que l'examen en soit faict par vos Officiers, qui ne sont pas appellés à ce ministere, & font vne profession contraire? Que pourra faire d'ailleurs vn Euesque en son Diocese, si pour tout loyer il est paié d'vne appellation comme d'abus, & diffamé dans vn Palais, duquel il doit detester les malices?

N

Les exemples de ces mal-heurs ont esté trop re-cõnus, mesme en la perſonne dudict Sieur Eueſque d'Angers, lequel, comm'il a fort reſiſté à ces violences par la force de ſon eſprit, on a continuellement deſchiré, ainſi que pluſieurs Prælats, leſquels ignorants la malice du Palais, ont faict naufrage en de bonnes cauſes, dont il conuenoit, SIRE, chercher la iuſtice dans voſtre conſcience, & non pas les defendre en vn lieu, qui n'eſt fondé en aucune iuridiction d'en connoiſtre. Ie ne veux point diſcourir ſur ces accidents, dont Dieu ſ'eſt reſerué la connoiſſance, ains ſeulement auiſer à quelque expedient ſalutaire par la conſideration des maux paſſés pour l'auenir.

Ie commenceray, SIRE, ce propos ſerieux par vne profeſſion loyale, à laquelle l'Egliſe ſouſcrira d'vn commun vœu, que voſtre octorité eſt ſacro-ſaincte, ordonnee de Dieu, & que vous eſtes l'image viuante de ſa Maieſté ſupreme, & que comme Dieu eſt le premier Roy, & Prince par nature, vous l'eſtes par creation, & imitation, pour regir, & gouuerner vos ſujects par des Ordonnances ſainctes, & equitables en la voie de l'obeïſſance aux commãdements de Dieu, & de ſon Egliſe. Mais, cõme i'ay dit pluſieurs-fois auec le grand ami de la verité S. Bernard, on ne taſche qu'à diuiſer l'amitié, & la ſacree bienveillance qui eſt entre noſtre S P, & V. M., par des queſtions, dont la memoire deuroit à iamais eſtre eſteinte. Car puiſ-que l'vne, & l'autre puiſſance ſont en paix, & que vous regnés ſouuerainement, que ſert-il de troubler l'Egliſe ſous des pretextes d'entrepriſes ſur voſtre octorité, dont les Prælats ſont autant éloignés qu'eſt le Ciel de la Terre? Nous ſçauons, que Dieu a mis en vos mains le glaiue temporel pour la conſeruation des bons, & la punition des meſchants, comme pareillement eſt-ce choſe côſtante, qu'à l'Egliſe a eſté delaiſſé le ſpirituel, pour la conduicte des ames en l'amour de Dieu, & en la charité des vns enuers les autres. Que ſi voſtre octorité eſt proportionnee auec l'immenſe grandeur de Dieu,en tant que peut porter la comparaiſon de la creature auec le Createur, conſiderès auſſi, SIRE, quel eſt l'honneur du Preſtre interprete, & mediateur de Dieu entre les hommes, porteur de ſa parole, témoing de ſa volonté, & en vn mot commiſſaïre des Anges, pour en recueïllir cette demonſtration, que tous les Eſtats, auſquels ces deux Puiſſances feront en conflict ſont menaſſés de la rigueur des iugements de Dieu: Ainſi oſeray-ie dire, que le plus auguſte titre de gloire, qu'on ſçauroit dôner à V.M. eſt, de la dire tutrice de l'Egliſe, & protectrice de ſa liberté ſelon le ſerment, que vous en faictes à voſtre ſacre, en parole de Roy, marque ſinguliere de la foy des Roys de Frâce,& bien éloignee de celuy, qu'exigeoit pour meſme ſuject de l'Empereur le Patriarche de Conſtantinople,qui en prennoit vne promeſſe ſolemnelle de ſa main. A quoy on peut adiouſter, que le Roy Louys le debonnaire honoroit tant les Eueſques, que comm'il les appelloit Princes du Ciel,il les a auſſi touſiours re-connu pour Princes de ſon Royaume.

Ie re-connois,SIRE, qu'en voſtre Eſtat il y a eu des Conciles, auſquels les Roys vos majeurs ont preſidé pour la manutention des ſaincts Oracles, qui ſeroient rendus par le S. Eſprit,& paſſant outre ie veux encore donner cet auantage à des chercheurs d'antiquailles, que nous auons des conſtitutions Eccleſiaſtiques faictes en ces Conciles octorizees par les Roys Charlemagne, & autres ſur la police ſpirituelle, ſans parler de Iuſtiniain, & qu'ils ont eu vn grand ſoin de l'Egliſe par

leurs auertiſſements aux Prælats pour la gloire de Dieu,
voire meſme que les Ordonnances ſont ſous leurs noms, adiouſtant à cela, que pour l'honneur de l'Egliſe il y a eu pluſieurs conferences entre les S. Peres, & les Roys vos majeurs.
Ce fuſt le ſujeƈt, qui obligea S. Gregoire le Grand d'exhorter Theoderic, & Clotaire Roys de France d'aſſembler vn
Concile, pour deraciner l'hereſie Simoniaque fort commune
de leur temps.

Ie ne veux pas reprendre de plus loing la loy Royale de
Romulus, laquelle rendoit les Roys ſouuerains Sacrificateurs,
comm'apres luy Numa Pompilius fiſt pluſieurs ceremonies,
& aƈtes de l'idolatrie payenne ſous le voile de la Religion,
& en ſuite l'Empereur Auguſte adiouſta à ſa Majeſté impe-
riale le ſouuerain Pontificat. Ces recherches ſeroient impor-
tunes, & la controuerſe, qu'on feroit à V. M. ſoigneuſe d'vne
ſainƈte police en la conduiƈte de l'Egliſe ſentiroit cett'hereſie de Donat condamnee par S. Auguſtin, *Qu'elle communication
a l'Empereur auec l'Egliſe*, comme ſi l'Egliſe ne deuoit point vſer
du ſoin, des Loix, & de l'aïde des Princes, & d'autant plus me-
riteroit cette opinion d'eſtre blaſmee en voſtre Eſtat, que les
Roys vos majeurs, ainſi que vous faiƈtes encore, conferoient
ancienemēt les Prælatures par leur oƈtorité ſouueraine,
bien qu'en effeƈt la voie du S. Eſprit ſoit la plus aſſeuree pour
la deſcharge de voſtre conſcience, ſelon que l'Empereur
Theodoᵉc prié par le Synode de creer des Pontifes reſpondit
elegamment, *Que cetté eleƈtion eſtoit par deſſus ſa puiſſance*. C'eſt la
voix de S. Ambroiſe, *qu'vn bon Empereur eſt dans l'Egliſe, & non a
deſſus de l'Egliſe, voire, qu'il cherche ſon aïde, ſans que iamais ils la refuſe*
Il n'eſt point encore queſtion de parler de l'entrepriſe d'O-
zias, & des mauuais Princes, qui ont faiƈt la guerre à l'Egliſe
puiſ. qu'er

puis-qu'en effect V.M. est entierement soufmife à l'obeïffance, & au refpect enuers le S. fiege aux chofes fpirituelles, &
qu'elle donne efperance tous les iours, à la façon de Iuftiniain, d'abandonner entierement au Clergé l'élection, &
la promotion aux dignitès Ecclefiaftiques. Mais que par ces
confiderations on puiffe induire auec raifon, qu'en ce Royaume la iuftice feculiere aie connu de la police fpirituelle, ni
mefmes les Roys qu'auec le Clergé, lequel les a reçeu par priuilege aux affemblees Ecclefiaftiques, c'eft vn erreur de le penfer, & tirer à aucune confequence les grands auantages de l'o-
ctorité Royale aux chofes facrees, pour les appellations comme d'abus. Ie ne veux encore taire, qu'à V.M. appartient par
vne noble preeminence, & pour l'honneur, qu'elle a d'eftre la
protectrice de toutes les Eglifes du Royaume, la Regale pour
tous les fruicts, & collations des benefices durant les vacances
des Euefchés iufqu'au ferment de fidelité prefté entre vos
mains par les Prælats contre la difpofition ordinaire des Canons, qui referuent tout au futur fucceffeur, droict certes fi
augufte, qu'il dort pendant la Regence, comm'eftant vni à voftre feule perfonne priuatiuement à autre. Et paffant outre ie
ne fçaurois diffimuler pour le grand honneur du à V.M. entre tous les Roys, qu'on accufe les gents d'Eglife vouloir de-
primer vne conftitution redigee par efcrit de l'octorité des
Euefques au Concile de Tolede 12, dont Yuo Euefque de
Chartres m'a donné la lumiere, par laquelle vn excommunié
eftant reçeu par le Roy en fa compagnee, ou à fa table doit
fans autre abfolution eftre admis à la communion Ecclefiaftique, n'eftant pas raifonnable, que le Preftre tienne celuy
pour eftranger, & comm'vn membre retranché du corps de
l'Eglife, que la pieté du Roy honore de fa grace. Il y a vne re-

marque singuliere sur ce sujet d'Anselme Archeuesque de
Cantorbie, lequel s'opposant à Henry Roy d'Angleterre
pour les droicts d'inueltiture des Euesques auroit eu mande-
ment du Pape Paschal, de ne point communiquer auec ceux,
lesquels auoient esté inueltis par le Roy, dont Anselme parlant à Ernulphe Prieur s'excuse, & dict, qu'il ne sçauroit se
garder de la frequentation des gents, que le Roy personne sacree, & oincte de Dieu voit, & reçoit pres de luy.

Et puis que ie suis sur l'excommunication, qui a excité la
diuision en l'Eglise d'Angers, il est necessaire, SIRE, que V. M.
entende, qu'elle est l'absolution à cautele : Les Conciles
ainsi que le mesme Yuo m'a appris veuillent, qu'vn excommunié ne puisse estre admis en autre Eglise, s'il n'est absous
par son EVESQUE, voire mesme, que celuy, qui a esté excommunié par vn, le soit par l'autre. Et maintenant on absout à cautele par des commissions de vos Officiers, & des formes bien
contraires au I. Capitulaire de Charlemagne, qui rapporte
les Conciles, surquoy ie ne veux point entrer, puis que la distinction de l'vne, & l'autre puissance abolira tous ces differents. Or venant au point de la cause, ie dis, qu'il ne se treu-
uera point, que iamais on aie permis, & octorizé par Loy, que
les Ordonnances de l'Eglise fussent examinees ailleurs qu'en
la iurisdiction, qui luy est naturelle de toute eternité pour
les choses spirituelles, & selon les degrés establis en la loy de
grace par les Conciles, si la cause n'est morte, & terminee en
la premiere audience. Que si l'on examine les Nouelles de
Iustiniain, on verra qu'elles ne sont faictes, que pour l'execution des loix Apostoliques, sans rien deliberer sur la puissance spirituelle, qu'à sa conseruation. A quoy ie pourrois ad-
iouster deux loix singulieres des Empereurs Arcade, Honoré,

& Theodoze, pour la decifion des differents de l'Eglife, & des
Parlements, par la diftinction de leur puiffance la plus claire, qu'on la fçauroit faire Car ces Empereurs rendants vn
fingulier refpect aux Euefques ont voulu, qu'on les peuft
prendre pour arbitres aux chofes ciuiles , & que pour la reuerence, qui leurs eft deüe, il ne fuft loifible d'appeller d'eux,
bien qu'il fuft permis par ledroict Romain d'interjecter appel des fentences arbitrales, f'il n'y anoit compromis , iaçoit-
que le Iuge euft efté donné du confentement de l'vne, & l'autre des parties, voulants qu'apres les iugements des Prelats les
Officiers feculiers joigniffent leurs forces , & la contrainete
pour les faire executer, qui eft tout ce qu'on doit maintenant
fouhaiter, la connoiffance des chofes fpirituelles eftant delaif-
fee à l'Eglife, & l'aïde des peines temporelles pour l'execution
à vos Officiers. Ie fçay qu'il y a des gents d'Eglife, qui defi-
reroient fous le voile de la Religion empieter tout, ainfi que
re-connut S. Louys, lequel fur le faict d'vne excommunication ne voulut point adherer à vn Euefque , comm'en verité
ces violences tiennent plus de la fuperftition, que d'vne deuotion reglee, & conuenable aux droicts de l'vne , & l'autre
puiffance. C'eft la belle raifon de S. Auguftin , lequel inter-
pretant le paffage de Dauid, que le terre eft à Dieu en fa ple-
nitude, la re-connu veritable de droict diuin feulement, puif-
que par les loix humaines il y a diftinction des feigneuries, &
poffeffions pour le gouuernement.

Ie ne finirois iamais, SIRE, fi ie voulois rapporter les hiftoires, & les raifons, par lefquelles l'Eglife eft fondee en vne
puiffance fouueraine de Dieu pour le regime fpirituel, qui
faict, que ie me contenteray auant que refpondre aux pretextes, qu'on propofe au contraire, de dire, pour vn principe im-

O ij

müable, comme la verité se perd en la debattant par tant d'escrits, & de paroles, que l'Eglise par l'ordre vniuersel estant
ainsi establie, il s'ensuit, que tous les Roys sont obligés de la
maintenir, & conseruer, s'ils veuillent regner en Dieu, & par
son octorité, ainsi que le plus seur lien de toutes les Monarchies. C'est la voix du mesme Hildebert Euesque du Mans,
*Que le glaiue du Roy est la censure de la Cour, & celuy du Prestre la rigueur
de la discipline Ecclesiastique.* Il n'appartient donc qu'à Dieu, & à
ceux, qu'il a appellé à son sanctuaire, de iuger les Dieux, comme les Payens mesme ont recōnu, & le grand Constantin
professa publiquement aux Euesques, contre lesquels on luy
auoit presenté diuers libelles d'accusations. *Vous estes, dit-il,
les Dieux constituės par le vray Dieu: Aillès & discutés entre vous vos
causes; Car il n'est pas iuste, que nous iuisons les Dieux* Mais que peut on
alleguer pour le soustien de cette cautele d'appel comme d'a-
bus, sinon que confusion, desordre, & l'euersion de la police de
l'Eglise, puisque l'vne, & l'autre legislation ont diuers objects, bienque conformes à l'ordre du maintien general du
Monde, qui agit par diuers ressorts? S. Bernard a dignement
parlé en ces occasions par la difference des loix Ecclesiastiques,
d'auec les Ordonnances des Roys, & des Princes, pour la varieté de la matiere, & du suject de l'vne, & de l'autre le
gislation.

Sire, Ie viens au recueil naïf des moiens, par lesquels on
veut faire viure à iamais la Chicane des appellations comme
d'abus sans distinction fondès sur vne possession calamiteuse
durant les troubles, & factions du Royaume despuis cent ans,
contre laquelle l'Eglise s'est tousiours écriee. On dict d'ailleurs, que comme l'Eglise est dans l'Estat, il faut qu'elle
soit sujecte au Prince, & que sous son auctorité la police, &

discipline

diſcipline exterieure ſoient maintenües, comme luy en eſtant le patron, le protecteur, & gardien. A quoy on adiouſte, que les Conciles ont eſté confirmés par les Empereurs, & que de leur octorité, ainſi que i'ay cy deſſus rapporté, ont eſté faictes pluſieurs conſtitutions Eccleſiaſtiques, & neantmoins quelques cauillations, qu'on apporte en cette cauſe, la verité force les plus rebelles a confeſſer, qu'il y a vne diſtinction entre les deux Puiſſances, laquelle ſeule ſ'appe, comme i'ay dict, toutes les chicaneries pretextees du nom d'appel comme d'abus.

Le premier point, qui regarde l'vſurpation faicte ſur la puiſſance de l'Egliſe, qu'on appuye ſur le temps, ne merite point de reſponſe, puiſque la maxime politique de l'eſtabliſſement des meilleures loix par la corruption des mœurs y reſiſte, & qu'apres vn grand deſordre V. M. eſt obligee de reſtaurer l'ordre de l'Eſtat par le maintien des deux Puiſſances ſelon leur naturelle dignité. Ainſi va le Monde, qui n'eſt iamais en vn eſtat, & roule ſans fin au branle de l'inconſtance. Et comme la tempeſte re-commande la ſerenité de l'air, & les orages le calme de la mer, ce vous ſera, SIRE, vn grand prix d'immortalité, de re-donner à l'Egliſe ſon ancienne liberté, & redimer les Prelats de l'oppreſſion, en laquelle ils ont eſté au dernier ſiecle ; Car ainſi obligerés-vous les Superieurs de l'Egliſe à leur deuoir pour le repos de voſtre conſcience, & la paix du Royaume. Il n'en faut point dire dauantage ſur ce ſuject, puiſ-qu'en vn mot l'entrepriſe de vos Officiers ſur la liberté de l'Egliſe en ſa iuriſdiction ſe verifie par la nouueauté du mot d'abus, qui ne doit demeurer en aucun vſage, que pour reſtraindre les vſurpations, que faiſoient anciennement les Officiers de l'Egliſe ſur voſtre octorité, contre leſquelles on

P

oppofoit l'appel fimple. En cet endroit i'ofe SIRE, m'écrier contre la Malice du palais, qui paroift plus clairement en ces tricheries d'appel comme d'abus, qu'en aucun autre fujeçt. Car fçauroit-on figurer des fophifmes, & cauteles femblables à la feparation de la police de l'Eglife, qu'on appelle exterieure d'auec l'interieure, pour faire que le iugement de l'vne appartienne à l'Eglife, & l'autre à vos Officiers? La Religion Chreftienne confifte en la foy, laquelle Dieu, qui feul iuge les cœurs, connoift, & en des actions exterieures, qu'on appelle ceremonies difcipline, & ordre, felon que l'Eglife en ordonne, & qu'elle iuge côuenable au temps. Or bien que les maximes de la foy foient immüables, & eternelles, & celles de la police variables, les vnes, & les autres font neantmoins d'vne mefme qualité fpirituelle, & n'appartiennent qu'à l'Eglife feule, à laquelle Dieu a donné fon S Efprit iufqu'à la confommation du Monde, pour la regir, & gouuerner fo uuerainement, & fans dependance d'autre Puiffance. Ainfi la feparation de l'vne, & l'autre police eft vn erreur procedant de l'impertinence des efprits, qui parlent de la Religion à la mode, & non pas felon la nüe verité du feul iugement de l'Eglife. Qui peut contefter la propofition, fi la temerité, & l'ignorance des chofes les plus communes ne l'emportent à la rebellion contre l'expreffe parole de Iefus-Chrift, en l'eftabliffement de la conduicte, & du gouuernement de l'Eglife? Par exemple, f'il f'agift de l'ordre du feruice diuin, des ceremonies, des myfteres, de la difcipline, & en vn mot de la façon, qu'il faut tenir pour glorifier Dieu dans l'Eglife, en doit-on attendre la refolution de vos Officiers, & peuuent-ils auec droict connoiftre de ces actions, qui leurs font interdictes par les Loix diuines, & humaines? Que f'il eft auenu (mal-heur que Dieu

par sa bonté veuïlle détourner) que nos Roys aient eu des
differents auec les Papes, & qu'ils aient chargé voftre Parlement de leurs donner auis, ainfi que fift Louys XI fur des oc-
curences particulieres, luy ayant mandé de s'affembleer,&
dreffer des memoires contre les entreprifes de la Cour de Rome, l'extenfion de ce faict, à la ruine, & diffipation de la Religion par des chicaneries doit elle eftre faicte, & y a-il apparence d'æquiuoquer fur les appellations comme d'abus,& les
priuileges de l'Eglife Gallicane, pour remüer des fchifmes, &
diuifions, dont ie ne fçaurois expliquer naïuement la confequence, que fous la protection de V.M,, & en fa prefence.

Mais helas! Ou fommes-nous maintenant, & y a-il cœur
fi obftiné en fes paffions de gloire,& d'auarice, qui ne foit touf
ché de l'opprobre, & de la honte, qu'on faict aux Prælats de
l'eglife? L'Empereur Charlemagne par vne Ordonnance
lexpreffe enioignit aux Euefques d'excommunier les Iuges, &
des perfonnes lefquelles par force, & violence oppriment les
pauures, fi apres l'admonition ils ne vouloient fe corriger, &
rentrer dans la voie de la iuftice. A quoy on peut adioufter
d'vne conftitution grecque, qu'il appartient à l'Euefque, & à
trois preud'hommes de confiderer tous les ans les œuures de la
ville, & receuoir les contes des adminiftrateurs, comm'auffi fe
remarque-il en la Nouelle 86 de Iuftiniain, que le principal
foin de la iuftice appartient aux Euefques, & qu'ils eftoient
tenus, & obligés d'aduertir le Prince de la negligence des
Prefidents de Prouince, voire mefme, que fi le Prefident eftoit
fufpect on luy donnoit l'Euefque pour collegue, auquel ceux,
qui fouffroient iniure fe plaignoient, afin qu'il en fift fon rapport, enfemble des concuffions, fi aucunes eftoient par luy faictes en l'exercice de fa charge. Mais, SIRE, il y a maintenant

aſſés d'occupations en l'vn, & l'autre miniſtere de l'Egliſe, &
de la Iuſtice, pour bien faire par vn amandement, ſans entrer
en des queſtions de puiſſance, qui ne ſont que malices, & factions contre l'ordre de la Monarchie.

Sire, Ie ne ſçaurois finir ce diſcours, qui n'eſt qu'vne ombre de la verité, que i'ay à reueler à V. M., que ie n'explique
encore plus nettement la conſequence des diuiſions d'entre
l'Egliſe, & la Iuſtice pour l'honneur de voſtre regne, qui m'eſt
plus cher, que ma propre vie. I'ay donc à recueillir tous ces
propos en des demonſtrations plus fortes, que toute la malice des hommes.

La premiere eſt, que la guerre éleuee contre l'ordre, & la
Toute-puiſſance de Dieu, eſt ſuyuie de la rigueur de ſa iuſtice, & partant qu'on ne peut alterer, diminüer, ou combattre la
puiſſance de l'Egliſe eſtablie par la Prouidence, qu'on ne ſ'atta
que à ſa Majeſté ſupreme. Pardonnés-moy, Sire, ſi ie parl
clairement à V. M. iuſte, & tellement amoureuſe de ſa con
ſcience, que la ſimple penſee d'vne iniuſtice luy eſt en grand
horreur. Ie ſçay, que voſtre pouuoir eſt ce qu'il vous playra
mais puiſque vous en limités le effects à la raiſon, & pour le
choſes ſpirituelles ſingulierement à la determination de l'E
gliſe, i'ay eſtimé deuoir vous faire entendre, qu'elle eſt indi
gnement traictee, ou pluſtoſt Dieu, qui la gouuerne, par le
entrepriſes de vos Officiers ſur ſa puiſſance legitime.

La ſeconde demonſtration regarde la nouueauté de l'v
ſurpation de vos Officiers pendant les guerres du dernier ſie
cle, laquelle vous eſtant connüe requiert inſtamment d
V. M., qu'elle reprenne les voies de l'ordre de la Monarchi
duquel on ne ſe depart iamais, qu'auec ſa ruine. Et puiſqu
i'ay proteſté d'eſtre ègal à l'vne, & à l'autre puiſſance, ie n
ſçauroi

ſçaurois taire les grandes fautes du Cardinal Bertrand, lequel en l'ancienne diſpute des droicts de la iuſtice temporelle vſurpés par l'Egliſe proteſtoit, de ne point vouloir
ſubir aucun iugement du Roy Philippes de Valois, & qu'il
parloit ſeulement pour informer ſa conſcience, & celle des
aſſiſtans. A quoy il adiouſtoit pluſieurs arguments de conſequence tirés de la matiere du peché, qu'il accommodoit à
tous procés, & ſous ce pretexte les faiſoit tomber en la iuriſdiction ſpirituelle. Il battoit fort encore le point de la prefcription de l'Egliſe, laquelle il ſouſtenoit deuoir eſtre inuiolablement gardee, quand meſme il y auroit quelque difficulté en l'origine de la iuriſdiction, ce qu'il conteſtoit ferme-
ment, pour detruire le puiſſant, & immüable argument, qu'on
luy oppoſoit, que l'vſurpation ſans titre eſtoit iniuſte, & que
les Roys meſmes, quand ils auroient voulu delaiſſer ſa iuriſdiction temporelle à l'Egliſe, que non, ils ne l'auroient pu
faire, puiſ-qu'il n'eſt pas en faculté du Roy d'abandonner
ſon ſuiect, n'y du ſuiect de ſe retirer de ſon obeïſſance. Ie paſſe pluſieurs autres conſiderations, pour m'arreſter en vne que
vous eſtes le vray Iuge, & l'Arbitre ſouuerain de tous ces differents, & que la verité vous eſtant découuerte, il n'y a poſſeſſion, qui puiſſe empeſcher que vous ne remettiés les deux Puiſſances de l'Egliſe, & de la Iuſtice en leurs anciens, & premiers
droicts auec ſeparation claire, & autant certaine, qu'on la
peut eſtablir aux affaires du Monde ſelon l'inſtitution, &
l'ordre de la Monarchie, auquel tous les ſiecles ne ſçauroient
faire preiudice.

La derniere demóſtration ruine les artifices de la prudence
charnelle, qui a pris vn grand pied en voſtre Royaume. Car
on dict, que les appellations comme d'abus ſont vn mal, mais

vn mal bien eſtably, **pour refrener le trop grand empire des** Superieurs en l'Egliſe, l'octorité deſquels, ſi cette bride ne les contenoit, ſe pourroit tourner en iniure, & oppreſſion. SIRE, ie m'eſcrie en ce ſuject, & ſi i'eſtois aux pieds de V. M ie dirois des choſes, qui luy ſeroient agreables, comm'elles ſont puiſees dans la viue fontaine des loix diuines, & humaines, par leſquelles vous deſirés regner, & commander à vos peuples. Or attendant ce bon-heur, ie propoſe cette concluſion, que iamais on ne doit flatter vn mal, & que ſi toſt qu'on en a découuert la cauſe, meſme en l'adminiſtration de la iuſtice, il y faut remedier, de peur que le venin ſeſpande ſi auant, qu'il deuienne incurable. Ie paſſe outre, & dis, conſtamment, que voſtre Parlement a autre-fois profeſſé, que ce remede n'eſtoit communement, qu'vne couuerture de calomnie, d'iniquité, & malice. Mais aillant au fons de la cauſe ie ſouſtiens, que ces maximes ſont les ſources fœcondes de l'Hereſie, & de l'Atheïſme, ſelon que i'ay appris de S. Cypriain admirable en ce ſuject. Car le Diable eſprit de menſonge, & de ſeduction ſeſt ſerui continuellement de ces inuentions, pour égarer les eſprits curieux des droictes voies, & de l'obeiſſance, qu'ils doiuent à l'Egliſe. C'eſt encore la voix de l'Apoſtre depeignant cet aduerſaire du genre humain par ſes qualités, qu'il ſe tranſfigure en Ange de lumiere, & contrefaict ſes Miniſtres en Miniſtres de iuſtice, aſſeurants la nuict pour le iour, la mort pour le ſalut, la perfidie pour la foy, & l'Ante Chriſt pour Ieſus-Chriſt, afin que tandis qu'ils mentent par des propos vrays-ſemblables, ils ruinent l'eſſence de la verité par leurs preſtiges, & illuſions. Qu'elle plus grande preuue de la propoſition ſçauroit-on faire, que par l'exemple de cette cauſe, en laquelle V.M. voit vne rebellion ouuerte contre l'ordre de Dieu , & la puiſſance, que Ieſus-Chriſt a donné à S Pierre, de paiſtre ſes brebis, laquelle in..lut de neceſſité abſoluë vne iuriſdiction, audience, ou notio, pour l'execution du miniſtere, & l'accompliſſement de la charge ? Mais ie demanderois volontiers à ceux qui ſouſtiennent cette vſurpation : Où eſt voſtre miſſion , & de quelle octorité trauaillés-vous ? Dieu vous a interdict la connoiſſance des choſes ſpirituelles, & en a laiſſe le iugement à la ſeule Egliſe, comm'encore ont faict tous les Roys , & les Ordonnances du Royaume. Il y a de l'abus dictes vous aux Miniſtres de l'Egliſe, & partant eſtes vous obligés d'y mettre la main. Ce pretexte eſt inſidieux , & contre les maximes politiques, leſquelles ne vous permettent pas d'entrer en aucune connoiſſance des choſes, qui ne vous ſont commiſes. Car quand ainſi ſeroit, comm'il n'y a rien de parfaict, les Chreſtiens doiuent prier Dieu vnanimement, qu'il inſpire les Miniſtres de l'Egliſe à reſtaurer la pieté, & pacifier Dieu par vne ſaincte, & relligieuſe vie, & ſi quelque deſordre preſſoit en ce ſuject, la premiere Loy, que i'ay dreſſé y pouruoira, en attendant que noſtre S. P. animé par V. M., & les Prælats du Royaume y aie par vn reglement general donnè vn meilleur ordre, ne reſtant aux Chreſtiens autre gloire, qu'vne entiere ſoufmiſſion aux loix de l'Egliſe, laquelle on ne doit ſcandaliſer par des iniures publiques contre ſes Miniſtres. Et comment d'ailleurs vos Officiers, SIRE, pourront ils trauailler à l'Egliſe, à laquelle ils n'ont pas eſté appellés, puiſ-qu'ils confeſſent, que la Iuſtice, qui eſt leur talent, eſt en telle confuſion, que la meilleure eſt vne extreme iniuſtice ? Il en faut demeurer la, & conclurre, que ſi l'ordre fondamental de la Monarchie n'eſt maintenu par la ſeparation des puiſſances conſeruees en leur eſtre naturel, elle ne

Q ij

iouyra iamais d'aucune paix. Et plus encore oferay-ie dire,
que cette voie, femblable au train des pretendus Reformés eſt
vn dangereux poïfon, ponr diuifer les efprits, & les perdre
dans leurs propres fentiments fur le faict de la religion.

Ie defcens, SIRE, à vn fuject ferieux pour la troifiieme Loy,
qui regarde encore la paix, & l'honneur de l'Eglife contre les
opprobres, que l'Herefie allechee par la Chicane a decoché
allencontre d'elle y a maintes annees. Or comme dans voſtre
Eſtat l'ordre politic eſt touſiours abandonné pour l'intereſt
des gents appellés aux grandes dignités, qui fe paiſſent deli-
cieufement de la confufion, il eſt vray, qu'on a violé tous les
principes de la fcience politicque en ce fuject. Car la premiere faute, qu'on a commis à la naiſſance de l'Herefie a eſté,
de ne pas oppofer la force à la rebellion, & fans autre deliberation brufler, faccager, & ruiner toutes les entreprifes contraires à l'entiere foufmiſſion, & obeïſſance à l'Eglife. Que ſi
la violence flattee par l'ambition des grands en ce Royaume
ne pouuoit admettre ce remede, il eſt vray, que toutes les conferences, difputes, & colloques ont tellement irrité le mal
qu'on eſt prefque tombé en l'Atheïfme. Tertulliain admirable Theologien, & Iurifconfulte la ainfi iugé par fa prefcription, ayant condamné ces façons de faire, ainfi qu'vne
matiere fertile d'irreligion, par les effects d'inqnietude, qu'
excitent les controuerfes dans les plus forts efprits, comme
d'ailleurs elles furprennent les foibles, & troublent par diuers fcrupules les moiennement inftruicts. C'eſt le fuject
qui meut Iuftiniain de defendre aux Clercs, aux gents de
guerre, & en vn mot à toutes perfonnes la difpute, fur le fuject de la Religion, reconnoiſſant que de ces concertations
ambitieufes ne viennent, que fcandales, impietés, & propha-
nations

nations, voire qu'en hurtant de front contre les paſſions des Heretiques, ce n'eſt mettre, que de l'huile au feu. S. Bernard diuin en ſes conſeils politiques en a rendu de belles raiſons, & a touſiours diſſuadé la force deſpuis que l'Hereſie a gaigné le deſſus, eſtimant que par les armes on ne faict, que des Martyrs de perfidie, & par les diſputes des obſtinés en leurs malices, comme nous auons veu, qu'ils ayment mieux mourir, que ſe conuertir, dont il concluoit, qu'il faut pluſtoſt perſuader la Religion par bonnes œuures, que l'impoſer par force. Or comme ce ſiecle eſt babillard, & copieux en paroles farlees, on eſt venu à des predications élabourees, & a on traicté es myſteres de la Religion par des anthitetes, & figures, leſquelles n'ont ſerui, qu'à rengreger le mal, qui finira lors, qu'on fera, & parlera Apoſtoliquement, à l'exemple de Ieſus-Chriſt, lequel commençoit touſiours par les actions, & finiſoit par les enſeignements. I'ay lu dans S Gregoire le grand e meſme auis, qu'il donnoit à Paſchaſe Eueſque de Naples, ur le ſuject d'vne plaincte faicte par les Iuifs, qu'on ne leurs rouloit plus permettre de ſolemniſer le Iudaïſme, diſant, que eux, qui faiſoient telles choſes, brouilloient pour leur proit, & non pour l'intereſt de Dieu, de la part duquel il exhoroit ces flambeaux de diuiſions d'attirer pluſtoſt les deuoyés par raiſons douces, que les obliger à fuïr par force. Les Aniens Peres ont eſté de l'opinion ſemblable, & ont touſiours onſeillé la douceur enuers ces pauures gents, leſquels ils ont appellé, ainſi que des freres errants parmy les tenebres à la able d'vn meſme Pere de lumiere. Et puiſque l'experience donnè dans voſtre Eſtat trop de témoignages de cette verité, eſt temps d'éteindre ces feux par vne Loy, qui defende les iſputes, & les colloques ſur le faict de la Religion, auec per-

miſsion d'inſtruire amiablement ceux, qui le voudront eſtre.
Car c'eſt vne grande impieté, de reuocquer en doute la choſe,
dont vn chacun doit eſtre aſſuré, & qui ne giſt qu'en la ſeule
creance. Mais quel pretexte peuuent pretendre les Chreſtiens
en leurs diſputes de la foy, & de la Religion, ſi les Mathema-
ticiens ne mettent iamais en controuerſe les principes de la
ſcience? Tout eſt en confuſion parmy les ſyllogiſmes, & la
verité perd ſa cauſe ſouuentefois par la facilité de l'eſprit humain, qui panche naturellement vers l'erreur. Il ne faut que
de bons Paſteurs enuers le ſimple peuple, leſquels le conſo-
lent ſans pompes de paroles en vne grande charité, & bien-
veillance. Ce ſont les moiens propres pour l'appriuoiſer, &,
de ſauuage qu'il eſt venu par le defaut de culture, le naturali-
ſer dans le iardin de l'Egliſe, auquel les bonnes ames cueillent
les violettes d'humilité, les lys de chaſteté, & les roſes de charité. A quoy encore doit-on adiouſter des defenſes expreſ-
ſes, de non plus eſcrire contre les Miniſtres de l'Egliſe, qu'on
a diffamé par iniures atroces, & indignes en des libelles, qui
ne meritoient que le feu auec leurs autheurs, puiſ. qu'en effect
ils eſtoient ſeditieuſement faicts contre les Edicts, leſquels ne
permettent pas, que l'honneur, & la reuerence düe au S. Siege, & à tous les gents d'Egliſe ſoit noircie par calomnies, &
fauſſetés, ſous pretexte de la doctrine, qu'on peut refuter ſans
inuectiue, & ſcandale des perſonnes. Or dautant que l'Hereſie, qui court eſt vne faction contre les Puiſſances ſpirituelle,
& temporelle, il eſt beſoin d'auoir touſiours des forces ſus-
pied, pour exterminer ſoudainement la rebellion par voie de
iuſtice, ainſi que ie propoſe par vne loy particuliere, ſans attendre qu'on aie leué les armes, qui rendent les rebelles en
égalité de condition par des Edicts de paix. La conniuence,

&la diſſimulation ont eſté les cauſes de ces mal-heurs en voſtre Royaume , auſquels , SIRE , vous ne donnerés iamais ordre, que la diſcipline ne ſoit reſtauree dans les compagnees de
la Iuſtice , & que la force de l'Eſtat ne ſoit touſiours preſte,
pour la maintenir contre les rebelles à vos commandements.
Il y a quelque choſe à dire ſur ce ſujeçt, qu'on peut exprimer
ſans bruit pour la Nobleſſe, qui ſuit cet erreur, par la connoiſſance , que i'ay pris dans les Prouinces infeçtees de l'humeur
des Religionaires, leſquels il faut laiſſer viure en patience , &
les maintenir également auec tous vos ſujeçts ſous la protection de voſtre iuſtice.

A pres ces deux Loix, qui concernent la liberté de l'Egliſe,
que le Roy Louys XII a eſtably pour vn premier effeçt de la
Iuſtice, ie deſcens à la ſeconde partie conſiſtante en la conſeruation de la Nobleſſe en proſperité, & glorieuſe renommee,
afin de la redimer d'vne miſerable ſeruitude , & captiuité , en
aquelle elle eſt y-a long-temps iniuſtement detenüe. Il y a
diuers moiens à praçtiquer pour cet effeçt , auant leſquels ie
propoſe pour vne loy iuſte,& politique la reduçtion des ren-
es au denier vingt, dont cet ordre engagé par tout pour votre ſeruice,& par les maux ineuitables,qu'il ſouffre de la Chi
ane,receura vn grand ſoulagement. Ie ne doute point, que
es Vſuriers, & autres gents engraiſſés des pauurtiés commu-
es, meſme ceux qui regorgent de finances ne ſ'eſcrient auſſi
oſt : Mais il ſera fort aiſé d'abaiſſer leur orgueil , & domter
eur barbarie par des raiſons puiſſantes , leſquelles ioinçtes à
oſtre oçtorité ſouueraine pour le bien public par deſſus les
nterests particuliers feront reçeuoir la loy tres-ſalutaire à
Eſtat. L'abolition des detes , dont i'ay veu quelques pro-
os en l'Antiquité eſtoit iniuſte, comm'encore l'ad æquation

des biens propoſee par Philippe Tribun du peuple Romain ſeroit pernicieuſe à la France. La voie Royale eſt celle,
qu'on doit practiquer en telles rencontres, afin que la meſure eſtant gardee vos peuples ſoient conſeruès en iuſtice, eſtant
certain, que les richeſſes, & la pauureté ſont les deux peſtes
des Eſtats, & qu'vn bon Roy ne doit iamais flatter l'ambition, & l'auarice de ceux, qui ne reſpirent, que la boüe, &
l'ordure des choſes caduques, comme pareillement faut-il
fuïr la faineantiſe des Pauures, qui ne veuillent rien faire, &
ne cherchent que la ruine des riches. Or nous ſçauons, SIRE,
par l'experience d'infinies calamités de voſtre Royaume, que
tant moins l'abondance a eſté parmy nous, ainſi qu'il auint
au peuple Romain, tant moins auſſi la conuoitiſe y a regné, &
qu'à meſure, que les richeſſes ont amené le luxe, & en ſuite vne
effroiable auarice, les rapines, les concuſſions, & les brigandages des finances publiques, & priuees ont oſté les plus precieux titres d'hôneur entre vos ſujects. Et, choſe lamentable,
l'ordre de la Nobleſſe, qui euſt mieux aimé perir autre-fois,
que degenerer, ſ'eſt auilly, & comm'anneanti par des actions,
dont la poſterité ſera taſchee. Ie ſçay que la pauureté eſt vn
cruel martyre, côme l'excés des biens eſt vn faſcheux maiſtre,
ſi bien que le temperamment eſtant gardé de côté, & d'autre,
la Nobleſſe ſera fort ſoulagee en ſes affaires, quand elle ſe verra deliuree d'vne cinquieme partie des rentes, qu'elle doit,
par le changement du denier ſeze au denier vingt, ſans rien
alterer des contracts. Ce prix approche du reuenu des terres,
bien qu'encores il excede grandement pour diuerſes deſpanſes, qu'elles tirent apres elles en leur conſeruation. Il eſt encore vray, que cette reduction ſera vn moien ſingulier de faire
valloir les dommaines, releuer l'innocence de l'agriculture,
& faire

& faire trauailler les Pauures, dont fortira dailleurs ce bien,
que les deteurs foulagés paieront mieux , & plus librement
leurs creanciers, qui modereront leurs folles , & diaboliques
defpanfes de tables, & d'habits. Le Roy Henry le grand voftre pere d'heureufe memoire voyant ce malheur, voulut fou-
lager les pauures par vn Edict de reduction des rentes du denier douze au denier feze, mais comme les Ordonnances de
voftre Royaume font dreffees au rebours de l'intention des
Roys, il eft vray, que les Pauures n'en ont pas iouy, au lieu
que s'il euft porté fimplement la conuerfion du prix , les deteurs, qui n'ont pas eu de creance pour racheter , f'en fuffent
fentis, ce qu'ils ne fçauroient encore faire , fils eftoient obli-
gès de trouuer argent pour amortir les rentes.

Il y a, SIRE, vn abus extreme dans vos Prouinces d'Anjou, & de Touraine, par deffus les autres , des contracts pignoratifs, qui eft vne efpece de conuention la plus perfide, &
la plus cruelle , qu'on fçauroit figurer. Car c'eft vn Afpic,
qui endort les deteurs par fes morfures, & l'effufion de fon venin, iufqu'à ce que le doux fômeil fe côuertiffe par le cours du
temps en vne mort foudaine de leurs familles. Or comme
cette efpece de contracts eft fauuage, & baftarde, les Practiciens l'ont flattè, & porté fi auant, qu'on n'a prefque veu autre
chofe durant quelque temps, le mal ayant diminüé par
la propre confcience des Creanciers, qui en ont re-connu l'iniuftice Et puif-que V.M. voit, que toutes ces inuentions font
des fraudes, malices, & tricheries contre l'ordonnnance des
rentes tolerees en ce Royaume par l'alienafion du fort principal, que faict à iamais le Creancier de fa main , au lieu qu'en
ces contracts pignoratifs il a le pouuoir d'exiger le principal,
& qu'il en ftipule vfure fous pretexte d'engagement d'vn he-

S

ritage , duquel encore le deteur est possesseur, Abolissés, Sire, ce grand mal, comm'il n'y a chose si pernicieuse en la societé ciuile, que l'vsure, nonobstant la corruption du siecle enseueli dans le vice par la negligence de vos Officiers, qui voient toutes choses en desordre , & ne s'en remüent pas, quoy faisant vous deschargerés les consciences des Creanciers , qui sont en grand peril , & soulagerés pareillement les pauures deteurs par vne saincte loy.

Sire, Pour vne cinquieme Loy i'ose dire, que toutes les Loix ciuiles, & canoniques vous assurent cette verité, que les prisons sont des supplices, & les tenebres des meschants, qui tirent apres ces peines quelque note d'infamie. Ainsi entre les Romains par la loy *Ælia sentia* les Seruiteurs vne-fois liés par les maistres n'estoient faicts Citoyens Romains, ce qui donna suject à Syllanus Consul de iuger, que la prison estoit vn dernier supplice. Ie ne veux pas m'estendre sur la hayne des Loix anciennes, lesquelles permettoient aux Creanciers de mettre en pieces les corps de leurs deteurs, s'ils ne satis-faisoient à leurs detes. Tertulliain a detesté cette cruauté par des raisons, qui representent en vn mot à V.M. , qu'il n'y a rien de si cruel, que d'engager la liberté , & d'assujectir le corps, qui est le vaisseau de l'ame, à la captiuité, puis-que l'homme n'en est pas le maistre, ny le Iuge, lequel n'a pouuoir quelconque sur luy qu'en faict de crime, pour la vengeance, que le public en demande. Il y a dailleurs cette dureté entre les Creanciers, dont l'experience m'a faict trop certain, qu'ils se delectent en ces seuices, & ne veuïllent accommodation quelconque auec les deteurs, ny se payer de leur bien, mesme en ay-ie veu de si furieux, & tellement acharnés , que par tergiuersations ils fuyoient de receuoir leur argent, pour les ty-

rannifer. Et, ce qui eſt encore calamiteux, on n'oit que procés
dans les villes ſur les aliments, que ces pauures demandent à
leurs Creanciers, qui ſe tiennent forts ſur leurs obligations,
& font perir de faim ces miſerables reduicts à ce point, de cher
cher la conuerſion de la priſon en peine afflictiue. S. Gregoire le Grand m'a découuert quelque-fois de belles raiſons, par
leſquelles il exhortoit vn rude creäcier á pitié, qui ne peuuent
rien maintenant ſur le ſiecle endurci en ſa felonnie, ſi voſtre
clemence ne rompt cette barbarie. L'Ordonnance y eſt dit-
on , & la loy ayant vne fois arreſté ce remede, pour obuier
aux fraudes, & malices, leſquelles troublent la foy, lien de la
ſocieté ciuile, & du commerce, il la faut garder, mais on n'adiouſte pas, que tout ce mal eſt venu de l'indulgence des Iuges,
leſquels ont fomenté la malice du Palais, par les diſpenſes des
amandes, des deſpens, les circuits, delays, ſubterfuges, & autres telles practiques, leſquelles ont conſumé tout le bien de
vos ſujects. Et qui plus eſt, dit-on, la loy adiouſte le double-
ment, & tiercement des ſommes, auſquelles on a autre-fois
condamné les deteurs, ainſi que i'ay ouy de grands perſonnages, qui en ont effacé la memoire. Mais en vn mot cette inuention d'vn Paſſe-Iuif, eſt fort contraire au commandement de
Dieu eſcrit en l'ancienne Loy, laquelle commandoit de rendre auant le Soleil leué le gage au pauure, qui n'auoit moien
de payer, afin qu'il benit le creancier, & obtint pour luy miſericorde de Dieu, qui faict, que ſans autre deliberation ce ſupplice de la priſon doit eſtre effacé des Ordonnances d'vn Roy
Treſ-Chreſtien. Le temps a produit cette miſere, comme
pluſieurs autres durant les guerres, qui nous ont donné des
loix confuſes, & brouïllees ſelon les eſprits inquietés, & deuoyés en leurs paſſions de la iuſtice naturelle. Or comme les

Empereurs; & les bons Roys ont toufiours foulagé les deteurs, ainſi que fit Auguſte Cæſar autant humain en ce ſujeċt, qu'eſtoit cruel l'Empereur Valentiniain, lequel proñon-
çoit auſſi toſt vn iugement de mort, qu'vn deteur ne pouuoit
payer, Aboliſſés, SIRE, cette infame loy, & rendés à vos ſujeċts la liberté, qu'vn monſtre cruel leurs a rauy par ſes conſeils, afin que vos peuples affranchis de cette ſeruitude
n'aient autres vœux, que pour voſtre proſperité. Et neantmoins puiſque cette Ordonnance a pris vn long-cours en at-
tandant vn meilleur ordre aux affaires, la prudence ſemble
deſirer, qu'on en conſerue l'effeċt entre Marchants ſeulement
aċtuellement trafiquans ſans y cõprendre autres perſonnes,
non pas meſme les fermiers, eſtant certain, que cette inhumani
té, à laquelle les Publicains Ethniques n'euſſent voulu penſer,
ſera par ſucceſſion de temps abolie, quand on verra clair dans
les fraudes, & tromperies dela Chicane, que ie découuriray
par ordre auec de puiſſants moiens, pour la faire mourir.

SIRE, ie prens pour ſixieme Loy vn ſujeċt. que la douleur
ne me permet preſque pas d'expliquer, tant il eſt grief à vos
peuples, & ſur tout à la pauure Nobleſſe, laquelle en a ſouffert
plus de peines, que de toutes les guerres du Royaume. Ie ne
veux pas neantmoins m'eſtendre la deſſus, de peür-que la verité excitaſt vn tel ſcandale, que les pierres meſme en fuſſent
animees contre les oppreſſions, que vos ſujeċts ont enduré par
la ſeule diſſolution des Ordonnances violees en ce ſujeċt par
les artifices des hómes qui ſ'en ſont éleués, à des richeſſes prodi
gieuſes. Il me ſuffira donc de vous exprimer la neceſſité de la
Loy auec les effeċts, qu'elle doit produire, par deux exemples,
qui ne ſont point ſinguliers, mais que ie repreſente pour les
ſçauoir parfaiċtement, le mal eſtant public, & épandu par
tout

tout voſtre Royaume en meſme façon, & maniere ſur infinis
pauures gents, qui vous feront voir nettement, qu'vn traiċt
de plume apres les guerres de la ligue a conſumé tout ce qui
reſtoit à la pauure Nobleſſe du naufrage par des inuentions,
dont les barbares auroient horreur. Le premier exemple eſt
d'vn fort vieil gentil-homme, lequel ayant paru en de belles
charges, &deuant quelque argent auoit vne terre de deux mille liures de reuenu expoſee au bail de trois ans en trois ans,
dont le prix ſatiſ-faiſoit peu à peu, & luy fourniſſoit dequoy
viure, ſans autres frais pour le bail, & la red ſition des contes
des Cõmiſſaires, que de ſoixante liures au plus de trois ans en
trois ans par la voie de la iuſtice ordinaire au ſiege, duquel la
terre dependoit. Or comme cet ordre legitime fuſt violé, il
eſt auenu, que pluſieurs annees n'ont pu ſuffire aux frais des
baux, & des contes, tellement-que les Creanciers, ni le ſaiſy
n'ont rien eu, ce qui a eſté ſuyui d'vne fin ſi luċtueuſe, que le
pauure vieillard eſt reduiċt à grande miſere. Et, qui plus eſt,
i'ay veu en ce ſuieċt, choſe honteuſe, des gents notés d'opro-
bre en des lieux, ou les aċtes de leur condemnation ſe faiſoient
auec gloire. Le ſecond exéple eſt en ma perſonne pro ligieux
en toutes ſes circonſtances: Car encore que ie ſois ſçauant,
expert, vigilant, courageux, & tout-homme par la grace de
Dieu en l'experience de la iuſtice, i'ay eſté contrainċt par les
violen ces publiques en ce ſuieċt, & les artifices d'vn perſonna-
ge, qui ſ'en eſt ſeruy à l'ombre de ſa qualité, de l y ceder des
droiċts ſur vne terre, à laquelle il viſoit pour ce qu'il a voulu,
meſme de confeſſer d'auoir touſché de l'argent en partie, que
ie ne vy iamais, autrement i'eſtois tonnellé, & euſſe tout perdu ainſi que pluſieurs autres perſonnages ont faiċt, qui n'ont
peu éuiter ces pieges, pour des raiſons, que V. M. entendra de

T

ma bouche n'eſtant pas ſeant de les eſcrire. La perte que ſouffrent mes Enfans du chef de leur mere eſt de plus de ſoixante
mille liures en ce ſujeᵭt, dont, SIRE, i'attens la reſtitution ſans
controuerſe, quand i'auray eſté ouy dans voſtre Conſeil, auquel il appartient d'en ordonner ſelon les loix de la Monarchie. Ie ne dis pas ce que ie penſe ſur ce point, reſeruant le reſte à l'heure de m'a liberté, pour obtenir de voſtre bonté la iuſtice, qu'vn pauure ſujeᵭt, qui n'a autre objeᵭt, que Dieu, ſon
Roy, & ſon pais, doit eſperer contre vn homme, lequel a vne
terre de cinquante mille eſcus à ſa diſcreᵭtion.

Les Roys vos majeurs ont par diuerſes Ordonnances de-
teſté ces deſordres, non tels toutefois, qu'ils ſont à preſent,
mais leurs ſainᵭtes intentions ont eſté infruᵭtueuſes par l'imprudence des Legiſlateurs, à laquelle vous donnerés ordre en
eſtabliſſant la loy que ie propoſe claire, & d'vn bien ſingulier. Ie paſſe outre, & dis qu'en ce ſeul ſujeᵭt V.M re-connoi-
ſtra tous les grands abus des exercices de la iuſtice, laquelle ne
permet pas, qu'vn deteur digne touſiours de compaſſion ſoit
ruiné, & qui veut au contraire, que ſon bien ſoit legitimement
vendu, pour ſe liberer, & affranchir en payant ſes creanciers,
leſquels, & entr'autres les Marchants ont enduré de grandes
pertes par ces aᵭtions malheureuſes. Et, pour dire en vn mot,
tous ces deſordres me font ſouuenir des larmes du Roy bien-
aimé de Dieu en faueur des Pauures, pour leſquels i'ay ſingulierement dreſſé cette Loy ; ô *Dieu, & Sauueur du Monde, quand
vous leuerés vous de voſtre profond ſommeil, pour venir confondre par voſtre
iuſtice les ames, qui ne ſont iamais ſaoules du ſang, & de la ruine des autres?*
I'adiouſte à cela vn autre grand bien, dont la loy vous fera
voir les effeᵭts: Car les circuits, & les inuolutions des Ordres
apres les decreᵭts, auſquels ie trouue le remede, finiront pa-

reillement au grand bien des Creanciers , & des deteurs également ruinés , pour enrichir vne race de gents ennemis de
Dieu, & des hômes: C'eſt l'ancienne voie, qu'on tient encore
dans quelques Sieges, & Parlements, auſquels l'ordre ſe faiɗt
par la ſentence de diſcuſſion, ou congé d'adiuger , dont vien-
dra ce bien, que les Creanciers feront valloir les terres, quand
les quiɗtances tiendront lieu de conſignation ſans aucun re-
tardement. Or comm'en voſtre Eſtat tout eſt embroüillé de
formes, & tricheries on oppoſera à cette Loy vn inconue-
nient, que l'ordre eſtant faiɗt les Creanciers hypothecaires,
& afin de conſeruer receuables à ſ'oppoſer iuſqu'au decret
viennent, & alterent l'ordre. Mais à cela on peut pouruoir
par vn remede facile, de l'excluſion de tous Creanciers ſans
diſtinɗtion, qui ne ſe feront oppoſés auant le congé d'adiuger, oula ſentence de diſcuſſion, ſauf ou il y aura plus d'argent d'en faire entr'eux vn ordre. Et ſi le decreɗt eſt vne-fois
faiɗt, & qu'il y euſt appel de l'ordre, les deniers ſeront diſtri-
büés en baillant bonne,& ſuffiſante caution. Que cetempla-
ſtre à vne grande chicanerie ne ſoit ſalutaire, vne ſeule conſideration le fera voir, que le Creancier oppoſant afin de diſtraire eſt plus re-côm endable, que l'hypothecaire, & neantmoins le premier apres le congé d'adiuger n'eſt plus receuable en ſa diſtraɗtion ſauf à luy à recourir ſur le prix, & partant le ſecond ne le doit eſtre non plus, ioinɗt dailleurs qu'-
on ne ſçauroit eſtre ſurpris par les delais des criees, & pu-
blications en iugement,& à l'Egliſe auant le congé d'adiuger,& qu'il eſt iuſte pour l'vtilité publique, que la negligence cede à la vigilance de ceux, qui ont legitimement conſeruè
leurs droiɗts. Il y a vn autre abus des frais extra-ordinaires,
qu'on ne faiɗt taxer auant le congé d'adiuger, dont i'ay faiɗt

preuue ayant obligé le pourſuiuant à les faire apurer, com-
m'il eſt aiſé auant l'interpoſition du decret, quoy faiſant les
cautions, auſquelles on oblige les creanciers feront abolies, &
les iugements ſur les Ordres rendus ſans obſcurité, ny inuolution. Que s'il y auoit appel de l'ordre, & qu'il ſe fiſt autres
frais extra-ordinaires, il ſera aiſé d'y pouruoir par la caution
de ceux, qui auront touſché, ſans que les frais paiés reſte pour
eux aucun denier. En vn mot, il faut eſtablir la loy ſur vne
baſe immüable, contre les inconueniens imaginaires, leſquels
ne bleſſent iamais l'vtilité d'vne ſainĉte Ordonnance Ie
pourrois en ce ſujeĉt rechercher diuers moiens tirés du droiĉt
Romain, & de nos anciennes Ordonnances, pour remedier
aux pauuretés, & miſeres, que ſouffrent vos ſujeĉts en la vente
de leurs biens par des fraudes, & cauteles cómunes aux creanciers, & aux deteurs, mais il n'eſt pas à propos de remüer ces
queſtions en ce temps confus, auquel il ſuffit de pouruoir le
plus doucement qu'on peut à la chicane des decrets faiĉt
par-cy par-là, & à l'ordre des deniers en attendant quelque
plus grand remede. Ainſi ne doit on trauailler à autre choſe
qu'à faire l'ordre auant le decret par le congé d'adiuger, ou
ſentence de diſcuſſion, & à ce que les decrets fors des Duchés
ne ſoient interpoſés qu'aux iuriſdiĉtions, deſquelles ſont
mouuants les biens mis en criees auec cette condition, que s'il
y a eu appel vne-fois du decret on ne ſoit plus receuable à appeller de l'ordre, & non ſeulement celuy qui auroit appellé,
mais tout'autre perſonne, puiſque le procés eſtant à la Cour
il eſt loiſible auant l'arreſt de ſe plaindre de l'ordre, & qu'il
eſt iniuſte de laiſſer les parties en leurs furieuſes folies de playder ſans bornes iuſqu'à la conſommation de tout leur bien.

Ie ne ſçaurois paſſer, SIRE, cet autre grand mal-heur, dont
i'ay

i'ay veu des preuues par l'experience, que les Iuges, & les Re-
ceueurs n'eſtans aucune-fois qu'vn, il n'y a moien de tirer de
l'argent de l'abyme de la conſignation, eſtant par ces lon-
gueurs conuerti en vſures exceſſiues, qui conſument en la re-
tardation du paiement les pauures parties en ſi grands frais,
qu'il leurs faut tout quiéter. I'ay ouy quelque-fois parler de
ces calamités à des gents, qui pouuoient y mettre ordre, ſi l'intereſt particulier de leurs parens, & fauoris n'euſt fermé les
voies à leur deuoir.

Si re, il n'y a point de doute, qu'en vne Monarchie, & ſingulierement en la voſtre on ne doiue auoir, que deux degrés de iuriſdiétion, & comme l'Ordonnance d'Orleans porte, qu'il ne ſoit tref-neceſſaire de donner quelqu'ordre à la
multiplicité des iuſtices, qui ruinent vos ſujeéts. Cette verité
eſt aſſuree par l'exemple du grand Legiſlateur Moyſe, lequel donna des Iuges, pour vuider les petites cauſes, & ſe re-
ſerua les plus grandes, dont nos Peres ont tiré cette maxime,
que les controuerſes modiques ſe doiuent terminer ſur les
lieux ſans appel, & que pour les cauſes de conſequence il eſt
neceſſaire d'en renuoyer le iugement aux compagnees ſou-
ueraines, & aux Preſidiaux en certains cas. Or en ces rencontres le temps a produiét de grandes confuſions, auſquelles
on auoit trouué quelque remede abandonné, ainſique toutes
les propoſitions, ſous pretexte des oppoſitions, qu'vne ambition demeſuree formera à iamais, ſi V.M. n'impoſe ſilence par
vne reſolution courageuſe de ſuiure les voies de l'vtilité publique. Ie laiſſe ce ſujeét à preſent, & le reſerue à ſon temps,
pour entrer ſur vn abus plus cruel à vos peuples, que ne ſont
les tailles, les ſubſides, & toutes les autres charges, qui ont
leurs cauſes eſtablies en la neceſſité de l'Eſtat, & ne peuuent

V

eftre deplorees, que pour le grand excès en l'impofition, & les
exactions, qui fe font aux collectes, & leuees.

Ie parle donc maintenant pour matiere de cette Loy, d'vn
bien fi grand à vos pauures, & affligés fujects, que fi vous leurs
remettriés tous les fubfides, ils n'en feroient pas tellement con-
folés. C'eft en vn mot l'abolition des iuftices de village par vne façon politique, & qu'on ne fçauroit contefter, quoy faifant on reduira l'ordre de la iuftice à deux degrés, & ne verra-ton plus la confufion, qui deuore vos peuples par infinies façons, horribles, & barbares.

Les grands perfonnages de voftre Royaume ont re-cônu ce
malheur, & l'ont laméé par de belles paroles, mefme fçauons
nous, qu'il y a eu de grandes affemblees fur ce fujeEt infru-
Etueufes, par le defaut de connoiffance des caufes du defordre,
& en confequence des remedes propres, & legitimes. Car i'ay
appris, qu'on vouloit reduire toutes les iurifdiEtions à la
Royale, & ce faifant dépouiller les Seigneurs du plus noble,
& excellent titre de leurs terres par des recompenfes d'vne
vaine execution, & plus dangereufes que le mal. Et comme
ces propofitions eftoient en effeEt des imaginations, elles fe
font éuanoüies, & en fommes toufiours demeurès là, que le
defordre a cru iufqu'à l'excès de l'abomination.

Pour entendre nettement cecy, & paruenir à vne demonftration politique, il eft neceffaire de confiderer, pour raifon
fondamentale, que les Seigneurs de voftre Royaume n'a-
uoient anciennement l'adminiftration de la iuftice, que comme Officiers, & non en qualité de proprietaires, afin de pouruoir fommairement aux differents des parties, ainfi que font
encore plufieurs gentils-hommes, auec vn grand merite enuers Dieu, quand il n'y a aucune paffion, & que la volonté

eſt égale, eſtant bien certain, que ſi la raiſon ne domine, cette apparente charité degenere en vne veritable oppreſſion. Mais cóme les hómes taſchent touſiours de croiſtre en biens, & honneurs, il eſt auenu par ſucceſſion de temps, que les Seigneurs emploierent ces Offices en droicts de fief, & iuſtice par leurs aduëux, ſi bien que deſpuis nous auons eu par tout des Iuſtices volantes, incertaines, & leſquelles en effect n'ont aucune conceſſion des Roys vos majeurs, deſquels, comme du grand Occean de puiſſance, on a du tirer le priuilege. Or il eſt encore auenu, que les degrés de ces iuriſdictions ont eſté prouuignés par des multiplicités de ſeigneuries dominantes les vnes ſur les autres en telle ſorte, qu'on voit deux ou trois appellations des iugements auant que le procés ſoit deuolu à la Royale contre vos Ordonnances, & ſingulierement celle de Rouſſillon, laquelle n'admet qu'vn ſeul degré de iuriſdiction, qu'on a interpreté à l'égard d'vn meſme Seigneur, ainſi qu'on faict touſiours dans voſtre Royaume, pour multiplier les procés iuſqu'à l'infini. Ie paſſe outre, & dis, que ſi les choſes eſtoient naïuement recherchees on trouuerroit, que toutes ces iuriſdictiós ſont abuſiues, & qu'en effect ce ne ſont qu'vſurpations, que la Couſtume, & le temps ne peuuent couurir d'aucun pretexte contre voſtre octorité, & puiſſance ſouueraine, de faire, & rendre ſeul, ou par vos Officiers la iuſtice, ſi par quelques titres on ne faict apparoir de la conceſſion, & faculté de la diſtribüer. Mais comme le mal eſt inueteré, & que tous ces remüements yroient à des conſequences perilleuſes, ie laiſſe cette iuſtice exacte, comm'encore les anciennes Ordonnances, leſquelles obligeóient les hauts Iuſticiers pour le mal iugé de leurs Officiers à l'amande, & viens à des moiens infaillibles, pour faire perir les abus de ces iuriſdictions funeftes, & calamiteufes à vos peuples.

La premiere demonftration eft, que par les Ordonnances, & les reigles de la iuftice tous Officiers doiuent actuellement refider fur les lieux, aufquels ils font eftablis, afin de pouruoir aux maladies populaires, comme font les contentions, promptement, & fans delay, foit en matiere criminelle fingulierement, ou en action ciuile, pour diuers inconuenients, frais, & defpens, que l'abfence des Iuges faict fouffrir, ioinct la perte des preuues, qu'on faict fur le champ, & fans remife en leur prefence.

La feconde demonftration eft, que tous Officiers doiuent eftre graduës, capables, & examinés felon les refforts, defquels dependent les terres, & gagès par les feigneurs, autrement ils font indignes du miniftere de la iuftice, par les Ordonnances, qui veuillent qu'on en traicte le miniftere auffi religieufement aux petites chofes, qu'aux grandes, le prix n'eftant pas fa fin, mais la volonté de rendre à vn chacun ce qui luy appartient, voire plus, fi l'extenfion f'en pouuoit faire, au pauure, qu'au riche.

La troifieme demonftration eft, que tous ces Officiers n'ont pas plus de droict de prendre, & exiger que les voftres, eftans fujects à mefmes Loix, Ordonnances, & maximes pour la iuftice. Or il eft conftant, que par l'article 154 de l'Ordonnance de Blois toutes les caufes au deffous de dix liures fe doiuent expedier fur le champ, & fans efpices, & que fi vos Officiers y auoient contreuenu, qu'ils feroient punis, ainfi que des exacteurs, & concuffionnaires.

Ces demonftrations eftablies refte de voir les contrauentions à leur verité, & iuftice, par vne audace digne de grande feuerité. Car premierement il n'y a vn feul Officier de ces

iuftices

iuſtices de village, qui reſide ſur les lieux, & qui ne prenne les
iours à ſa commodité pour ſ'en ailler ſous les Ormeaux en la
belle ſaiſon, ou en temps rude dans la Tauerne deuorer le peuple. Il ſemble, que ce ſoient des nopces, ou tous ces Practiciens
ſe tranſportent auec cette neceſſité qu'il les faut payer, ſoit
qu'il y aie des affaires ou non à ſi grands frais, que le peuple
en eſt ruiné. I'ay veu, choſe deplorable, de ces gents aillants
ainſi de part, & d'autre mener des perſonnes, pour ſeruir de
témoings, & faire des querelles, afin de ietter quel qu'vn dans
les rets, lequel pour ſe ſauuer paie la deſpanſe, & la ſolde de la
iournee. A quoy i'adiouſteray la mutuelle intelligence de
ces beaux Officiers auec les fermiers des terres, pour la ruine,
& l'oppreſſion de celuy, qu'on eſtime auoir quelque bien.
Et de là ſont venües les richeſſes épouuentables de ces Iuges,
qui empietent tout vn païs, & d'vne iuriſdiction imaginaire,
qu'ils ont exercè, en acquierent des threſors, non ſeulement
pour auoir la terre, mais encore tirer à ſoy tout ce qui eſt pro-
che par ruſes, cauteles, & tromperies palliees du nom de la
iuſtice.

Que ſi on conſidere ces **Practiciens**, que voit-on, que des
Tauerniers, Boulangers, Païſans, & autres telles perſonnes
ignares ayants à leurs côtès, ainſi qu'il ſe voit en pluſieurs
lieux, des Seigneurs de ces terres violents auec armes, piſto-
lets, & carrabines, pour exſpollier les Pauures de leur ſubſtance, & ſi quelque rente eſt en frereſche faire porter le tout
au plus foible? Bref tous ces gents ſont autant de fleaux du
pauure peuple, lequel, apres qu'ils ont bien entaſſé papier ſur
papier, declare ſouuente fois, comme i'ay experimenté, qu'il
ne ſe veut aïder des appoinctements, & ſentences par eux rendües. L'ignorance eſt la mere de l'iniuſtice en ces perſonnes

nourries, & éleuées parmy les popines, & en l'ordure; Et bien-
que la science porte souuente-fois les hommes au mal, les lettres neantmoins les humanisent, & contiennent en quelque
deuoir. Mais pourquoy souffrira-ton, que telle nation serue
au ministere de la iustice, puisque nul ne peut, & ne doit estre
reçeu à la iudicature, s'il n'est gradüé, & nourry dans le temple des Muses ? Toutes ces façons de faire sont des chesnes de
pillage, & extorsion sur le pauure peuple, qu'on demembre
dautant plus cruellement, que sa mort est lente, ainsi qu'à
bon droict vn ancien Pere de l'Eglise se plaignoit sous son
nom par ces paroles· *En la comparaison de vostre œuure l'immanité des
larrons est beaucoup plus douce: Car ils font mourir les hommes d'vn traict
soudain, & vous les faictes viure en mourant.* Et quoy ! Il ne se trouuera persóne de qualité sur les lieux, pour faire ses fonctions:
C'est vn bon-heur, & iamais ne sçauro t il arriuer meilleure
fortune aux Païsans, que de ne plus voir ces Medecins, qui les
font malades, & ne laissent rien, comme les gents sages re con-
noissent, qui desertent leurs terres de tels Artisans d'iniquité,
& malice.

Quant à la troisieme demonstration est il possible de voir
des gents plus aueuglés, que sont les Seigneurs de ces petites
terres en ce siecle ? Les Ordonnances defendent, qu'on n'exige aucune chose au dessous de dix liures des playdeurs, &
veuïllent en ce cas que la iustice soit liberale. Et neantmoins
tous ces Iuges n'ont pres-qu'autre tribut, que pour domma-
ges de bestes, qui les sur-passent en raison, tant il y a de brutalité en leurs actions. I'ay crié contre ces exactions, & n'y
ay osé mettre la main, pour ce qu'elles estoient flattees par
tout, & que les Seigneurs defendoient leurs Officiers en des
actes, qui se tournoient en crime aux yostres. Il me souuient à

ce propos d'vne Dame illuftre, & vertueufe, laquelle plaignoit grandement ces concuffions,& neantmoins les toleroit,
reputant à gloire,de voir vne taniere remplie de pauures gents
ftupides, & menés á leur ruine par fes Officiers auares fans
mefure. L'impunité dailleurs aux procés Criminels, ainfi
que ie voy de mes yeux, regne, les Seigneurs, & leurs fermiers
refufants de faire les frais, & apres les iugements faire mener
les prifonniers auec les procés à la Cour. En vn mot,c'eft vne
piratique, que cet exercice de iuftice.contre Dieu, le droiét
& la raifon, qui faiét, que le remede vous eftant propofé, de
remettre les chofes en l'ordre des deux iurifdiétions, autant
que faire ce peut, fans bleffer l'intereft de p rfonne, la France
efpere, que vous le receurés, & oétorizerés la fainéteté de la
Loy, qui terminera tous ces mal-heurs.

Il y a encore vn autre abus extreme, auquel voftre Parlement donna ordre pour la Comté de la Rochefoucaut y a
trois ans par vn Arreft, qu'il eft iufte de conuertir en loy generale, pour le retranchement des Notaires, & Sergents des
terres en nombre effrené, & plus grand que les Couftumes ne
permettent. Ce feront autant de furies exterminees, & le peuple eftant liberé de ces Oyfeaux de proye benira la fainéteté
de voftre Loy. La limitation des Couftumes ne reçoit point
de conteftation, & le priuilege n'eft pas extenfible, mefme en
vne confufe multitude de gents ignares, malings,& fauffaires,
qui parfement tout de noifes, contentions, & querelles. La
Neceffité du fiecle veut dailleurs, que V. M pouruoie par
la mefme Ordonnance au reftabliffement des anciennes Loix
du Royaume,lefquelles defendoient à vos Officiers de prendre aucunes charges des Seigneurs,pour des raifons,que ie ne
veux point expliquer apres l'oétorité des Ordonnances fain-

étes, & faictes pour rompre vne cabale tref-iniufte.

Que fi les Seigneurs des terres veuïllent prendre des Aduocats faire le peuuent, pour tenir leurs Affifes vne-fois l'annee conuenablement aux Ordónances du Royaume, & au fou lagement du pauure peuple, fans diminution des interefts legitimes des Seigneurs, lefquels en leurs villes, & grãds bourgs, ou y a focieté d'hommes auront des Officiers faifants les mefmes fonctions que les voftres, & neantmoins on ne verra toufiours pour la plus grãde partie des procés, qui font en ces Sieges, & fe terminent cómunement aux Prefidiaux que les deux degrés de iurifdiction, en attendant, qu'on y aie encore apporté vn meilleur ordre pour les petits differents, que celuy qni eft à prefent. Ainfi foulagerés-vous le pauure peuple plus a bondamment en fes miferes, que fi vous luy remettiés toutes les charges par vn moien iufte, & contre lequel aucun n'oferoit reclamer, qu'il n'entreprift de combatre les maximes politiques, que V.M. eft obligee de maintenir puiffamment contre les rufes de la Chicane.

SIRE, En tous Eftats bien policés du temple de la Vertu on doit entrer dans celuy de l'Honneur. C'eft l'ordre, qui a efté tenu en l'Empire Romain durant la domination des bons Empereurs, & fingulierement de Traian, lequel combloit de dignité en dignité ceux, que le merite appelloit aux grandes charges. L'Empereur Seuere ne pouuoit pareillement fouffrir des Marchants de Puiffances, eftimant que ce commerce eftoit vn appas de concuffions, & brigandages. S. Louys venant à la Couronne par les fages auis de Blanche fa mere pour ueut à ce grand mal-heur de la vente des Offices, qu'il trouua, ainfi qu'ont faict les bons Roys dans voftre Royaume, & fans monter plus haut Louys XII Pere du peuple, le regne duquel

i'ay

i'ay expofé deuãt vos yeux, cõm'vn riche tableau de la fœlicité publique. Mais cõme la reuolution des temps faiĉt voir des
mifcres nouuelles, fi la Iuftice ne prefide au gouuernement, le
furieux traffic des Offices de iudicature auec vne effroiable
multitude de charges nouuelles a fort contribüé aux mal-
heurs de la France. Car l'Hiftoire nous apprent, qu'au mefme temps qu'à commencé, le Roy François premier regnant,
ce fale commerce, l'Herefie f'eft leuee accompagnee de faĉtiõs,
feditions, & en vn mot d'abomination. Ce font les effeĉts de
la iuftice de Dieu, qui ne dort iamais, & apres vne longue patience faiĉt fentir aux hommes endurcis en leur orgueil, auarice, & rebellion à fes Loix, les paroles épouuentables d e Ieremie addreffees au Roy de Iuda, defquelles nous auons penfé
voir le dernier effeĉt en la tranflation du Royaume. Ie n'entre
pas, SIRE, fur ce difcours, pour attendre de V. M. l'abolition
de la vente des Offices de iudicature, puíf-que le mal enuieilly
ne fouffre point ce remede d'abord en vne faifon intereffee
dans les interefts particuliers fi auant, qu'il n'y a prefque pas
d'ombre de raifon en aucune partie de voftre Eftat. Il eft queftion de moderer feulement la fureur, ou la licitation des
Offices, qu'on porte à fi haut prix, qu'en verité la voix publique requiert inftamment de V.M. auec iuftice, qu'elle ferre
du frein de la temperance l'impudence, & l'audace de ces
Marchants, que l'Ambition, & l'Auarice ont trop aueuglé.
L'Ediĉt de l'Annuel a efté detefté, & neantmoins il eftoit iufte durant le commerce, & femble, que c'eftoit vne grande iniquité, de voir les Offices perdus par la mort d'autant plus a-
mere, qu'elle priuoit les Veuues, & les Enfans des perfonnes,
& des biens. Mais l'Ediĉt a efté fuyui de cett'extreme iniuftice, qu'on a rendu les Offices hereditaires aux familles, en ar-

Y

rachant de la puiſſance Royale le plus beau fleuron , dont elle eſt decorée. Car comm'il n'y a rien de ſi auguſte en vne Monarchie, que la iuſtice, on ne deuoit iamais ſouffrir, que la nômination, & l'election de ſes Officiers , depende d'autre perſonne, que du Roy , pour quelque cauſe, &occaſion que ce ſoit, voire oſeray-ie dire , que cette octorité eſt tellement vnie à V. M., qu'elle eſt incommunicable. Cette verité n'eſt que trop certaine, par l'hiſtoire du ſiecle paſſé, auquel nous auons veu toutes les grandes villes de voſtre Royaume coniurees à la ruine de l'Eſtat par l'abandonnement , qu'auoient faict les Roys vos majeurs de choyſir , & nommer leurs Officiers, en ayant laiſſé l'election à des gents , qui ſe ſont rendus maiſtres des cœurs des peuples , par l'octorité des Magiſtrats preſtans la main aux reuoltes. Or maintenant nous voyons deuant nos yeux les factions par tout , & les complots faicts pour l'achapt des Offices auec telle furie, qu'il n'y a aucunes bornes au prix, & en conſequence à la volonté de faire ce qui playra aux vns, & aux autres, leſquels contribüent à ces folies. Il ne faut plus parler de iuſtice, tant les brigues , & les menees ont pris d'auantage par tout, ſoit que la grace commande, ou le proffit qu'on en tire manuellement , & par autre recompenſe. C'eſt pourquoy Dieu trop offenſé par ces impietès, & iniquitès publiques, qui portent les trois Ordres au deſeſpoir, requiert de voſtre conſcience , qu'en attendant le remede general du ſecours liberal des Loix, on pouruoie à la moderation du prix des Offices, & à ce que perſonne n'entre dans le temple de la Iuſtice, qu'elle n'y ſoit appellee ⬤r V. M. ſeule fondee en cette puiſſance par les loix diuines, & humaines, de pouruoir aux charges auec connoiſſance de vos Officiers. On a autre fois moderé dans voſtre Royaume l'excés des mariages, ainſi qu'il

seroit à defirer, que V. M. interpofaft fon octorité contre le
luxe en ces occafions, & plufieurs autres, qu'on peut à bon
droiĉt appeller les fources fœcondes des expoliations publiques, & priuees de la France. Et quoy, SIRE, pourrés-vous
fouffrir plus longuement dans les temples de la Iuftice des
vendeurs, & acheteurs d'Offices fans mefure, ny regle quelconque, qu'en expofant tous vos fujeĉts à la proye? Qui ne
voit que ces grands taux, que l'ambition a impofé fur les char
ges font les caufes premieres des rapines prodigieufes de vos
finances, qu'on conuertit en ces honneurs, pour fe couurir de
la iufte punition à l'abry d'vne facree puiffance? Il eft do nc
temps de practiquer vn doux, & gratieux remede en ce fujeĉt,
lequel modere d'vn côté ces fievres chaudes au foulagemét de
tous vos fujeĉts, & de l'autre re-donner à V. M. l'honneur,
& l'auĉtorité, qui luy eft propre, de pouruoir, & choyfir fes
Officiers, fans en rien bleffer l'Ediĉt de l'Annuel pris en la
confideration legitime du fujeĉt, qui a porté le grand Henry
voftre pere d'heureufe memoire à l'oĉtorizer. Ce bon commencement donnera efperance à vos peuples d'vn fi fauorable fuccès, que la France en peu de iours verra l'infame, & fale
debit des Offices de la iuftice du tout aboly par des voyes,
contre lefquelles les plus rebelles n'oferont reclamer, non
plus que contre cette Loy meffagere d'vn fi grand bien, laquelle eftant naïuement expliquee fe fera place par fa puiffan
ce dans les cœurs les plus empierrés, & aura pour patronne en
fa defence la voix des plus fages contrainĉts de s'abymer auec
les autres dans vn mefme gouffre d'auarice.

SIRE, les Romains ont re-connu en leurs fuperftitions la
foy pour vne grande Deeffe, Numa Pompilius ayant inftitüé
à fon honeur vne folemnitè dans le bofquet dedié aux Mufes,

Y ij

del'aïde, & conſeil deſquelles auec ſa femme Egerie il ſe fer-
uoit en la conduicte de l'Eſtat. S·Auguſtin ſe mocque de cette deuotion à bon droict, puiſque tous les hommes ne luy
ſçauroient rendre vn plus ſingulier hommage, que de l'obſeruer ſoigneuſement, & iamais ne la violer. Or en voſtre Royau
me il n'y a plus de foy aſſeuree par les paroles, & conſignee
dans les actes publics. Tout eſt expoſé à la perfidie, & n'y a ſi
certaine loy, conuention, & promeſſe, qu'on ne ſ'efforce de
rompre par fauſſetés, ſuppoſitions, calomnies, circuits, ambages, & en vn mot par vne artificieuſe Chicane. Ce ſont les
paſſe-temps du Palais, qui ſe repaiſt de la miſere, & calamité
de vos peuples en ce ſujеct par tant de manieres, & façons,
qu'en verité le Ciel, & la Terre crient contre ces deſordres.
Pour ces conſiderations le grand Henry voſtre pere, que Dieu
abſolue, fit vn Edict ſainct, & ſalutaire ſeruant de remede à ces
malheurs, qu'on a voulu autre-fois amortir par les conterol-
les des contracts, & nouuellement par le ſçeau, ſans que pour
cela on aie veu aucun ordre à l'infidelité. Car cet Edictdes
Nantiſſements ayant eſté combattu, & perſonne n'en defen-
dant la ſaincteté, & le grand bien dans voſtre Conſeil, il n'y
a eu, que confuſion, ruine, & expoliation par tout le Royaume.
Ie ne veux pas entrer ſur les moiens particuliers de la iuſtice
de cette loy, comm'auſſi ne ſçaurois-ie les exprimer ſi bien,
que ie n'en laiſſaſſe pluſieurs, mais diray-ie ſeulement, qu'elle
eſt le ſeul, & l'vnique antidote, qui doit reſtablir la foy dans
voſtre Eſtat, voire plus, que ſi vous ne la faictes practiquer, il
n'y aura iamais qu'oppreſſion, & iniuſtice. Les oppoſitiós per
petuelles, qu'on faict aux bonnes, & ſalutaires maximes au
public, & à voſtre Eſpargne, me forcent d'en parler ainſi, & de
vous expoſer, que de quelqve côté, qu'on tourne cette loy, il
n'y a

n'y a que proffit bien, & honneur pour tous vos sujeéts. Nos peres l'ont re-connu, & l'ont praétiqué pour les donations, mais ils ne l'ont pas compris nettement, & au contraire par leurs subsides, & impositions sur les playdeurs ont violé les principes de la iuftice. Si donc l'Ediét, comm'il ne peut eftre contefté, eft vne-fois reçeu, on verra les decrets abolis pour la plus grande partie, ainfi qu'il f'en fait peu aux Prouinces, qui l'ont oétorifé, & en fuite les Ordres, qui confument tout, re-tranchés. A quoy i'adioufte, que le libre commerçe des fauf-fetés, des fuppofitions, & des témoings, lefquels difent ce qu'-on veut maintenant, fouffrira vne grande diminution, & que la probité reprendra fa place dans les confciences de vos peu-ples, qui perdent l'ame, & le bien par leurs tricheries, & mali-ces. Il y a plus, les Pauures en reçeuront vn contentement fingulier, ne leurs reftant aucun moien de trouuer argent en leurs neceffités, ny aux riches de le prefter, pour les difficul-té, qu'il y a de l'affurer. Vous auès dailleurs, SIRE, des Com-miffaires dans vos Prouinces à grands frais, & defpens, pour découurir les fraudes, qui fe font aux impofitions des fubfi-des à la foule des Pauures, qu'on ne fçauroit voir que par ce feul moien, pour le recellement, que font les riches des minutes de leurs obligations, exigeants de graades vfures, auf-quelles cy apres ie propoferay vn remede legitime. Ce qui n'auiendroit pas, quand cet Ediét feroit obferué, dautant que les Pauures, qui n'ont point de cautions faifants voir leurs biens feroient fecourus par le benefice commun de la confti-tution de rente. Et pour dire en vn mot cet Ediét, qui eft vne moiffon infinie de iuftes finances pour voftre Efpargne, nous fera voir clair dans les tenebres, & obfcurités de la Chicane bien general de tous vos fujeéts, lefquels ne fçauroient

iouyr d'vn plus grand fecours en la conduicte de leurs affaires.
Ie fçay qu'il y a des gents, lefquels fuyent la clartè du foleil
de la Iuftice, pour f'enrichir des miferes communes, & toufiours fe maintenir en leurs paffions, auec ce deffein, que leurs
affaires ne fe découurent iamais, voire plus que cet Edict eft
hay dans les Palais, ainfi que le plus fingulier baume, qu'on
fçauroit appliquer aux morfures veneufes de la chicane. Mais,
SIRE, voftre octoritè facro-faincte, & diuine fe ioüe de tous
ces artifices, & la iuftice de voftre confcience ne peut admettre, ny receuoir aucune raifon, laquelle ne vife à Dieu, & à la
conferuation de vos fujects enragés pour la plus grande partie en leurs folles ambitions, & infatiables conuoitifes. Les
Eftats derniers de voftre Royaume n'ont eu garde de reueler
cette verité en vne confufion d'erreurs, aufquels l'intereft par
ticulier de gloire a porté les efprits, pour faire pluftoft des
fchifmes, diuifions, & reuoltes dans voftre Royaume, que non
pas eftablir vne paix affuree par la reftauration des abus, qu'-
on déguife du nom de la iuftice, en la vigueur delaquelle re-
fide le fouuerain bien, & contentement de l'Eftat. I'en dirois dauantage, mais ce feroit faire tort à la verité, que de la
releuer par vne plus longue fuite de propos, qui faict, que
i'en demeure là, & fouftiens, que cet Edict obferué defia en
aucunes Prouinces eft vn threfor de benedictions fpirituelles, & temporelles à la France, ainfi que ie feray voir par des
raifons plus animees craignant d'offenfer, & que mes paroles
foient finiftrement interpretees. Et pour faire fin, confiderés, SIRE, l'aduertiffement, que vous donne le Prophete Ifaye,
de regner en iuftice, & faire vos fujects gents de bien par vne
ferme obferuance de la foy, & de leurs promeffes, qui les re-
mettent en grace auec Dieu, afin que la paix du Ciel eftant

bien affermie dans voſtre Eſtat, vous triomphiés heureuſement de toutes les entrepriſes contraires à voſtre gloire,
par la force de Dieu plus puiſſante, que toutes les armees de
la terre.

SIRE, Il n'y eut iamais calamité ſemblable à celle de voſtre pauure peuple chargé de commiſſions par la Sergental-
lerie, & contrainct de ſe rachepter par infinies deſpanſes à
ſon trop grand dommage. Les Sergents abuſent de la miſere, & ſtupidité des Païſans, & les procés ſur les deſcharges des
Commiſſaires ſont infinis. La mauuaiſe foy des deteurs
croiſt, & tous leurs trauaux ne tendent qu'à ſe perdre auec
leurs creanciers, dont arriue ce malheur, que les terres miſes
en criees ſont autant de ruines, & de ſubuerſion des familles:
A ce grand deſordre i'ay trouué vn remede vtile au public, &
à voſtre Eſpargne, duquel la loy vous découurira la verité, &
la iuſtice, ne le pouuant expoſer à l'enuie du ſiecle, qui côbat
ſans fin toutes les propoſitions, dont voſtre Maieſté peut retirer des finances. Il y a de grands abus en ces actions par l'in-
ſoluabilité des Commiſſaires, de laquelle les pourſuyuans
criees abuſent, & ne ſen veüillent pas re-connoiſtre garens,
ainſi que i'ay remarqué en pluſieurs actions importantes.
Tous les procés de ces Commiſſions, & deſcharges tombent
en frais extra-ordinaires ſur les pauures deteurs, qu'on ruine
par la cruauté des Creanciers, & des Sergents, qui vangent
leurs paſſions à la grande foule, & oppreſſion des pauures
gents, auſquels on ne donne aucune patience tandis qu'on
leurs ſent vn lict pour ſe coucher. Les Creanciers perdent,
le prix des terres eſtant diminüé par ces Chicaneries funeſtes
en leurs tracas d'appellations, auſquelles vous pouruoirés par
vn remede net, & d'vn grand proffit à vos peuples, & à voſtre

Efpargne fans accroiffement d'Officiers, qu'on doit euiter autant qu'il fe peut faire, qui eft l'abolition de ces commiffions practiquees contre les maximes de la iuftice.

SIRE, I'ay dict, & reprefenté à V M., pour le fujeçt de l'Ediçt des Nantiffements diuerfes fortes de perfidie, qu'on practique pour annuller la foy des contraçts, & l'oçtorité des promeffes, & conuentions. Ie viens à d'autres efpeces de cauteles, fraudes, & cauillations, par lefquelles on ruine la ftabilité des iugements, & met-on toutes chofes en confufion. Ainfi qui fçait en voftre Royaume fix mots, Appel, Incompetence, Recufation, Oppofition, Lettres pour articuler faicts nouueaux,& Requefte ciuile eft vn fçauant hôme au Palais,& grand Iurifconfulte pour immortalifer les procés, fans parler des propofitions d'erreur rares, pour les frais qu'il y conuient faire,& les formes qu'on y practique. Les Iugements à la naiffance du Royaume en fa fimplicité eftoient fouuerains, & fommaires fans aucunes formes : Mais comme i'appel a eu pris fon cours nous fommes infenfiblement tombès en deux extremités plus mal-encontreufes, qu'on ne fçauroit exprimer, bien-que la premiere euft quelqu'efpece de iuftice aux affaires de voftre Royaume,qui n'ont aucun fons, qu'iniquité, malice, & tromperie. Car il eft vray, qu'aux Eftats tenus à Tours fous le Roy Charles VIII au chapitre de la iuftice il fe remarque, qu'on dénioit aux Chancelleries, & aux Parlements les lettres de relief d'appel, ou commiffions fur les requeftes, dont naiffoient des oppreffions fur le pauure peuple, par l'oçtorité des premiers Iuges abufants de leurs charges, qui fift, qu'on demanda la liberté d'appeller, & de releuer les appellations felon l'ordre des refforts. Or defpuis ce mal leger en verité nous a porté à vn fecond, l'effeçt duquel eft

luctueux

luctueux pa r la fureur des parties, qui n'ont aucunes bornes
àleurs paffions. I'ay veu vne formule dans Optate Mileuitain, & les anciennes loix contre la temerité des broüillons,
qui n'acquiefcent iamais à l'octorité des chofes iugees, ay-
mants mieux fe perdre, que de re-connoiftre aucune chofe.
Ainfi voyons-nous, qu'il ne faut point d'autre art pour bien
chicaner, que fimplement appeller, & fur tout comme de Iuge
incompetent, recufer, oppofer, articuler faicts nouueaux par
lettres, & prendre requefte ciuile contre fes Arrefts, l'experience ayant faict connoiftre, qu'on a multiplié les procés par
ces voyes iufqu'à l'infiny, & qu'on les a porté à telles lon-
gueurs, qu'il n'y a plus aucun ordre.

Or auant que d'ouurir les moiens, pour temperer ces deux
extremités d'appel, & y donner l'ordre conuenable, enfemble
aux autres manieres de fubterfuges, & cauteles, il eft neceffaire de reprendre cecy de plus loing, pour finir, & conclurre
par vne loy iufte, & faincte en toutes fes parties.

L'Hiftoire donc apprent, que fur les mutineries du Peuple, & des Patriciens à Rome, Appius Claudius parlant côtre
le Peuple difoit, que tout le mal prouenoit des appellations, &
que la puiffáce Côfulaire n'eftát affés forte, il eftoit neceffaire,
de creer vn Dictateur iuge fans appel. En cette rencontre
P. Virginius parlant d'vne façon, & T. Larginius de l'autre
peu f'en faillut, qu'Appius Claudius ne paruint à fes defirs, &
ne fuft luy-mefme porté à cette fouueraine dignité. Il n'eft
pas expedient, SIRE, de remüer tant de chofes en voftre Eftat,
puif-qu'il y a vn ordre eftably, lequel, en attendant quelque
reglement plus fort, eft bon, & raifonnable. Car en effect il
ne faut que punir fans difpenfes la temerité des appellations,
& des chicaneurs par les amandes legitimes, & les defpens des

procés, pour l'iniure, qu'ils font, non au Iuge premier, mais
à vous, qui prononcès par fa bouche. Le genie des Loix Romaines a efté plus feuere, &celuy des Ordōnances du Royaume approchant de plus pres de la Nature s'accommode entierement à cette regle, pour détruire, & confondre la Chicane.
Il n'eftoit donc pas à propos, de refufer les lettres en Chan-
cellerie, & les cōmiffions, pour releuer les appellations, puif-
que cette voye ne faiçt tort à perfonne, quand elle ne fe tourne point en iniure, & opprobre, par l'abus de l'impunité racine de tous maux, qui les faiçt prouuigner. I'ay remarqué
dans les Ordonnances vne Loy de Charles V., par laquelle
il vouloit, qu'vn appellant, qui auroit renoncé à fon appel
dans la huiçtaine, paiaft neantmoins l'amande de foixante
fols, tant l'appel fruftratoire eftoit odieux. Ie fçay, que par
les Ordonnances du Roy Louys XII on voit quelques articles, qui donnent pouuoir aux Parlements d'arbitrer l'amande, quand les appellans veuillent acquiefcer hors iugement à
leurs appellations, & que volontairement ils re-connoiffent
leur temerité. Ie n'ignore point auffi, que le mefme Roy a encore voulu, qu'on difpenfaft l'appellant de l'amande au cas,
que les Parlements le iugeaffent raifonnable, au moien de
quelque produçtion nouuellement faiçte par l'inthymé, laquelle donneroit fuieçt à confirmer la fentence autrement
infouftenable. Mais pour cela on ne fçauroit c'énier, que
le vray but de nos Ordonnances aie efté, comm'il doit
eftre fans diftinçtion, de punir les appellans temeraires, & les
playdeurs opiniaftres de la peine legitime introduiçte par les
Loix, & que la permiffion de la difpenfe n'a efté que pour
quelque grand cas, qu'on ne deuoit auc nement admottre.
Car les Ordonnances doiuent eftre generaies, fortes, & puif-

famment armees contre le Iuge homme mortel, & incapable
d'entrer fur l'octorité de la Loy, qui eft l'inuention du Dieu
immortel commife en garde à la facree perfonne du Prince
fouuerain,& fur la tefte duquel auec le diademe elle eftoit mi-
fe en l'ancienne Loy, pour la defendre contre la malice de
l'efprit humain ennemy iuré de fa puiffance,auec cette faculté neantmoins d'en difpenfer fobrement, & pour quelque
grande confideration, puifque l'honneur du Roy eft de pro-
feffer fujection aux Loix diuines, & aux Ordonnances de
fon Eftat. Mais comm'il eft la viue image du Dieu eternel
fur la terre, il eft vray, que pour le plus augufte titre de cette
puiffance il peut vfer de clemence, & mifericorde, pour des
fujects dignes de compaffion extra-ordinaire, lefquels ne blef-
fent en rien fa iuftice, & la droicture de fa confcience, dont il
ne faut point parler au faict des procés François, qui ne font
que malice, & obftination fans caufe. Ie retourne au fuject
de l'amande, & fay voir à V.M. la neceffité d'icelle par vne
Ordonnance du Roy Charles VII, laquelle obligeoit les Iuges des Prouinces d'enuoyer aux Parlements vn roolle des appellations non releuees, pour eftre baillé à Monfieur voftre
Procureur general, aux fins de faire condemner les appellans pour la parole fimple aux amandes, voire, fil y auoit
plufieurs chefs aux iugements, en autant de peines, que
d'articles.

Mais comme le dernier fiecle flatteur de la Chicane, & maling en fes confeils, a tout laiffé à la puiffance du Magiftrat,
par le mefpris & l'inobferuance de la fcience de la iuftice, on
a compofé l'Ordonnance de 39 viue fontaine de nos mal-
heurs, laquelle pour vn fpecieux pretexte, & pour tref grandes,& vrgentes caufes a abandonné aux Cours fouueraines les

difpenfes des amandes, qu'on auoit toleré autre-fois en dés temps de iuftice,& que le Roy Louys XII auoit en effeét ofté, re-connoiffant, que la Malice vouloit empieter la puiffance fur la Loy. Ie m'eftendrois fur cette faute, fi les plus fimples efprits n'auoient appris, que iamais on ne doit rien laiffer à la confcience des Iuges, quand on les peut affujeétir à l'empire de la Loy. Ainfi le Roy Charles IX ayant bien re-connu cette imprudence, par l'Ordonnance de Rouffillon fift defenfes aux Parlements, comm'elles eftoient faiétes, aux Iuges inferieurs, de non moderer les amandes des appellations, requeftes ciuiles,& propofitions d'erreur à peine de les repeter contr'eux, par vne loy courte, & trop foible. L'Ordonnance de 39 auoit encore arrefté, que les appellans comme d'abus feroient punis, ne leurs ayants pas laiffé la liberté d'acquiefcer en iugement, qu'en payant l'amande ordinaire du fol appel, & hors iugement la moitié d'icelle, ce qui n'a efté gardé au grand mai-heul de l'Eglife, qu'on a blafonné en proftituant à la petulance des langues ferpentines fes Miniftres, & les myfteres de la Religion. Que ces diftinétions ne foient abufiues, le fens commun en faiét preuue aux plus fimples, puif qu'en effeét tout appellant temeraire doit porter la peine de fa malice, & qu'il eft vray, qu'on verra par la praétique de ce diuin remede la Chicane des appellations fleftrir en vn inftant.

Ie fçay, SIRE, qu'à toutes les propofitions on oppofe fans fin des inconuenients. Mais on n'en fçauroit remarquer en ce fuiéct par vne demonftration infaillible, que fi on pouuoit reduire le nombre infiny des procés de voftre Royaume à vn certain, d'vn million il n'y en auroit pas vn peut-eftre, qu'vn Païfan ne iugeaft auffi bien que le plus fçauant Iurifconfulte. Car qui ne fçait, que la fertile matiere de nos procés confifte

en ce

en ce point de ne payer ſes detes, faire partage entre co-heri-
tiers, & tels negoces, qui n'ont autre fons, que malice, cautele,
perfidie, & fauſſetés de vos peuples impies, & iniques en leurs
contentions. I'ay veu quelque-fois des procès enflés de papiers, & gros de parchemins comme les Pyrænees, & apres
auoir trauaillé vn long-temps à l'examen de ces broüilleries,
ie n'ay trouué, que folie, & abomination ſans aucun ſujeƈt de
diſpute, lequel reçeut double face, comm'il y a quelque fois
des affaires à diuers viſages, qui meritent vn eſprit iudicieux,
pour diſcerner le vray d'auec le faux, & prendre la voye la
plus iuſte. Pour preuue de cette propoſition, qui ne ſçait,
qu'au faiƈt des partages, les Iuges ne ſont que des ombres, &
que les experts font les vrays definiteurs de ces contentions,
leſquelles deuorent les meilleures ſucceſſions : Ainſi en eſt-il
des autres procés, qui n'ont ſolidité, ny baſe, que l'impunité
praƈtiquee par les Miniſtres de la iuſtice, pour endormir les
playdeurs, que le poiſon de la diſcorde a deuoyé du droiƈt
ſentier de la charité ennemie de ces feux. Ie n'ignore pas,
qu'il n'y aie dans les Ordonnances, & ſur tout aux Couſtumes de voſtre Eſtat quelques formes ridicules, qu'il eſt iuſte
d'abolir, ainſi que ie commence, mais en vn mot tous lès procés de voſtre Royaume ſont rien en effeƈt, ſans parler de la
Cabale des beneficcs, en laquelle a paſſé cette maxime, que le
Pape, les Eueſques, & les Collateurs eſtoient des noms ſans
effeƈt, puiſſque la faueur, & la grace preſident ſingulierement
en tels differents, bien-qu'en effeƈt on ne parle plus par tout
d'autre droiƈt, que celuy des amis, & de l'argent, qui trompent
beaucoup de gents, leſquels penſants auoir faiƈt leur partie
puiſſante ſe voient abymés dans des contre-brigues, & en des
iugements, ou Dieu preſide.

Bb

Et afin de rendre cette verité nüe, & sans artifice, qui ne sçait que dans les roolles des appellatios verbales, qui sont comme des volumes, il n'y en a pas vne de deux cens, qui se playde, voire ay-ie veu leuer quelque-fois la Cour l'Huissier audiancier ayant seul parlé, & ce dautant que telles appellations ne sont communement, que tergiuersations, calomnies, delais, fraudes, & en vn mot confusion, ce qui se remarque sur tout en matiere d'incompetence, tyrannie plus parfaicte, qu'on ne la sçauroit depeindre : Car le seul mot prononcé contre raison, & sans entrer plus auant lie les mains à tous Iuges, & ruine les plus certaines causes par la longueur. On se sert à tous moments de ces pretextes, mesme apres des Arrests commis à quelque Iuge pour les executer. I'ay veu, Sire, & experimenté cette misere en vn faict lamentable d'vne Damoyselle, laquelle ayant auec ses filles longuement playdé, & obtenu son mary absent vn arrest contradictoire portant commission à moy enuoyee, pour informer en quatorze parroisses de quelques faicts pour la preuue d'vn droict contesté, bien que ie fusse nommé, & que l'arrest fust contradictoire, la partie aduerse ne laissa neantmoints d'appeller de moy, comme de Iuge incompetent, nonobstant lequel appel puisque i'estois nommé, & faict competent ayant passé outre, la procedure sans voir le fons fust cassee, dont vient ce malheur, que ne restant plus aucune chose à ces pauures parties pour playder, elles furent contrainctes de vendre leur terre, auec cette suite, que les ennuys auancerent la mort, & ont faict perir cette famille. I'ay veu infinis accidents semblables en effect, & autres suruenants des recusations friuoles, & calomnieuses, qu'on entretient par le mesme moien de l'impunité au grand auantage des Chicaneurs, lesquels molestent les

vas,& les autres par ces voyes, n'eſtant loiſible à vn Iuge d'y
touſcher, ſans que la calomnie, & l'iniure, qu'on luy a faict
ſoit vangee, ny punie, dont certes arriuent des iniquités extremes, meſme en la iuſtice criminelle anneantie par cet iniu-
rieux procedé,& les appellations de iuge incompetent. Ie ne
parleray point des oppoſitions fruſtratoires, pour retarder
la vente des biens ſi frequentes, que les condamnés, & ceux,
qui viennent à la trauerſe, en ſont ordinairement ruinés. Ie
laiſſe auſſi les Requeſtes ciuiles, qu'on obtient à ce ſeul deſſein
de vexer les parties,& ſe confondre en procés ſur procés, ſans
qu'elles ſe playdent, comm'elles ne ſont obtenües, que par
fureur aucune-fois, ainſi que les lettres, pour articuler faicts
noueaux,emplaſtres à tous procés,pour gaigner le temps, &
faire conſumer vne pauure partie,qui a porté ſon petit auoir,
& celuy de ſes amis bien loing, & ſ'en retourne auec du vent.
Ie tay auſſi les propoſitions d'erreur peu frequentes, pour les
difficultés, qu'il y a, ainſi que i'ay dict, de les faire éclorre, &
mettre à fin.

Voyla, SIRE, vne cheſne de mal-heurs effroiable à ceux,
qui ne connoiſſent pas les humeurs de vos ſujects, & les affections de vos Officiers: Mais en effect tout cela n'eſt rien, ſi la
cauſe fondamentale en eſt examinee, laquelle ne procede, que
des allechements,& douces careſſes, que la Chicane faict aux
eſprits malings,qu'elle enueloppe finement dans ſes rets, les
laiſſant,apres qu'elle a bu leur ſang, ainſi qu'vn tronc inutile,
qui n'a ny feuïlles, ny racines. A quoy certes vous pouruoie-
rés heureuſement, ſi vous ſuyués le conſeil de Dieu, & des
Loix de la Nature viuement exprimees dans la Iuriſprudence Romaine, laquelle a re-connu la peine contre la temerité
des appellants,& en general contre l'inſolence des playdeurs,

comm'vne forte bride, pour contenir ces saillies impetueufes dans les bornes de la modeftie. Ie ne veux pas m'eftendre fur la diuerfité des fujects, qui ont porté les anciens Iurifconfultes à vne varieté d'inuentions, pour refrener l'audace des Chicaneurs, & moins entrer fur les conftitutions des Empereurs Romains faictes à cette fin, mais aillant droict au but d'vne fouueraine raifon, ie dis que les Loix de Dieu annoncees par les Prophetes,& les Apoftres vous expofent cette démonftration, que les procés font des matieres d'hayne, de noife, & de rebellion contre les Loix diuines, & humaines, Dieu qui eft vn efprit de bonté, & de paix deteftant ces diuifions, ainfi que le Diable, qui en eft l'autheur. Il faut donc tomber en cette refolution, que voftre vray patrimoine, ainfi que i'ay remarqué dans vne conftitution de l'Empereur Frideric eft l'amande, & la peine appliquee aux temeraires playdeurs, qui offenfent Dieu, V. M, & le public, par des chicaneries indignes d'vne ame Chreftienne. Ie ne parle pas en homme fifcal, eftimant qu'il eft indigne d'vn Roy Tref-chreftien, comme vous eftes, SIRE, de penfer à chofe quelconque, qui ne foit iufte, mais ie fuis contrainct de reprenter cela, dautant que toutes les bonnes maximes, qui font des mineries d'or en ce Royaume font àbandonnees, pour y maintenir les procés, & d'vne reuolte finguliere de l'homme contre fon prochain l'animer à la trahifon contre Dieu, fon Roy, & fon païs: Ie fçay qu'on a feinct de pouruoir à ces defolations, & neantmoins il eft vray, qu'on n'a iamais executé aucune chofe, par l'abandonnement, que les Legiflateurs ont faict du principe immüable de la verité, & de la iuftice, lequel ne permet pas, que la temerité du playdeur demeure impunie, & exempte du loyer legitime, que les Ordonnances ont impofé, pour le bien de la focieté humaine:

maine: Ainſi les Loix du Royaume ayants ſtatüé,& ordonné de la peine, il ne faut point ſ'eſtendre à plus, ny ſe reſſerrer, mais venir au point de la practique de ces ſainctes conſtitutions ſans diſpenſe, ny moderation quelconque, eſtant choſe impertinente apres tant, & tant de preuues de la corruption publique, de rien laiſſer à l'arbitrage du Iuge, pour quelque cauſe que ce ſoit, qui faict, que vous pouruoirés par ce remede bening, en delaiſſant les autres des Romains, à l'abus du deny des appellations, non moins neceſſaire au monde que le Soleil,& à la façon que i'ay remarqué dans l'Empire Romain, que vous en reduirés l'vſage à vn moien legitime. Ie ſçay qu'on a voulu faire re-viure la ſeuerité des Loix Romaines en ce regard, pour rendre la iuſtice vn ſupplice par des conſignations, & cautions auant procés, mais il n'eſt pas raiſonnable, de punir la volonté de playder qu'apres l'examen de la temerité, pour vaincre par les exemples de la peine la malice, & la fureur de la Chicane.

Ie paſſe, SIRE, à vn autre grand malheur, auquel la meſme Loy pouruoira, comm'il ſourd d'vne meſme cauſe. C'eſt la deſcharge, & moderation des deſpens, qui ſe faict à la ruine des vaincus,& victorieux, d'autant que les premiers ſont allechés par ces amorces d'ailler de procés en procés, & que les derniers ſe voient perdus par la conſommation de leur bien ſans profit. Que l'empire des Iuges en ce ſuject ne ſoit vne vſurpation contre les Loix diuines,& humaines, ie ne le ſçaurois verifier plus clairement, que par l'Ordonnance ſinguliere du Roy Charles IIII., de laquelle les termes latins ſont ſi beaux, qu'il ſemble, que le S. Eſprit l'aie dicté. *Entre les charges continües,& les extremes ſollicitudes, qui ſont attachées au miniſtere de la Maieſté Royale, il eſt tres-raiſonnable, que nous employions toutes nos pen-*

Cc

fees au salut de nos suiects, afin que l'audace des temeraires playdeurs, & la
tempeste de ces seditions estant appaisee, la beatitude d'vne saincte tranquil-
lité regne entre tous, & que les hommes de bons desirs s'éiouyssent au
baiser de la iustice, & de la paix : Ie passe le reste de la Loy dressee,
pour empescher la remise, ou moderation des despens au profit de ceux, qui gaignent leurs causes selon les elements de la
iustice, & les reigles de la Nature, qu'on doit inuiolablement
obseruer apres la contestation.

Et pour faire fin en vn suiect serieux, & important, ie diray,
SIRE, auec S. Bernard puissant en la connoissance de la Iustice, que vous deuès prester la main de vostre misericorde à celuy qui est offensé, & celle de vostre courroux au temeraire
playdeur, pour ne point permettre aucune dispense, ny moderation des amandes ordonnees par les Loix du Royaume.
Car l'appel communement est supersticieux, superflu, mora-
toire, frustratoire, & plus propre à vn exercice de chicane, qu'-
au sacré mystere de la iustice. I'ay lu dans Symmache vne
constitution, laquelle vouloit, que quand vn possesseur iniu-
ste appelloit de la sentence portant condemnation de vuider,
les fruicts du temps intermediat fussent sequestrés, pour obuier à la malice de l'appellant, qui ne desiroit que iouyr. Il y
a eu des defenses pareillement d'appeller des iugements in-
terlocutoires, comm'encore nous voyons par les anciennes
sentences de Iulius Paulus Iurisconsulte Romain, que l'appellant, qui perdoit sa cause, payoit les despens au quadruple, &
qu'auant qu'il fust receuable en son appel, il donnoit, non des
cautions simplement, mais aussi qu'il deposoit certaine som-
me, comme nous lisons dans le mesme Symmache, que l'a-
mande, qui estoit de cinquante liures d'or estoit preiudicia-
le. A quoy ie ne propose point d'auoir égard, mais seule-

ment d'obſeruer étroiƈtement les Ordonnances, & abolir toutes diſpenſes, & moderations des amandes, ce remede eſtant
ſuffiſant, ſans en chercher d'autres.

Quant aux deſpens, on ne ſçauroit trop chaſtier les playdeurs, ainſi qu'Iſocrate a diſertement repreſenté, & que iugea
l'Empereur Zenon, qui fit vne ancienne conſtitution, pour au-
gmenter la peine des deſpens de la dixme au proffit du fiſque
contre le vaincu, en telle ſorte, que ſi les deſpens eſtoient de
cinquante eſcus, on les croiſſoit iuſqu'à cinquante cinq, ordre
certes treſ-iuſte, que ie laiſſe pour la malice du ſiecle ennemi
des propoſitions ſainƈtes, m'arreſtant ſeulement à la raiſon,
& oƈtorité des Ordonnances receües, & approuuees, pour les
appliquer fortement ſur les coniurations, & de vos peuples,
& de vos Officiers à la ruine des Loix, & de la paix publique,
& priuee.

Sire, l'ay diƈt, & expoſé à V.M, que les Legiſlateurs de
voſtre Royaume n'ont iamais pris le vray point de la Loy
conſiſtant en vne raiſon ſouueraine, & plus forte, que tous les
inconuenients, & ſophiſtiqueries, qu'on oppoſe ſans fin à
l'Ordre, qui en eſt la fin. Cette Ordonnance vous en fera
voir vn exemple ſingulier, eſtant dreſſee contr'vn effeƈt de la
Chicane, qui va contre Dieu, & la Nature. Car ie pretens,
comm'il arriuera, ſi la Loy eſt oƈtorizee, abolir le grand crime d'vſure fomenté au Palais par des condemnations d'intereſt en vn preſt, lequel doit eſtre gratuit ſelon les loix diuines, & humaines. Il eſt vray, que cette maxime eſt re-connüe, mais on faiƈt cette fraude à la Loy, qu'on permet les obligations faiƈtes pour cauſes gracieuſes, qui ſont meſlangees
d'vſures exceſſiues, ce qui ſe faiƈt dautant qu'on adiuge l'intereſt apres la demeure, dont viennent de grands maux, par vne

multiplication d'intereſt ſur intereſt ſuyuie de procés , qui
reduiſent les deteurs à ce point, de quiéter leur bien pour rien
à la barbarie des Creanciers. Toutes ces actions iniques , &
cruelles ſe peuuent détruire, par l'inuiolable obſeruance de
l'Ordonnance des rentes conſtituées, que l'Egliſe a permis
entre les Chreſtiens pour des conſiderations iuſtes, & politiques. C'eſt le moien de faire valloir , ainſi que i'ay dict, l'a-
griculture, auec le commerce ſur la terre, & la mer, & de vous
faire voir des ſoldats aux occaſions neceſſaires , au lieu qu'a-
preſent voſtre Eſtat eſt plein de Chicaneurs, qui ſement malediction dans les familles, & font valloir, à la ruine de voſtre
Nobleſſe, & du pauure peuple, leurs rapines par intereſts illegitimes. On dira auſſi toſt, qu'il ne ſe trouuera plus d'argent,
& que c'eſt introduire la Neceſſité par tout. Ce ſont les pretextes ordinaires de ceux, qui prennent l'ombre, & delaiſſent
le corps de la verité : Car en effect il ſeroit à deſirer, que ia-
maison ne rencontraſt vn tel ſecours, qui renuerſe ſous vne
apparence de grace les plus riches familles. L'eſpargne, & la
deſpenſe meſuree reprendront leurs places par tout, & vos
ſuiects employés au labourage, au traffic, & à la guerre ne
chercheront plus auec grande peine ce poiſon, qui les faict
mourir lentement. Vos peuples d'ailleurs viueront en liberté,
eſclaues qu'ils ſont maintenant des Vſuriers, & des Chicaneurs. Et pour dire en vn mot la Loy plus ſage, que la prudence humaine, ne permet pas, qu'on tire aucun intereſt du
preſt, que par la conſtitution de la rente legitime ſelon l'Ordonnance, laquelle V. M. eſt obligee d'armer puiſſamment
Solon fit vne Ordonnance autre-fois , qui defendoit d'aſſuje-
ctir le corps à la priſon pour dete ciuile. Voſtre Majeſté
paſſant outre abolira le grand crime, qui eſt entre les
Chreſtiens,

Chreſtiens, & donnera pour eſtrennes à ſon peuple la franchiſe, que les deteurs trouuoient à Epheſe au temple de Diane, en le deliurant de la tyrannie des Vſuriers, auec ce grand
bien, qu'en les puniſſant doucement vous conuertirés toutes
les obligations pour cauſe de preſt en conſtitutions de rente
ſans rien alterer des contracts, & établirés cet ordre, que pour
preſt en autre maniere on n'adiugera plus aucuns intereſts.
Ie ſçay, que le commerce, l'vſure maritime, & le change ne
peuuent ſouffrir l'effect de cette loy, pour le peril, & la celerité des deniers, qu'il eſt neceſſaire de faire courir auec hazard.
Auſſi n'eſt-ce pas mon deſſein de touſcher là, ains d'abolir
ſeulement les fineſſes, & cauteles de la Chicane amie de l'vſure, comm'elle eſt de la ruine des Pauures en toutes ſes inuentions, leſquelles il eſt temps d'extirper des conſciences de vos
ſujects, & les purifier de ce venin par vne ſaincte infuſion de
vos Ordonnances.

SIRE, les Ordonnances de Rouſſillon, & de Bloys defendent à tous Officiers de prendre aucune choſe des requeſtes
preſentees par les parties, meſme ay-ie veu, qu'on a faict le
procés à quelques Iuges qualifiés, pour auoir contreuenu, &
maintenant, choſe que ie n'oſerois exprimer qu'auec trop de
ſcandale, on exige du pauure peuple ſur des requeſtes preſentees à l'introduction de la cauſe de l'argent contre les Loix de
la iuſtice, laquelle abhorre ces entrees, & conſignations auant-
procès, qu'on prent ſans taxe, & par concuſſion. Cette Loy
fera connoiſtre à V.M, quel eſt le meſpris, qu'on faict des Ordonnances, & comme la contrauention à leur octorité eſt vn
crime aux vns, & vertu aux autres, pour des conſiderations,
qui ſont d'vn grand poix pour le bien de la iuſtice.

SIRE, On practique contre les Ordonnances en pluſieurs
Dd

manieres vne façon de faire aux iugements des procés de vos
fujeéts la plus inique, qu'on fçauroit exprimer. I'en fçay le
mal, & trop le fçay ie ayant perdu mon temps, & mon bien,
& ma fanté auec opprobre. Il n'eft pas bien feant d'en rendre
les raifons au public, puif-que la Loy vous fera voir le mal
auec le remede fans fcandale. Voftre Confeil a abondonné
les pauures parties en ce fujeét, quelques plainétes, qu'on aie
faiét en maintes occafions de cet inique procedé. C'eft vne
chaine d'entreprifes contre les Loix diuines, & humaines, que
V. M. aura l'honneur de rompre heureufement auec grande
acclamation de joye pour voftre profperité par tout le
Royaume.

Sire, C'eft vne honte publique, de voir le bien, & le repos des familles au hazard par les remüements de la Chicane,
qui ne dort iamais, & broüille toutes les familles par fes fub-
tilités. I'en ay re-connu au cours de ma vie infinis funeftes
exemples, & fingulierement en la rencontre des appellations
des decrets iudiciaires pour la vente des biens, en ayant veu
caffer vn apres trête-cinq ans, pour quelques minorités, mais
de plus de vingt-fept de paifible poffeffion entre maieurs, par
cette maxime, que l'appel en eftoit receuable iufqu'à trente
ans, ainfi que d'vn autre iugement, cette traditiue ayant paffé
au Palais, comme font toutes chofes, qui multiplient les procés, qu'on eft receuable d'appeller iufqu'à ce temps defpuis
la maiorité, comme fi l'adiudication faiéte par le Iuge n'eftoit
pas plus folemnelle, qu'vn contraét de Notaires inuiolable
apres dix ans par les Ordonnances. Il n'y a donc point d'apparence, de bleffer la foy publique par ces tricheries, lefquelles engendrent encore d'autres procés, pour les taxes des defpens intermediats iufqu'au iour de l'appel. Car fi ces voies

tenebreuſes continüent, vos ſujects ſeront touſiours miſerables, au lieu qu'il eſt aiſé de les illuminer par vne Ordonnance iudicieuſe,& fondee ſur des raiſons fortes & invulnerables.
C'eſt pourquoy ie me ſuis renfermé dans cette concluſion,
que non ſeulement, pour les appellations des decres iudiciaires,ains pour toutes en general, il ſuffit de donner aux appellans des ſentences, iugements, decrets, & appoinctements
ſix ans de temps à commencer du iour de la maiorité accomplie, ſignification ou pourſuite, apres leſquels ſi l'appel n'a
eſté releué ils ne ſoient plus receuables pour quelque cauſe
que ce ſoit de quereller les iugements auec defenſes à vos
Chancelleries d'en expedier aucun relief. Cette borne double la vie des inſtances, leſquelles finiſſent par trois ans, & eſt
appuyee de cette grande conſideration, que durant ce temps
l y a aſſés de loiſir, pour auiſer ſi l'on eſt greué par les Iugements. Les miſeres,qui ſuruiennent en ces occaſions des tren-
e ans, qu'on practique pour la liberté d'appeller, ſont infi-
ies par la viciſſitude des choſes humaines, & les mutations
les perſonnes, la mort deſquelles eſt vn appas, pour intenter
oute ſorte de procés iniuſtes, meſme faire des fauſſetés, par le
defaut de connoiſſance, que le temps a enſeuely auec les par-
ies capables d'éclaircir leurs droicts. Ie paſſe ouure, & ſou-
tiens, qu'au moien des minorités, qu'on deduict iuſtement,
e long-temps immortaliſe les procés, & qu'on peut à iamais
quereller l'octorité des choſes iugees, lequelle doit eſtre ſain-
te,inuiolable,& eternelle,autant qu'on peut la fortifier con-
re les malices de vos peuples, leſquels n'ont autre but, que ſa
uine. Qui peut conteſter la propoſition, puiſ-que nous ſça-
ons, que ſi les hommes majeurs ont ſouffert quelque tort des
ugements,la chaleur de la playderie les portera aſſés àles que-

Dd ij

reller, & qu'ils n'en souffriront point l'execution au profit du victorieux, pour la hayne qu'excite, outre la perte du bien, la Chicane entre les hômes. Bref il n'y a point de raison vallable, pour maintenir la confusion des Iugements, durant le long-temps des appellations, & moins pour les decrets iudiciaires, qu'vne iuste possession doit affermir. Ce qui doit auoir lieu aussi bien contre les femmes mariees, que contre les maris maistres de la communauté, estant loisible à la femme, si le mary est negligent, de reclamer la iustice, l'effect de laquelle ne doit iamais estre retardé par des inconuenients, qui arriuent peu. Ie laisse les sentences, & iugements de contumace à l'ancien temps, sans en rien changer iusqu'à la connoissance, qu'en aura la partie, apres laquelle le mesme delay doit borner pour les actions ciuiles la faculté d'appeller: Que si la prescription a cômencé vne fois contre le majeur, il est iuste, que sans aucune extension de temps elle soit continüee contre l'heritier. La distinction des sentences de coutumace au faict ciuil d'auec le criminel est necessaire, dautant que l'accusé se representant purge la faute de l'absence, & ne peut estre iugé sans instruction, & audition. Mais comme toutes sortes de crimes se prescriuent par vingt ans il est iuste de retrancher ce long delay, & le reduire au mesme temps de six ans entre majeurs, puisque la preuue doit estre faicte sur le champ, & auec diligence, pour vanger l'iniure faicte au public par punition actuelle, ou iugement de coutumace, estant equitable de ne rien changer des vingt ans pour les mineurs, qu'on pourroit facilement deceuoir par la breueté du temps. Le salut de l'homme est de plus grande consideration, que la punition du crime, non qu'il soit iuste de flatter le mal, ains d'arrester seulement la temerité des accusations, & pouruoir à la seureté de la

vie

vie contre les faux témoignages, & la difficulté qu'il y a d'a-
uoir de bonnes preuues apres vn si long-temps. I'ay remarqué sur l'occurence de cett'Ordonnance tant de confusion
en la Iurisprudence Romaine, que ie l'abandonne, pour me tenir à vne forte, & puissante maxime de iustice illuminante les
voyes obscures de nos Palais, & tüant les artifices de la Chicane, selon la proposition du Roy Louys XII diuine en toutes ses parties, & en laquelle consiste le bien general des trois
Ordres de la France.

I'adiousterois, SIRE, à ces considerations l'octorité du
grand Iurisconsulte Cuias, lequel rapportant la diuersité
des temps pour les appellations, & reparations, conclut en vn
mot, que plus ils ont esté briefs ils en estoient plus iustes.
Ainsi en parle S. Augustin contre les Donatistes, blasmant
leur audace, comme cette raison forte de la prescription est le seul moien de vaincre, & atterrer les Heresies, qui
ne sont que des effects de la Chicane en la Religion, ainsi que
les artifices du Palais en la Iustice. I'en ay remarqué vne Loy
singuliere de Constantin, que Symmache parlant à l'Empereur Theodose a exprimé, laquelle dénie la prolongation du
delay pour la reparation de l'appel apres le temps concedé
par voie extra-ordinaire. Ie ne m'estendray point sur les va-
rietés des prescriptions du droict Romain selon les responses
des Iurisconsultes, & des Empereurs, puis-qu'en effect ce seroit donner des tenebres à la nuict, & qu'il n'est question, que
de tirer vne raison souueraine, pour opposer aux ruses de la
Chicane au suiect des appellations, lesquelles estoient beaucoup plus iustement refrenees, qu'elles ne sont parmy nous,
ayant re-connu, que l'Empereur Constantin declaroit celuy
coulpable de la péne de la deportation, lequel apres le temps

Ee

expiré requeroit impudemment l'aïde de la ſupplication.
I'ay pareillement appris l'equité des Loix Romaines grandes
en ce point, que l'appel eſtoit par eux bien reçeu, & que le Iuge, qui auoit meſpriſé en ce regard l'oĉtorité de la Loy eſtoit
condamné par vne côſtitution de Iuliain en vingt liures d'or.
Ie laiſſe auſſi le temps prefix pour les faire vuider, ayant veu
que ſi par la faute du Iuge au ſujeĉt des appellations le delay
ſ'eſtoit écoulé, qu'il faiſoit la cauſe ſienne, n'eſtant point queſtion en voſtre Royaume de tant parler, mais ſeulement conclurre par des principes de verité eternelle, & immüable ſelon les diuers objeĉts de la Legiſlation accommodee ſur les
affaires de la ſocieté humaine, qu'on doit étouffer par regles,
autant que le peut faire la force de l'entendement bien inſtruiĉt en la connoiſſance des mœurs des Peuples, & des Magiſtrats, pour maintenir les appellations aux cas iuſtes, & les
punir, quand la temerité, & l'inſolence en ſont les cauſes mo-
trices, ſelon que les Loix Romaines ont ſagement eſtably, &
mieux encore nos Ordonnances eſtans priſes en leur vraye,
& naturelle intention, ſans diſpenſe, ny liberté quelconque
au Iuge d'enfraindre leur ſainĉteté pour quelque cauſe que
ce ſoit.

SIRE, à la ſuite de cett'Ordonnance en voicy vne autre,
qui a meſme cauſe, pour la preſcription, & reſecation des procés auant qu'ils ſoient nés. Cet objeĉt eſt le plus ſingulier
ouurage de cette Science Royale, & le vray but de la Legiſlation. Ie dis donc, que le Roy Louys XII porté à la iuſtice ſur
toutes choſes par les auis du Cardinal d'Amboiſe, fiſt vne
Loy, par laquelle perſonne n'eſtoit receuable apres les dix
ans de la maiorité à venir contre les contraĉts, & obligations
paſſees en minorité. Il y auoit ſr ce ſujeĉt vn nombre infiny

de subtilités, qu'il n'est pas iuste de rapporter, puisque l'excellence d'vn Legislateur est d'estre net, & bref en ses propos. C'est pourquoy ie m'arresteray à l'Ordonnance du Roy François premier de l'an 1539, laquelle a éclaircy la susdicte Loy, & neantmoins est encore demeuree obscure, pour la restitution contre tous contracts faicts par les mineurs, & majeurs. A cela, SIRE, il est iuste de donner iour, & establir vn fort remede, le temps estant trop long, & y ayant d'ailleurs vne varieté de fraudes, & tromperies en la vie humaine, pour les actions naissantes des contracts, & promesses. Il est donc necessaire de poser ce fondement de verité infaillible, que la restitution est vne voye, laquelle va contre la foy, & ne doit estre estenduë qu'au cas de circonscription, qui faict, qu'on doit arrester le cours de ce benefice, pour ne laisser les familles en inuolution. Qui donc contestera la limitation du temps pour toutes les restitutions de six ans à conter du iour de la maiorité accomplie, si l'impetrant lettres n'a esté absent pour la Republique, puis-qu'en cet interualle il y a assés de loisir, pour auiser aux affaires? Est-il pas iuste d'ailleurs d'obliger es hommes à la conseruation de leurs droicts, & de veiller soigneusement à ce que leurs maisons ne soient embrouïllees? On remarque par les Loix Romaines, que l'Empereur Constantin auoit introduit le temps de trois ans aux Prouinces pour la restitution, & que Iustiniain l'estendit à quatre, & à cinq, quand les biens des mineurs auoient esté alienés sans decret, & pour les donations, qu'il y auoit dix ans entre presens, & vingt entre absents. Il est aussi vray, que l'instance de restitution estoit terminee par l'an vtil, qui fust continuë à quatre, si par le defaut du defendeur la cause n'auoit esté terminee, tellement qu'en ce suiect se voient diuerses Loix ob-

Ee ij

ſcures, auſquelles V.M. donnera lumiere par vne forte Ordonnance, ſans exception des femmes mariees, leſquelles, cōme i'ay dict, ſi les maris ne veillent à la conſeruation de leur
bien, ont la iuſtice pour ſecours. A quoy i'adiouſte, qu'il n'y a
perſonne ſi dépourueüe de ſens, qui ne cō noiſſe durant ſix ans
le bien, & le mal, qu'elle reçoit des actes par elle faicts, pour les
obſeruer, ou quereller par les voies de droict. Il y a encore vne
merueilleuſe chicane en la pourſuite des actions, qui faict
que par la meſme loy, SIRE, en donnant de la lumiere aux
cauteles de vos Palais, vous eſtes obligé de les terminer toutes
de quelques qualité qu'elles ſoient, ſans conſideration quelconque des pretextes de dol, fraude, & autres par le meſme
cours de ſix ans entre majeurs; pour nè plus reçeuoir, aucune demande pour quelque ſujèct que ce ſoit apres le temps
expiré, fuſſent elles perſonnelles, reelles, mixtes, & hypothecaires, la foy de l'homme eſtant vne, & bien oppoſee à ces
differences nonobſtant toutes Ordonnances, & Couſtumes à
ce contraires. Car ſi vos ſujècts ſont ieunes, ils ſeront aſſés, &
trop vigilants, pour rechercher leurs detes, & autres droicts,
afin d'en iouyr, & ſ'ils ſont vieux, ils ſeront ſages, pour ne rien
oublier, & laiſſer en confuſion. Il n'y a que l'Egliſe, & le fiſque, qu'il faut laiſſer au meſme terme de l'ancien temps, d'autant que les biens en ſont quelque-fois gouuernés par des
gents peu ſoucieus, & affectionnés à la conſeruation des choſes, dont ils ne ſont pas ſeigneurs proprietaires. Les Empereurs Romains ont eu pour object la reſecation des malices
des hommes par la fin de non receuoir, & neantmoints leurs
Ordonnances ont eſtè contraires à leurs intentions par des
inuolutions de propos, leſquels ont alteré la iuſtice des plus
ſainctes Loix. I'ay remarqué vne grande impertinence parmy

ces

ces formes du droiƈt Romain, qui vouloient qu'on fiƈt vne denonciatio̅ folemnelle, ou infinuation du procés auant que l'intenter en plufieurs caufes, que ie laiffe, me conten-tant de propofer à V.M. cette maxime, comm'vn oracle de iuftice, qu'il n'eft queftion, que de vuider promptement les differents des homues felon les Ordonnances, & les Couftu-mes, & de punir la temerité, & l'infolence des Chicaneurs par les pénes legitimes fans autre forme, eftant loyfible de play-der à qui voudra.

SIRE, Il n'y a perfonne, qui ne fache, que la prefcription eft la tutrice du genre humain, & que le temps eft le remede à toutes chofes, voire que le meilleur titre eft celuy d'vne poffeffion co̅mencee iuftement, & fans vfurpation. Les Loix Romaines ont re-connu cette verité, & les Couftumes du Royaume l'ont oƈtorizé par des diuerfités de temps, lefquels communement font reduiƈts felon le droiƈt Romain à dix ans entre prefens, & vingt ans entre abfens, delay trop long, & preiudiciable au repos, & à la feureté des familles. C'eft pourquoy, SIRE, la Iuftice requiert de voftre confcience, que vous reduifiès toutes les prefcriptions pour l'auenir par vne Loy generale au mefme temps de fix ans entre prefens, & dou-ze entre abfens éloignés des lieux ou font les terres, fans en cette abfence comprendre celle, qui eft pour la Republique. La vie des hommes eft breue, & la plus grande fageffe d'vn egiflateur confifte en ce point, de ne laiffer les chofes incer-aines, & flottantes dans vne mer de co̅tentions, en laquelle les efprits f'embarquent doucement, pour fe perdre auec grand egret. Cette Loy fainƈte fera vne par tout voftre Royaume, comm'il feroit à defirer de faire en toutes occafions, fi la va-ieté des Couftumes contraires les vnes aux autres le pouuoit ſouffrir. Et puiſque la raiſon de la preſcription, & la maxime de la borne du téps ſont politiques, on ne ſçauroit oppoſer au cun empeſchement à l'execution de la Loy, le principe de la-quelle eſt le repos des familles, & l'abolition des recherches malicieuſes apres vne poſſeſſion legitime, laquelle ferme les voyes à toutes actions d'hommes, & femmes mariees & non mariees, à conter les ſix ans du iour de la maiorité accom-plie.

SIRE, Ie ne ſçaurois exprimer vne confuſion, laquelle re-gne entre vos propres Officiers, qui ſe mangent par des noi-ſes, querelles, & diuiſions, leſquelles n'ont autre matiere, qu'-vne diſſolution publique des Ordonnances, & des principes de la iuſtice. Ce mal tombe ſur voſtre pauure peuple, qui paie ces folles deſpenſes, & ſouffre encore ce ſupplice, qu'il ne voit, que des cabales entre les Iuges ennemis les vns des autres. I'ay experimenté ces cruautés durant dix ans, ayant eſté reduict à ce deſeſpoir de ne pouuoir exercer mon Office, tant il eſtoit brouillé, ny m'en defaire, tant il eſtoit hay d'vn chacun, pour les maux, que ie ſouffrois. Ie cherchois le ſecours dans voſtre Conſeil, auquel il appartenoit de pouruoir à mon mal, mais ie n'ay trouué par tout vn ſeul hôme de iuſtice. Ce ſujet eſt ſe rieux, & le plus important de tous les ſecrets du Palais, dont ie feray voir à V. M. la verité, au grand ſoulagement de voſtre pauure peuple, & à l'honneur de la iuſtice.

SIRE, Ie paſſe à vne autre Ordonnance preſque ſemblable en ſa cauſe, qui vous fera voir, que plus vn Officier ſur les lieux faict en l'exercice de la iuſtice de bien aux pauures, plus ils ſouffrent de mal. Sujet calamiteux certes, & qui eſt preſ-que commun aux Prelats du Royaume, leſquels excitent le meſpris enuers l'Egliſe, lors qu'ils vacquent à la puification

de ſes Miniſtres, pour des conſiderations claires, qui ne ſe peuuent deduire qu'en la preſence de V. M, laquelle bien infor-
mee du mal y remediera heureuſement.

SIRE, I'ay dict, & repreſenté à V.M., que la Chicane ſe-
ſtant fort augmentee au dernier ſiecle, on auoit trauaillé d'en
retrancher les circuits, & cauteles, & neantmoins qu'au lieu
de paruenir à ce grand bien, on auoit obſcurci toutes choſes
par le defaut d'vne connoiſſance ſolide des cauſes de ce grand
mal. Cette Loy vous en donnera vn témoignage parfaict,
qui regarde les conuentions de vos ſujects, leſquels compro-
mettent volontairement aux Arbitres, pour terminer leurs
differents par cette voie ſimple ſelon la Loy, que i'en ay veu
dans Demoſthene, pour ne plus appeller, ny retourner apres
les iugements au meſme effect de diſcorde. Le Concile de
Cartage la ainſi ordonné, & la diſpoſition du droict Romain
la pareillement eſtably. Or en voſtre Eſtat on a pris le contre-
pied, & au lieu de fermer les voies à la fureur des appellans
par fin de non receuoir, on a eſtably vne pêne dans les compromis au cas de l'appel, laquelle a engendré infinis procés, &
ruiné la ſaincteté de cette Loy : Remede certes inique, n'e-
ſtant pas raiſonnable, que la voye d'appel ſoit pénale auant
qu'on connoiſſe, ſi l'appellant à bonne cauſe, ainſi qu'elle eſt
maintenant par le paiement de la pêne, qui doit eſtre faict
par preiudice, & auant tout'audience. Ie ſçay qu'anciennement on a practiqué cette façon de faire aux retractations, leſquelles ſe faiſoient par forme de ſupplication, mais au ſuject
des appellations trop frequentes en voſtre Royaume il eſt
temps, de les remettre au train de la iuſtice, & de conſiderer,
que par la nature, & raiſon eſſentielle de l'Arbitrage il n'eſt
plus loyſible d'appeller des Iuges, qu'on a choyſi, & élu par

vne confidence mutuelle de leur foy, & probité. A quoy i'adioufte le nombre infiny de procés, qui naiffent de ces pénes,
eludees fouuente-fois par des artifices oppofès aux Arbirres,
d'auoir paffé les bornes de leur pouuoir, & prononcé plus
auant que les chofes conteftees deuant eux. Et de là furuien=
nent de grádes pauuretès, ainfi qu'efcriuant cette Loy i'ay ap-
perçeu par vn exemple veritable, & commun, qui fera connoiftre le bien, & l'vtilité, qu'elle doit produire dans la France.
Quatre freres, & fœurs playdoient pour peu, & fe confu-
moient malicieufement par des procés fuyuis de grandes
haynes. I'ay efté employé auec deux perfonnages de iuftice
pour pacifier charitablement ces differents, le compromis
eftant faict en nos perfonnes auec péne pour chacun de fix
cens liures. Les pieces examinees, & tout veu, nous auons
trouué, qu'il n'y auoit aucun fons, & ayants condamné vne
des parties à foixante liures feulement, bien qu'elle euft figné
la fentence, & demandè delay de fix mois pour payer, elle a
attendu le temps pour appeller, & a efté condamnee à p.yer
la péne à chacun, qui faict dixhuict cens liures auec autres
defpens. La fin de cette temerité eft fuyuie d'vne autre, que
le condemné, ainfi qu'on pretend, a brouïllé tout fon bien,
pour ne rien débourfer, qui eft à dire, que la ruine fuyuera
les vns, & les autres par cette iniuftice de nos Loix amies de la
Chicane, & qui ne ferment pas les voies à l'infolence des play
deurs. Ie ne fçaurois finir en ce fujeçt, que ie ne reprefente à
V. M. deux confiderations, defquelles l'œil de la Iurifpru-
dence Cuias m'a faict ouuerture: La premiere, que cette péne
employee dans les compromis au cas de l'appel, ainfi que i'ay
dict, eft inique, & mefme qu'aux retractations elle ne fe payoit
point par preiudice, comm'il rapporte n'en auoir veu iamais

aucune

aucune remarque. La feconde, que les Loix Romaines font
fort brouïllees en cette matiere pour la péne, & le ferment
qu'on appofoit en ces compromis, afin de les faire obferuer
par les parties, qui n'y vouloient obeïr, n'eftant pas iufte d'em-
brouïller les contracts de claufes, lefquelles ne font que femences de procés. Ie fçay que l'Empereur Iuftiniain a confirmé le droict ancien pour la péne en ce regard, & qu'il a feulement aboly la claufe du ferment, l'infraction duquel il a delaiffé à la iuftice de Dieu : Ie n'ignore point auffi les Ordonnances du Roy Loüys XII, & du Roy François fur les Arbitrages, & la modification faicte par la Cour de celle du Roy
François pour l'appel des fentences arbitrales, qu'elle n'a
voulu aux cas de la puiffance des Iuges Prefidiaux eftre par
eux terminees, f'en eftant referuce la connoiffance, mais ie dis,
que pour vne Ordonnance faincte, & iufte en toutes fes parties V. M. eft obligee fans autre circuit, de fermer la voye à
l'appel des fentences rendües par les Arbitres compromiffai-
res, que les parties ont élu volontairement, pour eftre pleinement executees, & en dernier reffort, quoy faifant vous aurés,
Sire, la gloire d'auoir donné l'eftre de perfection aux bonnes intentions des anciens Empereurs, & des Roys vos majeurs fur l'excellent fuject de concorde entre vos peuples, en
attendant vne faincte Loy fur les Arbitrages en general, laquelle n'eft encore de faifon.

Sire, côme la Malice de vos peuples f'eleuoit à vœüe d'œil
au dernier fiecle, le Roy Charles IX y voulut pouruoir au
fuject des cens, & rentes, ayant faict vn Edict, pour les fay-
fies des terres fujectes à ces deuoirs. Mais i'ay remarqué en
vos Prouinces de Poictou, Anjou, Touraine, & fur tout de
Loudunois, bien que le mal foit vniuerfel, vn artifice de la

Chicane, qui faict vn grand preiudice à vos peuples, & à l'E-
glisè, dont le bien est mal defendu, & raui par des sacrileges
de tous côtés, ainsi que i'ay re-connu en la maison de Font-
Euraud fort trauaillée par la perfidie des gents, qui luy doiuent des rentes, & ont sustraict les titres par intelligence
auec les fermiers, dont il se faict vn commerce libre pour les
retirer de ceux, qui les ont dérobé à d'autres de pareille fari-
ne. La cause de ce mal vient du changement des possesseurs
des heritages sujects aux redeuances, lequel induict diuerses
confrontations, au moien desquelles les deteurs requierent
toufiours monstree en laquelle on ne sçauroit si bien trauailler, qu'il n'y aie de l'obscurité. Ie ne veux point combattre
en general la monstree, mais seulement en vn cas de manifeste tricherie côtre les principes de la iustice, lesquels excluënt
l'heritier du prenneur, ou du condamné de la monstree, puis-
qu'il suffit au seigneur de iustifier cette qualité, & qu'elle inclut de necessité absoluë, qu'il est possesseur de l'heritage char
gè fil ne iustifie de l'exponse, & abandonnement de la terre,
que par le benefice des Coustumes on peut faire en payant les
arrerages. Et bien que cette propositon soit demonstratiue, la
Chicane la combat par cette voie insidieuse, qu'on veut obliger le seigneur à monstrer, que l'heritier de l'obligè, ou con-
damnè est possesseur, au lieu que la preuue doit venir de sa
part, qu'il n'est plus seigneur par l'abandonnement de l'heritage, vente, ou autre contract de tranflation, duquel n'infor-
mant pas le seigneur il doit estre estimé possesseur, & condamné en qualité d'heritier, ou bien tenant de l'obligé, ou d'autres ses heritiers, à paier, & continüer, ainsi que le prenneur,
ou iugé. Les malices, que i'ay remarqué en ce suject calamiteux à cette maison de Font-Euraud m'ont obligé de mediter

profondement fur les rufes de la Chicane, & de me recueillir
en ce point, que fa vraie definition eft la diffolution publique
de toutes les maximes fondamentales de la iuftice, & de l'ordre, qu'on doit garder en la diftribution d'icelle. Car il a y vn
lien perpetuel d'obligation, qui contrainct les hommes, leurs
heritiers, & bien tenants de fuite en fuite à paier, & fatisfaire
aux promeffes de leurs autheurs, lequel ne peut eftre alteré
par l'autre maxime, qu'on prent à rebours, que le deman-
deur doit iuftifier fa demande, puif-qu'il fuffift en ce cas de
monftrer la qualité originaire d'heritier obligé perpetuelle-
ment, comm'vne mefme perfonne auec le defunct. Or cette
Loy produira vn merueilleux bien, dautant que par les titres
on remarque l'origine des rentes, & la fuite des heritiers, &
qu'en vn mot elle donnera iour à des tenebres, & inuolutions
accompagnees de calamités, & ruines à l'Eglife fur tout, ainfi que ie re-connois en la maifon de Font-Euraud, qui a perdu force droicts par les malices des Chicaneurs.

Sire, pour le dernier remede contre la Chicane, en attendant les autres ouurages de iuftice, fi les preuues font ag-
greables à V. M., i'expofe le fujeçt d'vne Loy claire, & d'vn
merueilleux bien. Ie diray donc, pour le fondement de cette
Ordonnance, que c'eft vn principe de verité eternel, & immüable, qu'en l'eftabliffement des Loix, la iuftice d'vne Loy
n'eft point proprement naturelle, fi elle eft obfcure, & enue-
loppee de formes, puifque la vraye iuftice eft fimple, & plus
luyfante, que la fplendeur du Soleil. Or comme ainfi foit,
que cette demóftration aie efté abandonnee par les Romains,
les Legiflateurs de voftre Eftat en la reduction des Couftumes, ont auffi multiplié les procés à vn nóbre infiny. L'exemple en eft vifible en deux actions communes practiquees çon-

tre tout ordre de iuſtice. La premiere cõcerne les teſtaments,
qu'on a malicieuſement reueſtu de tant de formes, qu'en verité l'vnique contentement des hommes par dela la mort
leurs a eſté contre tout droit raui en l'inobſeruance de leurs
volontés. Car ſ'il eſt ainſi que Ieſus-Chriſt, la vie duquel
eſt à tous les gents de bien, ainſi qu'vn ſoleil brillant en l'ob-
ſcure nuict du Monde, aie témoigné par l'auguſte teſtament,
qu'il a faict auant ſa mort, que c'eſtoit vn acte ſolemnel des
dernieres affections du Pere de famille, qu'il ſuffiſt aux bons
heritiers d'auoir entendu, qu'eſtoit-il beſoin d'introduire des
cauteles en des actes, qu'on ne ſçauroit dreſſer trop clairement,
ment, depeur que les ſubtilités de l'eſprit humain n'en ruinent l'effect, ainſi que les Heretiques ont tenté de faire par
leurs furieuſes diſputes contre l'eſſence des paroles de Ieſus-
Chriſt conſignees à la poſterité ſans aucun meſlange d'obſcurité. Ie ne veux point m'eſtendre ſur la diuerſité des teſtaments reçeus par les Romains, que i'eſtime captieuſe, fuſſent
ils à leurs mode myſtiques, & moins à la ſolemnité, qu'ils gar-
doient en l'ouuerture, ou publication d'iceux, comm'encore
ne ſçaurois-ie taire l'impertinence des Loix, qui vouloient
par vne miſerable diligence, qu'vn malade aillant à la mort,
& qui ne doit entre les Chreſtiés, que penſer à la miſericorde
de Dieu, euſt vn Iuriſconſulte pres de luy, cõme ſi la volonté
cõnüe par de ſimples paroles, ne ſuffiſoit pas, pour la perfectiõ
des actions humaines, & meſme des teſtaments, qui ſont des
actes éloignés de fraudes, & cauillations. L'Empereur Conſtantin abolit des paroles aigres, & ſubtiles, qu'on obſeruoit
aux teſtaments, ainſi qu'à faict Iuſtiniain, & non toutefois ſi
auant, qu'il eſtoit à deſirer, & que V. M. fera en ce Royaume,
auquel nous ſommes encore obligés aux païs du droict eſcrit,

&

& Couſtumiers, qui ont retenu ces formes, à des tricheries ridicules, & du tout inutiles en leurs paroles, nombre, & qualité des témoings, dont ſont yſſus tant de procés, que c'eſt vne
iniuſtice extreme de les tolerer dauantage, ne reſtant à V.M.,
que de reduire la façon des teſtaments au meſme point, que
des contracts, & promeſſes ſans autre circuit, ny myſtere,
pour toutes les Prouinces de voſtre Royaume.

I'ay ouy pluſieurs fois des actions forenſes ſur les teſtaments, qui rempliſſoient l'air de vent pour rien, & meſme ſur
la diuerſité des formes preſcriptes par les Couſtumes autant
ineptes, comme toute la ſcience du droict Romain eſt inutile
en ce regard, puiſ-qu'en effect il ne faut point, que ces actes
ſe dechiffrent ſi cherement, & qu'il n'eſt queſtion d'autre choſe, que de voir la volonté derniere de l'homme imagee viuement dans des paroles claires.

La ſeconde action regarde les Retraicts lignagers, deſquels
il n'eſt point queſtion de rechercher la iuſtice, ou l'iniuſtice,
puiſ-qu'ils ſont octorizés par les Couſtumes, pour des conſiderations de la Nature plus puiſſantes, que la liberté des
vendeurs. Il ne faut donc qu'auiſer aux moiens d'executer ces
retraicts naïuement, & ſans conſideration des formes ridicules, qu'on a captieuſement introduict, pour faire tomber les
parties en de grands procés. Les mots, & les paroles ne ſont
que pour exprimer les choſes, & non pas pour piper, & circon-
uenir la Verité, & la Iuſtice ennemies des ſubtilités des Sophiſtes, & des pontilles de la Chicane. Ainſi eſt il iuſte, à la
mode des teſtaments de reduire ces actions au meſme point,
que les autres. Il y auoit, SIRE, en voſtre Royaume vn ſemblable piege pour les obligations des femmes, auſquelles on
obſeruoit le Senatus conſulte Velleian, qui engendroit di-

uers procés éteints par l'Edict du grand Henry voftre pere,
lequel en a aboly la memoire. I'ay veu, chofe hôteufe dans le
Palais des gents auec des bourfes, qui faifoient fonner de l'argent aux expeditiõs des caufes des Retraicts, & practiquoient
diuerfes chofes rifibles felõ la varieté des Couftumes, que vous
reduirés pour ces actions en vne. Or il eft iufte en ce regard
de donner aux demandeurs le temps de trois mois d'executer
les Retraicts pour les inftances commencees à conter du iour
de la publication de la Loy, dans le fiege ou eft l'inftance, autrement il y auroit de la furprife, & icelluy paffé la forclufion
doit eftre declaree encouruë fans aucune grace, ny changement des Couftumes pour le temps.

SIRE, I'ay expofé à V. M. des ouurages de pieté, & iuftice, lefquels ont befoin de l'aïde naturelle, & neceffaire en tous
Eftats bien policés. C'eft la Force, laquelle doit toufiours
eftre fus pied, pour contenir les fujects en deuoir, & fous l'o-
beïffance des Loix. Ie ne veux pas entrer en difcours fur l'ancien ordre de la milice Françoife, que les guerres domeftiques
ont tellement alteré, qu'on n'y fçauroit remarquer, que confufion, ainfi qu'en toutes les parties de voftre Royaume. Mais
comme la Nobleffe eft le maintien, l'ornement, & l'appuy de
vos couronnes, i'ay medité longuement fur fa conferuation,
tant par les exercices de la iuftice, dont i'ay parlé, que pour le
loyer & la recompenfe de l'employ, qu'elle faict de fa vie, &
de fa fortune, pour le falut de la Chofe-publique. Il eft donc
conftant, que tous les mal-heurs du Royaume caufès par les
factions, & reuoltes trop communes ont pris leur naiffance
de l'abandonnement, qu'on a faict d'éleuer des gents de guerre, pour fondre fur les rebelles auant que les partis fuffent
formés. Car fi en nos derniers iours on n'euft point flatté

l'Herefie, & qu'à l'inftant qu'on a veu éclorre les affemblees,
on euft taillé en pieces les factieux, nous n'euffions veu les
campagnes defolees, & la terre ondoyante du fang des plus
genereux courages. Il y a dailleurs ce mal en voftre Royaume, que fitoft qu'on a parlé de leuer les armes, on ne voit que
des Barbares ignorants l'art militaire, lefquels ne fe plai-
fent, qu'à demembrer le pauure peuple, brufler, faccager, &
raffler tout, par le defaut d'ordre, & de difcipline en vn grand
nombre d'hommes, auquel en effect n'y a point de foldats.
Le courage de la Nature eft vn grand acheminement à la vertu, mais fi la difcipline ne le cultiue par vn foin, & prudence
finguliere, il fe conuertit en fureur, & brutalité. Les Hiftoires nous font voir cette verité par la memoire des petites armees bien ordonnees & victorieufes des plus grandes, foit que
la defobeïffance enuers les Chefs euft pris poffeffion des
cœurs des foldats, ou que le vice fe fuft meflé dans les compagnees, lefquels ne fubfiftent que par l'ordre, & ne fe maintien-
nent que par la police. Le fang qui boult dans les vênes des
guerriers proches de leurs ennemis, & qui bruflent d'impa-
cience en vne plus longue attente de la victoire, veut eftre
temperé par la difcipline, & la prudence, meres des palmes,
& des lauriers. Il me fouuient en fujeet d'vne belle parole
prononcee par vn vray guerrier, *(ans l'expreffe permiffion de vous
mon Chef fouuerain, ie ne fortirois pas du rang, qui m'a efté affigné, quand
ie verrou la victoire certaine.* Car ainfi fe gaignent les triomphes,
comm'au côtraire la honte fuit toufiours les trouppes, qui ne
font reglees, & maintenües en ordre.

I'ay donc, SIRE, eftimé, que pour conferuer la Iuftice en
voftre Eftat, & en fuite luy donner vne ferme paix, il eftoit
neceffaire de reftablir vne milice fi bien reglee, qu'au dedans,

& au dehors voftre octorité étonne tous ceux, qui oferoient
entreprendre contre vos Loix, & l'honneur de la France. Vn
faux Oracle d'Appollo refpondant aux habitans de Cyrrha
leurs promettoit la paix, f'ils f'exerçoient côtre les eftrangers,
mais vn homme fage, & politic peut affurer V. M. par l'experience des chofes paffees, qu'il eft neceffaire d'auoir toufiours
en voftre Royaume vne armee, pour le maintien de l'obeiffance deüe à vos commandements. Quand aux guerres eftrangeres, il eft iufte d'exercer vos fujects, lefquels fe rendent fai-
neants, & ne viuent que dans l'ordure des plus enormes crimes. Vous aués veu, SIRE, les côtes de la mer en voftre Royaume defertes de forces pour voftre feruice, & le commerce
abandonné, bien qu'en effect ce foit le plus excellent object,
auquel la Commune non feulement, mais encore la Nobleffe
fçauroit vifer en voftre Eftat. Il eft donc temps de voir la Force feconder la Pieté, & la Iuftice à l'hôneur de voftre Nobleffe,
laquelle f'en va abymee dans le vice, par faineantife, & pauureté, qui luy ferme les voyes aux honneurs, qu'on vent ou-
uertement, & qui ne ferôt plus par leur grand prix qu'à des ex
poliateurs de vos finances, & à des gents engraiffes des rapines, & concuffions publiques. Ie fçay que le grand Scipion
fuyui en cela par l'Empereur Antonin Pie difoit, *Qu'il valloit
mieux conferuer vn Citoyen, que tüer mille ennemis*, mais la propofition
veut eftre attrempee par cette prudence, qu'auec iuftice, &
droicture, V. M. eft obligee apres auoir policé fon Eftat par
de bonnes Loix, d'exercer fes fujects aux guerres eftrangeres
pour le maintien des peuples confederés, & les iuftes conque-
ftes, qu'on peut faire fur les ennemis de Dieu, & de la Monarchie, afin d'empefcher les entreprifes, & machinations, que
nous auons veu defpuis maintes annees auoir efté tramees

contre

contre le repos,& la paix de la France. Voftre Eftat dailleurs trop peuplé de gents invtils demande iuftement cet employ, heureux en ce point, qu'on verra de funeftes efcritoires chan-gees en des armes vtiles à la conferuation de la Chofe-publique.

L'Hiftorien m'a appris, SIRE, le moien de reduire la pro-pofition à vn grand effeẛt, par l'eftabliffement à la Romaine d'vne milice de cinq regiments diuifés en dix compagnees de deux cens hommes, qui feront vne infanterie de dix mille ieunes gentils-hommes non mariés, & tirés des plus pauures familles de la Nobleffe de vos Prouinces, felon les roolles, qui en feront faiẛts parMeffieurs les Gouuerneurs,auee cette con-dition, que deflors qu'aucun d'eux aura efté marié on en re-mettra vn autre en fa place, pour eftre guidés par des Chefs experimentés, choyfis,& re-connus par V.M. felon qu'il luy playra. Il n'y aura parmy cette milice aucune rapine, & fe-ront les foldats honneftement re-connus de vingt-quatre li-ures par mois, qui eft par iour vn quart d'efcu pour viure, & f'entretenir,fans prendre autre chofe, que le logement , & le linge, qu'on ne paie. l'adioufte à cett'infanterie fix cens che-uaux legers de la mefme Nobleffe non mariee à foixante liures par mois, qui eft quarante fols par iour , tous bien paiés, & fans que les deniers foient diftribüés, ny par les Chefs,ny par Officiers,mais en la forme prefcripte par la Loy, pour obuier aux brigandages, rapines , & concuffions trop ordinaires en ce regard. Ie fçay qu'on oppofera des confequences à la pro-pofition de cette grande force,laquelle eftant difciplinee fera vn puiffant fouftien de l'Eftat,mais le mefme Hiftorien ouure le remede, par la feparation des Regiments en diuerfes Pro-

uinces, qui en feront enrichies, pour eftre reünis à l'inftant,
que V.M. l'aura commandè. La Iuftice dailleurs eft le remede à l'ifidelité, eftant certain, que fi vous practiqués vne-fois
la fainéte maxime de Charles IV, *Que le refpeét eft ennemy de Iuftice, qui doit eftre exercee fans efpargner aucun coupable d'infigne malefice,*
vous verrés l'obeïffance, & la fidelité prefque éreintes en voftre Eftat florir plús que iamais, & la paix plus affermie, qu'elle n'a point efté. Apres cela, SIRE, eftabliffés en chacune ville
capitale de voftre Eftat vn Arfenac bien entretenu de toutes
munitions de guerre, afin qu'aux occafions neceffaires V.M.
foit prefte de vâger les iniures faiétes au public par les faétiós
trop communes en voftre Royaume, lefquelles ruinent en vn
inftant vos Prouinces, & les affligent tellement, qu'on ne voit
plus ou les armees paffent, que ruines, & mafures. Qu'elle efpargne ne ferés-vous point par cette voye, dont la defpenfe
ordinaire n'approche pas de la profufion, qu'il faut faire en
vn inftant, & en grand defordre ? Il y aura affés de finances, &
plus que la neceffité defirera, quád la Iuftice fera bien admini
ftree. C'eft le grand benefice, que la Nobleffe ruinee, pauure,
& prefque perduë attend de voftre liberalité, non moins, ou
plus vtile à l'Eftat, que tout ce qu'on fçauroit propofer, pour
maintenir la paix au dedans, & rendre la France formidable à
fes ennemis.

SIRE, l'ay protefté d'auoir faiét vn vœu felemnel de fauuer voftre Royaume des calamités, que la Chicane y faiét naiftre tous les iours par l'euerfion generale des maximes de la
Iuftice. C'eft le fujeét, qui m'oblige maintenant à la conclufion de ces premices, d'affurer à V.M. à la mode de Caton
qui n'auoit autre voix dans le Senat, que pour la ruine de Car

thage, qu'il est temps de chasser cett'infame Sorciere de la
France, par la puissance de vos Ordonnances tirees sur le vray
pourtraict, & naïf exéplaire des Loix de Dieu & de la Nature,
si vous y desirés establir vne ferme paix. Vous estes vn grand
Roy, mais consideres, qu'il n'y a point d'action plus conuenable à V. M. supreme, que la Iustice, laquelle comme Roy vous
deués par vne étroicte obligation à vos peuples. Ie laisse à part
l'honneur, que les sacrés exercices du droict appartenant à vn
chacun vous acquerront d'estre le Pere cómun de vos sujects,
par le benefice de la conseruation, beaucoup plus heureux,
que celuy de la vie miserable en vostre Royaume exposé à
toute sorte de pilleries, exactions, & concussions sous le spe-
cieux manteau de la Iustice. Parleray-ie de l'humanité d'vn
bon Roy, & n'ay-ie pas droict de vous dire, que comm'homme éleué par dessus les autres au souuerain faistige de gloire,
& puissance, vous estes tenu de secourir l'Eglise, & les Pauures plus opprimés dans les Palais, que le reste de vostre Estat?
C'est le salutaire auis du Roy bien-aimé de Dieu, lequel vous
nuite de perfectionner vostre innocence par le soin, que vos
Officiers administrent dignement la iustice à vos peuples.
Ainsi en ont faict tous les grands Monarques, lesquels en faueur de leurs peuples se sont faicts souuente fois Cytoyens,
Cósuls, Senateurs, & Magistrats, meritans par cette beneficen-
ce le thresor singulier de leur amour, qui sera le plus fidelle
regiment de vos gardes. Tout est confus dans les Palais, & la
voix publique en vn long sommeil de vostre Conseil n'a plus
d'autre ton, que plainctes, & gemissements: Les papiers, & les
parchemins offusquent tellement les yeux des plus clairs-
oyans, que si V M. par le brillant Soleil de ses Loix n'illuni-

ne ces tenebres, le droict, & la raiſon perdront touſiours leurs
cauſes. Mal-heur certes tant extreme, que Dieu, qui haït les
yeux hautains, la langue menſongere, les mains reſpandan-
tes le ſang innocent, le cœur machinant dol, & fraude, les
pieds legers à courre au mal. & le faux témoing, a en abomination les gents, qui ſement diſcordes entre les freres. Cette
conception, SIRE, vous eſt annoncee par la Sageſſe eternelſe,
en laquelle i'ay puiſé les treſ-humbles ſupplications, que ie
fay, à V. M., d'exterminer ces monſtres de voſtre Royaume,
par vne belle, ſaincte, & bien ordonnee Legiſlation : Ie ſçay,
que cette entrepriſe eſt haute, & releuee pour moy, qui ne
ſuis qu'vne vile, & infortunee creature, mais Dieu, qui m'a
élu par vne ſinguliere grace, pour vous acquerir le diuin titre
de Iuſte par des ouurages d'vne iuſtice incomparable, me pro-
met tout bon-heur ſous les fauorables auſpices de voſtre bie n-
veillance. Et bien qu'il ne ſoit pas honneſte à vn ſujeçt de
demander des honneurs, & qu'on doiue attendre l'election,
& le choix, qu'en faict V. M. ſelon ſa conſcience, mon zele
neantmoins en la vieilleſſe apres de grandes tribulations me
permet de chercher l'employ conuenable, & reſpondant à ma
vocation, pour épandre par tout voſtre Royaume vn threſor
de Iuſtice, que ie ne ſçaurois cacher, qu'auec vn grand crime
enuers Dieu, V. M., & l'Eſtat. Car ſi i'ay la voix libre, la
France verra en vn inſtant l'application des Ordonnances,
que ie propoſe, auec ce bon-heur, qu'en toutes les Prouinces
du Royaume, par la reflection des exemples, qui courent çà, &
là, & multiplient le bien, on verra V. M. preſente dans les diuers effeçts de ſa iuſtice. La Neceſſité dailleurs me preſſe en
ce ſujeçt, voyant en la confuſion publique, qu'il n'eſt pas en

mon

mon pouuoir de bien-faire, si ie n'ay la creance par quelque
dignité exterieure, ayant suffissamment dequoy accomplir
de grandes choses pour voftre gloire. C'eft la doctrine, que
S. Auguftin m'a appris, lequel aux chofes obfcures, & difficiles
demande la raifon, & l'octorité de la perfonne, pour perfuader viuement, & porter fes conceptions à vne bonne fin.
Auffi certes ay-ie faict l'épreuue de cette verité en la droicte
intention, que i'ay eu de fecourir l'Ordre de Font-Euraud
languiffant, & affligé de Chicane, laquelle i'euffe d'étruict en
vn inftant par vn ordre ferieux, fi i'euffe pu iouyr de l'entree
dans voftre Confeil, ainfi que mes predeceffeurs en ont efté
honorès pour la direction de cett'illuftre maifon. l'ay trauil-
lé, & plaftré, autant que i'ay pu au peril de ma vie, mais la perfection de mes vœux a efté retardee par la dureté du fiecle,
qui n'a point d'oreilles, ny de raifon en vne diffolution generale de l'ordre de la iuftice. La glace eft par tout, & n'y a autre moien de la rompre, que par violence, & des artifices contraires à vne ame libre. Si donc le Roy Louys XII a inftituë
vne charge d'Aduocat des Pauures au Parlement d'Aix,
Ayés, SIRE, l'honneur d'en creer vne generale pour tout voftre Eftat dans voftre Confeil, & d'en gratifier vn efprit courageux, & aimant la iuftice, comme fon fouuerain bien, afin
que tous vos Peuples, & fingulierement l'Eglife, les Pauures, &
cet Ordre de Font-Euraud, qui poffede mon cœur, iouyffent
de ce bien faict aux occafions de l'infraction des Ordonnances, & des principes de la Iuftice, qui font les cas referués à
V.M., & au Confeil, duquel i'ay parlé, pour eftablir les Ordonnances, & les maintenir contre les embufches de la malice
du Palais. Ainfi ferés-vous l'office d'vn Roy vrayement

Kk

Iuste, lequel ne ſçauroit ſouffrir, que l'Egliſe, & la Iuſtice, qui
ſont les deux colónes des Eſtats, ſe détruiſent par vne honteuſe Chicane, ſans que de part, & d'autre il y aie en verité aucun
ſujeẛ legitime de playder, puiſ-que les deux Puiſſances ont
diuers objeẛs, & qu'elles ſe doiuent confort, & aïde ſans vſurpation. Et comme ces contentions furieuſes preſagent quelque grand mal-heur à voſtre Royaume, que Dieu veuïlle par
ſa bonté d'étourner, eſtabliſſés, SIRE, la paix par vne Loy
égale, qui chaſſera du temple de la Iuſtice ces brouïllons, leſquels par des cauillations, & ſophiſmes de droiẛs mixtes ra-
uiſſent à l'Egliſe l'nonneur, qu'elle tient de Dieu ſans moien,
pour la direẛion des choſes ſpirituelles, afin que les Prelats
de voſtre Royaume affranchis de la ſeruitude des Palais com-
mencent en patience à ce renouuellement d'annee à purifier
les Miniſtres de l'Egliſe, & que vos Officiers trauuaillent auſſi
de leur part à ſi bien faire la Iuſtice, que Dieu importuné par
les clameurs des Pauures, que la Chicane conſume outrageu-
ſement, appaiſe ſon ire, & verſe ſur voſtre chef les influences
de ſes graces, pour regir, & gouuerner par longues annees
voſtre Eſtat en pieté, & iuſtice. Ce ſont, SIRE, les eſtrennes, que V. M. eſpandra par ſon Royaume beaucoup plus
heureuſes, que n'ont iamais eſté les plus grandes liberalités
des Princes, qui ne donnoient que choſes terreſtres, auſquelles vos peuples reſpondront par leurs vœux, prieres, & bene-
diẛions pour voſtre gloire, & proſperité. Car comme la
Iuſtice tient les hommes vnis par reſpeẛ, reuerence, & veneration à la diuinité, & conioinẛ ces deux extremités ſi éloignees Dieu, & les hommes, par les ſacrès liens du repos, de
l'amitié, de la concorde, & en vn mot de la charité, il eſt vray

que vous imiterés en ces actions le Dieu eternel, que vous re-
presentés sur la terre, lequel entre ses plus augustes noms est
appellé Iuge, & que par le secours d'vn sien pauure seruiteur,
qui ne respire que sa gloire, la benediction de V. M., & le salut de vostre Royaume, vous affermirés la paix du Ciel en
vostre Estat par la Iustice exprimee viuement sous le nom
de la Science Royale, qu'offre à V. M. en humilité, &
obeïssance singuliere,

SIRE,

Vostre tres-humble, & tres-obeïssant
seruiteur, & suject, FRANÇOIS MARCHANT
Directeur du Conseil de l'Ordre
de Font-Euraud.

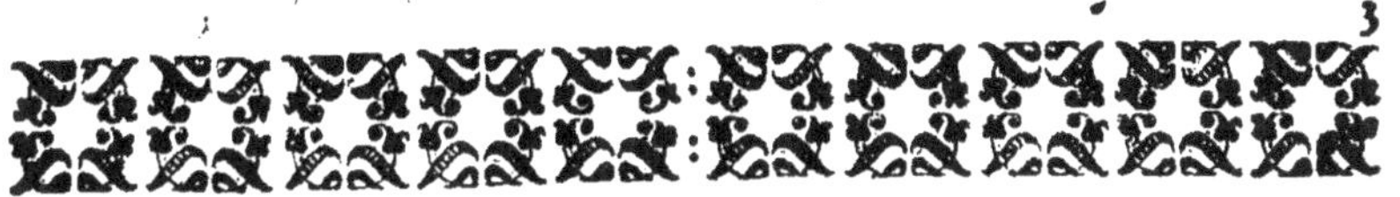

A LA REYNE
MERE DV ROY.

MADAME,

S'il eſt ainſi, que les plus heureux conſeils pour les grandes, & illuſtres entrepriſes aient eſté dónés par les Reynes meres aux Roys leurs enfans, ie preſente à bon droiƈt à V. M. des propoſitions d'vn merueilleux bien, pour faire paroiſtre le Roy incomparable ſur la face de la terre, par les exercices d'vne bonne, & prompte iuſtice, de laquelle apres tant de prodiges, que nous auons veu dans ce Royaume, doit venir la paix, & la concorde publique. Ie ne parleray point de l'Empereur Iuſtiniain, lequel confeſſe qu'aux plus importantes deliberations de la Choſepublique il a ſuyui ſouuentefois les conſeils de Theodore ſon eſpouſe accompagnés de fauorables ſuccés : Ie laiſſeray pareillement l'hiſtoire des contentions des anciens Gaulois, leſquelles apres qu'ils eurent paſſé les Alpes ſe vuiderent par l'auis des femmes, qui furent eſleües pour iuger les differents, ſi aucuns interuenoient ſur le traiƈté faiƈt auec Annibal. Mais venant à la propoſition premiere, i'oſeray dire ſans flatterie, qu'il ſemble, que Dieu vous prepare par vn traiƈt admirable de ſa Prouidence vn troiſieſme hóneur le plus auguſte de tous ceux, qui aient iamais eſté moiſſonnès par les

A

Reynes, & les Princesses du Monde. Helene mere du grand
Constantin premier Empereur Chrestien desireuse de laisser
à la posterité quelque rare exemple de Vertu, quicta toutes
les delices de la Cour, pour ailler foüir dans vne terre vile, &
sale l'arbre du salut, & de la reparation du genre humain.
Elle ne l'eut pas si tost découuert, que des cloux, qui ont attaché nostre Sauueur à la Croix, elle en fit orner vne bride auec
vn diademe, qu'elle enuoya à l'Empereur son fils, pour luy
apprendre, que portant ce riche ioyau sur la teste il deuoit re-
luire en foy par dessus les autres hommes, & que tenant en sa
main les resnes de l'Empire garnies d'vne perle si precieuse,
il estoit obligé d'assuiectir toutes les forces de son ame à la
volonté du Roy des Roys, par lequel les Princes du Monde
regnent, & commandent heureusement à leurs peuples. Il ne
faut point s'estendre sur cet exemple estranger, puis-que nous
en auons vn domestic de cette sage Reyne mere de S. Louys
plus blanche en ses mœurs, qu'elle n'estoit encore de nom,
dans lequel, comme dans vn precieux tableau de toutes les
plus singulieres vertus, sont tirés au vif les conseils, & instru-
ctions salutaires, que donna cette Princesse genereuse au Roy
son fils paruenu en sa ieunesse à la Royauté parmy les troubles, & la corruption publique de la France. Or entre les
actions heroïques, & vrayement royales de la saincteté de ce
Roy guidé par les auis d'vne bonne mere, on n'en sçauroit remarquer de plus singulieres, que les exercices de la iustice, par
lesquels il commença à rendre Dieu propice, & fauorable à
ses entreprises· Le Royaume estoit exposé, comm'il est maintenant, à toutes sortes de pilleries, d'exactions, de concussions,
& de brigandages par le defaut de discipline, & d'ordre dans
les compagnees de Magistrats, à quoy il pouruceut si heureu-

fement, que par la feuerité d'vne prudente correction des
mauuais Officiers, il retint les autres en leur deuoir, leurs
ayant impofé de groffes peines par des Loix fauorables aux
plainctes de fes peuples, qui furent deliurés de la multiplication des procés, caufe radicale des encombres, & defolations
de la France. Ie laiffe la fuppreffion des Offices, l'abolition
de la vente des charges, la moderation des fubfides, par le bon
mefnage des finances, & infinis autres actes femblables de ce
fainct Roy, puif-que la police de l'Eftat en vn fiecle fi débor-
dé qu'eft le noftre fe doit accomplir par degrés, fans ailler
d'abord à tant de perfectïons, qu'on demeure au milieu de la
carriere, ainfi qu'il eft auenu deuant vos yeux, apres des
Harangues riches en paroles, & pauures en effects. Auffi,
MADAME, eft-ce vne grande imprudence, de parler de
la reformation d'vne Monarchie, qu'on n'aie purifié auant
toutes chofes l'ordre de la Iuftice, puifque de la bonne, ou
mauuaife vie de fes Miniftres depend le train du Móde. Que
fil a plu à Dieu de m'appeller par vne vocatió finguliere à ce
fainct ouurage, & qu'il ne refte, que d'en faire voir les effects
par vos heureux confeils enuers le Roy, faictes, MADAME,
que le nom de Marie, que vous portés foit vn nom fingulier de falut à la France, comm'il a efté de reparation à tout
le genre humain, quoy faifant vous fur-pafferés d'autant
plus Helene, & Blanche en vertu, que toute la fageffe du
Royaume f'eftant reduicte au terme du defefpoir de la reftau
ration, vous en verrés de grands effects, qui redonderont à
voftre gloire Car encore que la parole de celuy qui publie
quelque chofe haute fe mefure par la confideration de la
Robbe, & des richeffes, cela ne m'eftonnera point, puif-que
V. M. d'vn clin d'œil me peut éleuer au fouuerain faftige

de l'honneur,& combler de biens. C'eſt le grand prix d'immortalité , qui ſ'oftre heureuſement deuant vos yeux, pour
laiſſer à la poſterité ce témoignage de vos vertus,que la France a eſté plus veritablement renouuellee par vos ſages,& pru-
dentes deliberations ſous le Roy voſtre fils , que ne fut l'Empire Romain durant la domination de Traian. Comme donc
V. M. montee au ſommet d'excellence , d'honneur , & de
gloire ne ſe peut éleuer plus haut par autre moyen , qu'en ſe
demettant humblement enuers Dieu , à la façon des choſes
crees, leſquelles lors qu'elles ſont venües à leur perfection ne
ſeruent plus à la Nature,qu'en declinant, entrés, MADAME,
en vous·meſme, pour faire côſideration des larmes de l'Egliſe,
des Veuues, des Orphelins , & autres miſerables perſonnes,
qui reclament voſtre ſecours, pour viure affranchis de l'eſcla-
uage des Palais de la France. Il n'y a point de titre d'honneur
ègal à celuy-la , & tout ce qu'on ſçauroit iamais faire eſt au
deſſous de la re-conciliation de l'Egliſe auec les Parlements,
dont vous aués deploré le ſcandale arriué en ces derniers
iours dans la ville d'Angers, qui faict horreur,& au ciel , &
à la terre, & d'autant plus, que cette Cité a eſtè autrefois pu-
bliee par Charles V. ſurnommé le Sage,la fontaine des ſciences, & la mere des eſprits d'vn haut , & grand conſeil. C'eſt
le but de mes entrepriſes, la perfection de laquelle eſt en ma
main, ſi ie ſuis animé à vn ſi bel ouurage par vne audience fauorable en la preſence de vos Majeſtés , & de gens notables
choyſis des trois Ordres, dont naiſtra ce bien ſingulier, que
les François cultiueront en vnion d'eſprits cette noble eſtoil-
le du Ciel , cette perle du Monde, ce threſor de grace, cette
ſource de viue gloire eternelle la foy Chreſtienne trop ternie
par les infidelités , fauſſetés , periures , iniquités , & malices,

qu'on

qu'on couure sous le nom de la iustice. Voyla en vn mot,
MADAME, le riche, & excellent suject de la Legislation, que
ie publie, pour apprendre par les exemples de vos Majestés à
tous les Princes Chrestiens, de côformer leurs vœux, & toutes
les puissances de leurs ames à proteger par des Ordonnances
equitables l'Eglise de Dieu auec leurs sujects, à laquelle m'e-
stant voüé au declin de ma vie, ie desire emploier toutes les
forces de mon entendement, pour luy re-donner son ancienne, & premiere liberté, afin qu'apres l'auoir seruy d'vne ferme foy ie sois éleué dans le Ciel par la grace de ses prieres,
non sans vn extreme zele au cours de ma vie, d'estre re-
connu de V. M.

MADAME,

Le tres-humble, & tres-obeïssant seruiteur,
& suject FRANÇOIS MARCHANT.

B

DE CONSIDERATIONE.

AD DOMINVM CARDINALEM DE SOVRDIS.

Plerique multa pro Ecclesiæ honore, quo saluo pax
Perit in Gallia, & meliori rerum omnium statu dixêre,
nemo tamen fœliciter rem expressit. Sic fit semper,
vt in amplissima causâ, quasi magno mari, Oratores
pluribus ventis ambitionis, & auaritiæ vecti ad portum
vtilitatis publicæ, quæ suprema viris sapientibus lex est,
nunquam appellant. Consideraui lymphatis oculis in vltimo
Regni conuentu, & Cleri, Magistratuùmque consilijs, quod
& in alijs similiter omnibus accidit, plurima turbati vbíque
ordininis portenta,& (quod crudelissimum est) non alienis
solùm exemplis, sed maximo etiã malo meo ita expertus sum,
quæ sit iudiciorum, in quibus salus populi continetur, alea, vt
ex me cæteris persuadere possim, nihil arte illa lusoria, quæ
Iustitiæ leges oppugnat apud nos, vnquã pernitiosius fuisse.
Surrexit enim in eo ordine furentibus bellis inciuilibus pro-
genies quædam hominum, quorum os maledictione, & ama-
ritudine plenum est, quíque, tanquam persequutores fallen-
tes, iustitiam profitentur, vt negent, vnitatem inter homines
procurant, ne pax sit, hæreses verbis comprimunt contra
Ecclesiam factis belligerantes, Regem in ore circumferunt,
& tamen omnia omnino agunt, ne *Ludouicus Iustus viuis iustitiæ*
operibus rex, & pater populi esse credatur. Hi sunt inimici Crucis
Christi, fabricatores Schismatum, atque euersores subdoli
illius amiciti æ, quæ inter Ecclesiæ, Themidísque Pontifices

10

fan&ti Spiritus ore firmata non fine totius regni euerfione poteft diffolui. Sed quia fic placuit iufto Dei iudicio fulmina
illa, quæ me percuffêre, veneror, & colo, cum hac fpe, vt fi
aliquando Rex nofter Chriftianiffimus corruptæ fori difciplinæ mederi velit, omnes ingenij vires, & infinitos vitæ la-
bores ad fugandos illos fpiritus, qui adftruunt, non comper-
ta, fed fua, deftruunt fimplicitatem veritatis, & iudiciorum
vias obftruunt fortiter impendam. Quid enim fœlicius poteft hominibus accidere, quàm cùm improbis aufertur iniu-
riarũ licentia, & quod maius regiæ munus erit mifericordiæ,
quàm à tantis criminibus omnes iniquos Iuftitiæ Miniftros
feruare nolentes? ô tempora, ô mores. Loquuntur magni-
ficé hifce de rebus fapientes vulgi iudicio, fed nihil, dum in
maximis fceleribus virtutem illam non colunt, quæ nouit
veneni modum tantò meliùs, quòd videt copia conftare, Lo-
giflationis igneæ remedio facillimè poffe curari, vnquam
exequuntur. Sic itaque in fæcula fæculorum oblattabunt
Oratores vagi, ac fufi, qui artis fuæ confutudine vtentes per
recti fpeciem praua confirmant, & per rationis nomen infa-
na conftituunt Non recipit mendacium veritas, neo patiun-
tur Religio, & Iuftitia impietatem : Chriftianos fe profitentur, fed quàm non fint vitæ fuæ documentis teftantur. Quod
enim ludibrium de Ecclefia non faciunt, & quas de populi
preffura fibi fuifque diuitias non acquirunt? Surrepunt nomine blandientis iuftitiæ, occidunt fpecie recti, iniquitatem
dolofé peragunt, & legum euerfores legum tamem fidem in-
fidiofé prædicant, ficque magnis ad malitiæ fuæ firmand
placita proficiunt incrementis: Suftineatur tribulatio qua-
lis non fuit à conftitutione Mundi, ex innumera hominun
turbâ, qui totâ die, & nocte dolos concinantes, lites, vt ferti

le

les agros colunt,mihi vera dicere placet pro Ecclefiæ Catho-
licæ libertate, Regis falute , & Regni fœlicitate. *Commoriamur
Chrifto,vt Chrifto conregnemus.* Vlteriùs enim tacere diffidentiæ
fignum effet,non modeftiæ ratio,quia non minus eft pruden-
tiæ tacuiffe , dum res effet in obfcuro, quàm nunc periculi, &
ignauiæ,diffimulare cognita morborum remedia, cùm certif-
fimi iuris fit, eum qui prohibere poffit, fi non prohibeat, iu-
bêre agi. Nec immaturé loquor,qui diu filui, ne quid ex caufa mea loqui exiftimarer. Nunc itaque, dum nullus fupereft
fæculi amor in magno ambitionis,& auaritiæ contéptu, nulla mihi ad dicendum caufa eft, quàm Chrifti,cui & hoc de-
bui,quod vfque nunc in fummâ patientia tacui,& ex reliquo
me debere intelligo, ne taceam. Latiùs ergo alij poffideant
agros, & numerofiores familias, nihil æqué animum in pau-
pertate delectat,ac diuturnitatis amor, & cupido illa gloriæ,
quæ ingenij vires in otio languentes fpretis omnibus alijs cu-
ris,immo etiam relictâ molli liberorum follicitudine ad re-
nouandum iuris , iuftitiæque ordinem fortiter excitauit.
Quod fi tenuis eft mihi cenfus,meliore femper ingenio quàm
fortunâ vfus Deum habeo teftem, me nihil vnquam, vt po-
tui vberrimé , ex calamitate aliorum profeciffe: Parui enim
deiectíque effe animi iudicaui, in his rebus immorari quæ
nihil aliud iniuftis poffefforibus relinquunt, quàm diuinæ
illius vocis infamem notam. *Homo cùm in honore effet, non intel-*
lexit: Comparatus eft iumentis infipientibus: Hæc funt, illuftriffi-
me Cardinalis, humilitatis meæ præmia, hoc eft lumen ocu-
lorum meorum ea non fequi,quæ & affequi miferum eft: Hæc
eft philofophiæ meæ ratio, poft illa non abire, quæ poffeffa
onerant,amata inquinant, amiffa cruciant: His itaque inni-
xus fundamentis,fi caufa illa, quam pro Galliæ fœlicitate re-

C

ligiosé suscepi , non modò à vobis æqué dijudicetur, sed fo-
ueatur, sed manu teneatur , spero me cum Iustitiæ indumen-
to , Regi nostro decus immortale ex Legum restauratarum
pulchritudine recté & rite præparaturum. Multa passus sum,
& grauia, sed quemadmodum, quod ingenuis Natura dedit
nulla fortunę iniuria potest eripi, fœliciter tandem didici no-
bili viro in rebus necessarijs esse salutem, in superfluis laqueŭ,
in mediocritate Dei gratiam, & in diuitijs catenam. Sed quid
plura ! Fortuna intra priuatum potens est, cùm autem in pu-
blicum ventŭ est, spectatur integri animi fides, sub cuius insi-
gnijs certus sum , me, non meis viribus, sed gratiâ Dei , quæ
mecum est, laudem, & gloriam suscepti certaminis pro totius
Regni splendore ita adepturum, vt omnes in gloriam Regis
nostri passim exclament, *Iustitia Regis Ludouici* XIII. *Ecclesiæ*
propugaculum, pax populorum, munimentum gentis, terræ fœcunditas, sola-
tium pauperum, hæreditas filiorum, & sibimet spes futuræ beatitudinis.
Parcamus igitur lachrymis nihil proficientibus , & tua com-
mendatione luceat in hoc regno scientia illa regia, quam Regi dicaui, quæ operi copulata in summâ vitiorum emenda-
tione perfectæ virtutis sit indicium. Fugiamus nouum genus
illud portentorum in cunctis Galliæ ordinibus , qui eadem
pœne omnes faciunt, quæ fœcisse se plangunt. Pereat consuetudo illo inueterata apud nos, quæ aliud exprimit, quàm
quod in corde habet. Confundatur prudentia huiusce sęcu-
li, quæ, dum verbis præterita mala luget, sensu futura medi-
ratur, ne amplius ex sermonibus nostris exeat condemnatio,
cúmque graui maledictione, *Oratio nostra fiat in peccatum.* Duo
sunt genera hominum, quos odio perfecto, & religioso pro-
sequor , Hæreticos scilicet qui sub titulo religionis regnum
inuadŭt, & Obturbatores veritatis, qui litigandi, non iustitiæ

tradentes vias, omnia furfum, deorfúmque mifcent, & Prælatos purificandis Clericorũ moribus intentos ita à propofito auocant, vt Ecclefia in fumma impunitate criminũ exclamet: *Ecce in pace amaritudo mea amariſſima: Amara priùs in nece martyrum, amarior poſt in conflictu hæreticorum, amariſſima nunc in moribus domeſticorum.* Faue ergo, vir bone, precibus negotiofi Mercatoris, & apud fanctos, vt cum Efaia loquar, domini Dei Miniftros animi benefici vota fuffragio tuo confirma. Sic enim fiet, vt Iuftitia fecundum Regni leges vnicuíque in expedito, & quafi præfcriptionis compendio diftributa fublatis odijs priuatis, & publicis, omnes ad Dei cultum, & venerabile Regis obfequium potenter accendet: Ita fe res habent humanæ, minuunturáue iura, quoties glifcit poteftas, nec vtendum eft imperio, vbi legibus agi poteft. Vna ergo fit in audacia exequendi operis falutis noftræ fpes, & fiducia, nec amplius fabiana cunctatio confilium moretur. Quæro Regis Confiftorũ, nihilque difficilius exiftimo, quàm primam vocem emittare. Epiftola enim cõmendatione omni deftituta, & calumnijs expofita nihil agit: Sed fi fermonem vultus, geftus, voxáue ipfa femel commendent, non dubito me ijs fulminibus rationis illuminatæ, quæ è cœlo continuis longo tempore euocaui precibus, victorem malitiæ forenfis fore. Lenta remedia, & fegnes Medicos non expetunt hæc tempora, vel mori ftrenué, quàm tardé conualefcere melius eft. Confidera ergo rem iftam magni momenti intenfa ad inueftigandũ cogitatione, nec te vlla faufti euentus diffidentia teneat, quin viri afflicti, non hebetati, confilia foueas, & amplectaris. Non ambigo quidem te ifta deplorare, quibus percuffus aliquando doluifti, fed fruftrà illud, fi non & emendare ftudueris. Sic enim facias hortor, nec te vnquam ad ifta duraueris quælibet

C ij

vſu, vel aſſiduitate. Magna fortaſſis loquor in miſerâ non hominum, ſed ſeruorum turbâ, qui propriæ vtilitati ſacrificantes omnia mouent, nec promouent, conantur, & non perficiunt, enïtuntur, & non obtinent, tentant, & ab ripiuntur, & vbi incipiunt, ibi deficiunt. Sed patienter amplius agere, & peſſimæ ſeruitutis iugum diutiùs ſuſtinere non datur. Quod ſi quis me temerarij, aut inſipientis nomine notandum putat, contra eum me ſic tuetur Apoſtolus: *Ergo ſi ad huc hominibus placerem, Chriſti ſeruus non eſſem.* Sed alia iterum ratio ſuſcipiendi operis me ſollicitat, quòd ſine ſcandalo res iſta poteſt peragi coram Rege, & ſelectis ex tribus Ordinibus viris illuſtribus, cùm nihil in cauſa mea velim, & omnia in profectùm vtilitatis publicæ exequar, voluntati omnium, qui bene de Regno mereri volunt, omnino deditus, ne quenquam ex propriâ offendam. Timerent forſitan huiuſce rei euentum multi, qui comedunt populum, tanquam cibum panis, ſed hîc erit ſinis Epiſtolæ, quem ſpero Deo iuuante vitæ meæ futurum; *Quis dabit ex Syon ſalutare Iſraël? Dum auertit Dominus captiuitatem plebis ſua, exultabit Iacob, & lætabitur Iſraël.* Vale.

Serenitatis tuæ ſeruus humilimus,
FRANCISCVS MARCHANT.

A MONSEIGNEVR LE CARDINAL
DE LA ROCHEFOVCAVT.

MONSEIGNEVR,

Ie ne veux point me rendre curieux de la vanité desOrateurs de ce siecle, qui caiolent sur les miseres de la France, & ne reduisent iamais les choses en vn meilleur estre. Ces considerations sont éloignees de la simplicité de ma vie, qui ne sçayt que c'est de mesdire. Ainsi laissant cela à part, ie dis, qu'il n'y a qu'vn mot en la cause de la restauration de l'Estat par le restablissement de l'ancienne discipline en l'ordre de la Iustice, de laquelle, comme d'vne source fœconde de tout-bon-heur, doit venir en ce Royaume le bien vniuersel des trois Ordres. La verité est en ce point, & tout ce qu'on sçauroit faire d'ailleurs, ne contribuera qu'au rengregement de nos maux : Vous le sçaués, Monseigneur, & vostre esprit bien instruict en la science des Loix diuines, & humaines, vous oblige d'en aduertir le Roy iuste en ses conseils, & magnanime en l'execution de ses commandemens. Est-ce pas vne conclusion infaillible de l'Escriture, laquelle sous le nom de la Vertu figure la Iustice, ainsi que l'abregé de toutes les belles choses ? Or comme il n'y a moyen de la faire regner, que par l'obseruance inuiolable de ses loix, il est temps de fermer les voies à la licence, laquelle en a faict littiere, & assujecti toutes choses sous vn faux nom de puissance à des fureurs intolerables. C'est l'Aumosne generale, que les trois Ordres attendent de la conscience du Roy, & sur tout l'Eglise, & les pauures trop opprimez par l'Heresie, & la Chicane

D

vnies enſemble, pour la diſſolution de la Religion, & la ruine
des Loix politiques. Et ſi ma voix pauure, & foible n'eſt capable de vous émouuoir, écoutés celle de S. Bernard à Roger
Roy de Sicile, pour la faire valoir, & retentir aux aureilles de
ſa Majeſté Tres-Chreſtienne. *Entendés patiemment ce qu'endurent les*
fidelles ſeruiteurs de Dieu, oyés-les, & en compatiſſant à leurs infirmités vous
regnerés auec eux. Il ne faut point mépriſer ces gents, puiſque le Royaume des
Cieux eſt à eux par droict de precipu, & de grace ſinguliere ſur les autres.
Faictes-vous de tels amis, afin qu'en quittant voſtre Royaume ils vous ouurent
la porte du Ciel, pour regner eternellement auec Dieu. Il y a de la difficulté dira-on, en l'entrepriſe, pour la faire heureuſement
reüſſir. On parle touſiours ainſi, quand il eſt queſtion de bien
faire, & iamais ne voit-on de ferueur, qu'aux actions d'intereſt, & de vaine gloire. La deffience aux grands deſſeins, qui
ont la Croix de noſtre Seigneur ſur le front, n'appartient
qu'à des gents laſches, & coüards. Eſt-ce pas la conſideration
ſalutaire, que faiſoit encore ce meſme eſprit admirable en ſes
conſeils eſcriuant au Pape Eugene? *Il ne faut pas, diſoit-il, qu'en vne*
cauſe publique, & d'vn tel poids, que vous marchiés tiedement, voire en
crainéte, puiſque la voix du Sage nous admoneſte, qu'vn fort eſprit s'eſleue en
la difficulté des choſes, qui s'oppoſent à ſa gloire: La neceſſité d'ailleurs en
des maladies deſeſperees ne nous oblige-elle pas à tenter tou-
tes ſortes de remedes, puiſque les plus grands perſonnages de
l'Eſtat ont quitté la partie? Mais c'eſt trop parlé: Il eſt temps
de voir des effects de la Sageſſe, laquelle ſe manifeſte par les œu
ures, & meſpriſe les paroles, qui volent en l'air, & ne laiſſent
apres le diſcours, qu'vn grand meſpris des Harangueurs.
C'eſt mon talent, & la ſcience, que ie profeſſe publiquement,
pour eſtablir vne ferme paix en ce Royaume. Socrate ſ'eſti-
moit heureux pour pluſieurs choſes, & entre les autres, de ce
qu'il eſtoit animal raiſonnable, & Athenien. Ie paſſe plus a-
uant, & repute non ſeulement à honeur d'eſtre François, mais

encore d'eſtre doüé d'vne raiſon lumineuſe apres auoir paſſè
la force de ma vie en miſeres, pour apprendre par mes propres peines à ſauuer mon païs des abominatiós, que l'Hereſie,
& la Chicane y ont faict prouuigner, & en rapporter maintenant la gloire, & la benediction à la memoire eternelle de
mon Roy. Et puis qu'il ne reſte, que de faire voir à la France
les effects de la ſcience Royale, que i'ay dreſſé pour vn ſi grand
ouurage, tendés-moy les bras, Monſeigneur, qui aués l'honneur de guider le Conſeil du Roy , & en me conciliant l'audience deuant ſa Majeſté, preparés ſa conſcience de la part
de Dieu à l'examen ſerieux d'vne ſcience, qui ſera vn threſor
de benedictions pour immortaliſer ſes vertus : Si le conſeil,
que i'ay pris, eſt humain, il ſera d'effaict ſans doute en la confuſion du ſiecle : S'il eſt de Dieu, comm'il eſt en verité, il ſera
beni, & produira de grands biens. Mais puiſque ce mien deſſein ſerieux veut eſtre naïuement repreſenté, pour gaigner la
creance qui le porte à vne bonne fin , ie vous diray, Monſeigneur, apres auoir proteſté, que ie ne ſuis ny cenſeur, ny flatteur, ny touché d'aucune paſſion, qu'entre toutes les ſciences,
i'ay côſideré ayant recueilly mon eſprit en l'eſtude de la Verité, la Theologie, la Medecine, & la Iuſtice, ſans faire aucun
eſtat de toutes autres choſes : Pour la Theologie, comme ſon
object eſt infini , ie me ſuis reduict à cet auis de S Hilaire parlant de Dieu, & de la Religion, *Pietas eſt non ambigere, Iuſtitia eſt cre-*
dere, ſalus eſt confiteri. Quand à la Medecine, elle a les Loix bien ordonnees , & neantmoins il les faut quelquefois changer, qui
faict, qu'vn ſçauant, & ſage Medecin eſt vn riche threſor.
Mais la ſcience de la Iuſtice eſt admirable en ce point , qu'elle
a des regles eternelles, perceptibles, viſibles, & d'vn effect égal:
Il y en a d'autres, leſquelles ſelon le temps il faut changer, &
accommoder, le plus rarement qu'on peut neantmoins ; ainſi

D ij

que S. Auguſtin m'a appris : C'eſt l'office d'vn Roy ſage,
auquel ſeul cette puiſſance a eſté donnee de Dieu , n'eſtant
loiſible à autre perſonne , de rien alterer des Loix humaines
pour quelque cauſe que ce ſoit: Voyla, Monſeigneur, la pure
verité ignoree par les Romains , & qui n'a iamais eſté connuë
par nos Legiſlateurs , leſquels nous ont enueloppé dans des
toiles, tiſſuës, non d'Ordonnances , mais d'ænigmes, de cauteles, & de ſophiſtiqueries : Et de la eſt venüe la confuſion du
Royaume, auquel encore on voit ce mal-heur, qu'vne Loy eſt
receüe en vn lieu, & non en l'autre, bien que par tout elle n'aie
autre force, que le bon plaiſir des vns, & des autres.

Ce ſujeÆ, Monſeigneur, ne me permet pas de m'eſtendre,
& veut eſtre expliqué naïuement de viue voix : Ie ne veux
offencer perſonne , auſſi eſt-il vray, qu'en cette matiere les
diſcours ny vaillent rien : Il ſe faut accommoder aux hypo-
theſes du deſordre particulier ſur l'vn , & l'autre , & en faire
des theſes d'ordre, & de bien vniuerſel: L'Eſtat n'eſt pas com-
poſé de pierres, ny d'arbres : C'eſt la multitude des hommes,
qui faiÆ la Monarchie , pour eſtre maintenüe en paix ſous vn
Roy de Iuſtice égale à ſes ſujeÆs

Et pour expliquer cecy clairement, & par ordre, côſiderés,
Monſeigneur, que toutes les contentions d'entre le Conſeil,
& le Parlement ne ſe font éleuees iuſqu'à l'excés du ſcandale,
que par l'abandonnement, qu'à faiÆ le Conſeil des Loix de la
Monarchie, & du ſalut des ſujeÆs du Roy bleſſes à mort par
l'euerſion des Ordónances, des Couſtumes, & les oppreſſions
manifeſtes : Car ſi aux rencontres particulieres le Conſeil,
l'auÆorité duquel eſt vne auec la puiſſâce ſouueraine du Roy,
euſt practiqué l'auis de Dauid en vn Pſeaume conuenable à
la iuſtice de ſa Majeſté, *Iudicabit Pauperes populi, & ſaluos faciet filios
Pauperum, & humiliabit calumniatorem,* nous n'euſſions veu vn nombre
infini

infini de familles perdües, & abymées dans les iniquités publiques. Est-ce pas le point veritable de nos mal-heurs, &
des prodiges auenus en ce Royaume ? Dieu est-il pas infaillible en ses paroles, & sa iustice n'est-elle pas eternelle ? Le deuoir du Conseil du Roy n'est-il pas d'executer religieusemét
cette parole du mesme Prophete ? *Tibi derelictus est Pauper, Orphano
tu eris adiutor.* Voila le suject naïf de mes miseres : I'ay parlé
à des personnages, que ie pensois en verité estre des Anges
auec leurs paroles, & leurs escrits : Mais apres auoir faict vne
abstraction du genie des hommes, ie n'ay presque trouué, que
des colosses d'orgueil, & des idoles d'auarice. I'en demeure là,
pour vous dire, Monseigneur, qu'ayant cherché la iustice,
i'ay trouué ma ruine : Or si i'eusse rencontré la protection,
que la droicture de ma cause desiroit, le Conseil eust étouffé le
plus grand mal, qu'on puisse conceuoir en l'ordre de la Iustice. Ie demande encore raison du tort, qui m'a esté faict, & à
mes enfans par l'expoliation de mon bien contre les Ordonnances, & par vne voye abominable, qui sont les cas reseruées
au Conseil du Roy. La Iustice m'est-elle pas deüe, & de son
effect la pauure Noblesse ruinee sur tout par les mesmes voyes
ne sera elle pas consolee, & deliuree d'vne insurportable tyrannie ? I'ay dressé deux Loix sur ces sujects, dont mes infortunes, que ie sçay mieux, que celles des autres jaçoit
que semblables, m'ont ouuert le bien inestimable, au profit
commun de plusieurs pauures affligés. En vn mot, Monseigneur, parlons encore auec Dauid, *Iudicâre Pupillo, & humili, vt non
apponat homo vltrâ se magnificare super terram.* C'est la seule voye de
Dieu, laquelle comm'elle a esté abandonnee par la dissimulation du Conseil, nous sommes tombés dans le precipice du
desordre, & des mouuements fondés sur ces altercations, qu'-
on a mesme employé dans les derniers traictés. Ie laisse l'ex-

E

emple des Atheniens sur le suject de ceux, qui s'estoient laf-
chement abandonnés entre les mains de Philippe, lesquels
furent declarés indignes de grace, pour vous asseurer, que si
vous ne faictes vne iustice exemplaire à l'Eglise, & aux pauures opprimés selon les sujects, Dieu y pouruoyra par la rigueur de ses iugements. I'ay dressé pour cet effect vne Loy
generale, qui est la base des autres, à la suitte de laquelle est la
decision par vne autre Ordonnance du different de M.
l'Euesque d'Angers auec le Parlement, lequel il conuenoit
faire vuider en son espece, & non pas donner lieu à vn autre
scandale auenu le iour du S. Sacrement, comme tousiours il en
arriuera, puis-que la cause du mal n'a esté abolie, ainsi qu'elle
pouuoit estre aisement par vne Ordonnance du Roy, auquel
seul il appartient de reigler les puissances de son Royaume,
quoy faisant d'vne hypothese on eust tiré vne these, laquelle
eust terminé les plus grandes contentions d'entre l'Eglise, &
la Iustice, qui finiront aussi-tost que la loy que ie propose aura esté examinee, n'y ayant point de difficulté qu'elle ne soit
reçeüe. Il y a cent ans, que ces prodiges durent, & on en est
encore à ouyr vn bon mot: Vous aués auec le corps du Clergé presenté requeste au Roy, pour mettre ordre à ces diuit-
sions, & vous aués conclu contre vous-mesmes. I'ay veu les
actions dudict sieur Euesque d'Angers, qui s'est estendu en
vne cause sans difficulté, en laquelle on doit se reserrer. Ce
n'est pas assés d'auoir bon droict: Il se faut defendre selon
l'ordre necessaire, & sur tout pour obtenir la victoire, il est
besoin de connoistre les forces, & les ruses de ses ennemis: Les
parades vous perdront en cecy, & si vous passés les barrieres,
que Dieu, & nos Roys ont estably entre l'Eglise, & la Iustice,
vous ne ferés qu'exciter du trouble: La fin de non receuoir

ne reçoit point de meſlange de droiƈt: Il faut mourir la, & ne
iamais paſſer cette borne, qu'on dit auoir eſté franchie par le
ſieur Eueſque d'Angers, pour ſ'eſtre pourueu au Parlement
au cas ſpirituel, dont maintenant il veut decliner: Il faut en
ces affaires vn grand ordre, & comme ie parle en Theologien,
en Aduocat, & en Iuge, ie feray voir à ceux, qui voudront diſcourir à la mode, qu'ils ſont ignorants, & malings, ſ'ils con-
teſtent la diſtinƈtion des deux puiſſances. Ie connois bien la
force des eſprits de la France, & vous aſſeure, que c'eſt peu de
choſe en la ſcience de la verité politique: On ne faiƈt que parler, & apres des ſept, huiƈt, & dix iournees on ne voit rien: I'ay
conféré ſur ce ſujeƈt auec aucuns de Meſſieurs les Prælats,
ſans aucune concluſion: I'ay d'ailleurs toute ma vie ouy au
Palais des propos ſur les aƈtions des Superieurs en l'Egliſe,
pour les cauſes dont ils auoient connu, qui n'ailloient, qu'à
leur blaſme. L'Hreſie ſ'eſt eleuee par ces fineſſes, & les controuerſes n'ont faiƈt que r'enflammer ſa rebellion contre Dieu,
le Roy, & l'Eſtat, qui eſt la vraie matiere de toutes les Seƈtes,
& ſingulierement de celle, qui nous moleſte. Ie connois ſes
renardiſes, & apres que i'auray expedié la Chicane, elle aura
ſon paequet I'ay vécu parmy les Prouinces infeƈtees, & ſçay,
que cinq ou ſix Loix de l'Egliſe remiſe en ſa liberté luy don-
neront vn grand aſſaut. Mais ie laiſſe cela, pour vous découurir le iugement admirable de S. Cypriain eſcriuant à Roga-
iain, ſur la cauſe dudiƈt ſieur Eueſque à l'honneur de l'Egliſe maintenüe en ſa puiſſance, & à la conſeruation de la digni-
é Epiſcopale. *Quod ſi non aliquid audere contra Deum poſſumus, qui*
piſcopos facit, poſſunt & contra nos audere Diaconi, à quibus fiunt? Et ideò
portet Diaconum, de quo ſcribis, agere audaciæ ſuæ pœnitentiam, & honorem
acerdotis agnoſcere, & Epiſcopo præpoſito ſuo plena humilitate ſatisfacere.
Iæo ſunt enim initia Hæreticorum, & ortus, atque conatus ſchiſmaticorum

E ij

malè cogitantiũ, vt sibi placeant, vt Præpositum superbo tumore contemnant:
Quòd si vltrà te contumelijs suis ex acerbauerit, & prouocauerit, fungêris circa
eum potestate honoris tui, vt eum vel deponas, vel abstineas. Quand aux
calomnies ordinaires des Palais contre les Superieurs de l'E-
glise, il faut connoistre de leurs actions aux lieux establis pour
cet effect, & iamais ne s'auancer à en dire du mal, ains traicter
la cause en vne modestie conuenable à l'Eglise : Il y a assés de
matiere, pour occuper les gents de la Iustice à reformer leurs
mœurs, sans entreprédre sur la moisson d'autruy, qui ne leurs
a pas esté cómise: Il faut honorer les Prælats, & suiure en cela
l'exemple de IESVS-CHRIST : *Dominus etiam noster ipse Rex, & Iudex,*
& Deus noster vsque ad Passionis diem seruauit honorem Pontificibus, &
Sacerdotibus, quamuis illi, nec timorẽ Dei, nec agnitionem Christi seruassent:
Docuit Sacerdotes veros legitimè, & plenè honorari debere, dum circa falsos
ipse talis existit. Ie ne passeray point outre ayant resolu d'ouvrirau
Roy, les moiens de restablir l'auctorité de l'Eglise, & du Conseil si puissamment, que la paix en sera d'vne eternelle duree.
I'honore les Parlements, & entr'autres celuy de Paris d'vn si
bon cœur, que si i'estois re-connu de sa Majesté auec creance
de parler, ie l'exhorterois de combler de graces cette grande
cópagnee, ainsi que l'Empereur Antonin le Philosophe practiqua autre-fois enuers le Senat Romain, auec cette condition implicite, de garder soigneusement les Loix, & de faire
bonne iustice. I'obmets les autres biens, que par-cy par-là
i'ay conçeu par autres quatorze Loix vniuerselles pour tous
selon les plus grands maux du Royaume, & singulierement
de la Noblesse, & du pauure peuple, qu'on deuore sous les Ormeaux par des Bacchanales, comm'vn morceau de pain, dont
la France receura tant de joye, que si ses plaïes pouuoient estre
reduictes à six, les quatre mortelles seront fermees auec asseurance d'vne entiere guarison des autres: Il faut remettre l'innocence du commerce dans ce Royaume, & donner iour aux
tenebres

tenebres de nos Palais par des Oracles lumineux. Lés Estats
ne se restaurent pas en la façon, que gardent les Harangueurs
ignorants les causes essentielles du mal, & contribuans de leur
part à l'accroissement du desordre par la vanité de leurs paroles, & la malice de leurs actions. Ie sçay le bien, & le mal,
m'estant retiré du Palais, pour conceuoir parfaictement les
Loix de la Iustice, de laquelle vn chacun discourt, & neantmoins personne n'en sçayt la science: Ie ne parle point des
gents de bien, qui ont la iustice empraincte dans le cœur,
mais de ses Ministres, qui suiuent vn train corrompu, & ne
gardent pas ses Ordonnances C'est la voix de S. Hilaire:
Iustitiæ sermo cōmunis est, sed æqui iudicij studiū, & consuetudo pauçorū est.
Les Vierges Vestales à Rome apprenoient, faisoient, & puis
enseignoient les mysteres de la Religion: Toutes choses ont
leur temps: Les hommes des professions, que i'ay mené, font
maison, & ne trauaillent qu'à la grandeur de leurs familles:
La mienne est faicte des l'eternité, & vous asseure, que iamais
la terre n'a saisy mon cœur. Ie le dis en verité apres des labeurs effroiables despuis trente-deux ans en peine, & misere:
Que si ie souhaite quelque credit pour finir mes iours, & faire
valoir mes bons desirs, mon esprit se lasse du loisir, & de la tyrannie, ayant eu ce desplaisir, qu'estant n'auré à mort, on a
voulu rendre ma tres-humble plaincte criminelle. Ie ne sçaurois d'ailleurs bien faire, si vous ne me conciliés l'auctorité, laquelle en plusieurs occasions feroit voir des biens singuliers
de mes conseils: La Verité n'est pas en regne: Il faut estre ap-
puyé, & d'ailleurs c'est faire iniustice à mes enfans, que de leur
rauir la memoire d'vn bon nom, & la bienueillance publique
auec la grace du Roy, puis-que i'ay trauaillé genereusement
pour sa grandeur, & la prosperité de l'Estat. Ie n'ay point

thesaurisé pour eux, les ayant laissé à la Prouidence de Dieu, comme ie represente au Roy par vn discours, que ie vous confie: Il y va de la paix de l'Estat, qu'on tasche tousiours de mutiner par les pretextes des iniustices publiques. C'est la voye, que practiqua Absalon voulant rauir le Royaume à Dauid son Pere, & iamais ne fust que la plainéte du mauuais train de la iustice, qui est aussi necessaire aux hómes, que le pain, n'aïe seruy de matiere aux faétions publiques dans la France. Car, comme le Philosophe Arcesilaüs disoit, que la plus grande sagesse de l'hóme consistoit en ce point, de se garder de surprise en ses affaires, & qu'vn chacun voit, que tout est confus dans les Palais, le desespoir se leue dans les cœurs accompagné d'effroyables crimes, dont lors que i'escriuois ces propos i'ay veu au siege de Saumur cette histoire tragicque. Vn pauure ieune homme reduiét à la fureur d'vne extreme necessité, s'estant porté à vouloir offencer vn homme au Palais, qui luy faisoit iniure, & trop d'iniustice, estant surpris sur le faiét non executé a souffert vne honteuse mort, pour n'auoir eu moyen de plaïder, & endurer le long martyre de l'expoliation de son bien auec opprobre. Mais il est besoin pour remettre l'ordre d'auoir vn esprit fort, qui propose le bien, & le mal, & conclüe par des Ordónances, lesquelles estant examinees par des gents vertueux soient inuiolables. Les autres assemblees de morgues, de parades, & d'interests particuliers sont calamiteuses, ainsi qu'elles ont tousiours esté dans la France sur des sujeéts, qui n'ont point de difficulté, cóme sont les contentions d'entre l'Eglise, & la Iustice, ausquelles il n'y aucune raison. Cet homme tant desiré parle à vous, Monseigneur, par bonne fortune, & sans iaétance oseray-ie vous dire, que tous les esprits du Royaume en cette matiere, s'ils veüillent mallicieusement

ſe bander contre moy. me ſont vn, & cet vn, ainſi que rien.
L'Egliſe d'ailleurs apres vn ſi grand choc a neceſſité d'vn eſprit nourri dans les affaires, qui releue ſon auctorité, & l'affer-
miſſe politiquement ſans autre intereſt, ſelon que ie practique
allendroit de l'Ordre, duquel i'ay pris le ſoin. Les Religion-
naires ont des gents pres du Roy, qui ſont touſiours aux a-
guets, pour conſeruer leurs Edicts : Le temps eſt fauorable, &
ce qu'on peut deſirer entierement ſe rencontre. Le Roy eſt
bon, iuſte, & courageux, ayant en grand'horreur vos contentions auec les Parlements, & la matiere de la reſtauration de la
liberté de l'Egliſe ne fuſt iamais ſi belle par le comble du deſordre, qui faict la voye à vn meilleur eſtre, non par des Ar-
reſts particuliers du Conſeil, mais par vne Loy generale con-
certee auec le Parlement, ainſi que vous aués experimenté y a
quatre ans en vne bône cauſe, qui ſucceda mal par la licéce du
ſiecle. Que ſçauroit on deſirer d'vn Prince Souuerain autre
choſe, que ſa bonne volonté ? Qui a recommandé Traian ſurnommé le treſ-bon pour ſes vertus, que les actions qu'il faiſoit par l'auis de ſon Conſeil ? La Iuſtice naiſt auec les Roys
pour la direction de leurs conſciences, ainſi que cette lumiere
eſt communiquee par la nature à tous les hommes : Mais la
Legiſlation, qui en épand le bien, & l'vtilité parmy les Eſtats
eſt vn don particulier, qui ſacquiert par l'eſtude, & l'expe-
ience des affaires en l'exercice de la iuſtice, ſi bien que tout ce
qu'on doit raiſonnablement attendre des Roys eſt, d'auoir vn
on Conſeil, puiſ-que de là vient le bon heur, ou le mal-
eur des Royaumes.

Comme donc vous tenés, Monſeigneur, le gouuernail du
Conſiſtoire du Roy, & qu'en cette qualité vous eſtes obligé,
on ſeulement de bien deſirer, mais de faire par-cy par-là de

belles actions en la reſtauration de l'Eſtat, laiſſés les ſouhaits
dans les Cloiſtres, & aux perſonnes priuees, pour apprendre
par voſtre exemple à ceux, qui ont la puiſſance en la main,
qu'il n'y a point d'excuſe, qui les ſauue de la complicité
des crimes & malefices publics, ſ'ils n'y mettent ordre:
*ô quàm teneræ eſt, & delicata militia, ſolo amore de criminibus reportare
victoriam!* Ie vous ſeconderay d'vn bon cœur, & vous aſſeure,
que ſi i'eſtois deliuré de l'oyſiueté, qui me tüe, vous verriés de
belles choſes pour la iuſtice dans ce Royaume. Il faut dans le
Conſeil des gents, qui aient roulé par les charges au Prouinces
apres l'exercice du Barreau, pour bien connoiſtre ce qu'on
peut faire, ſans entreprendre aucune choſe, dont la fin ne reſponde au commancement. C'eſt mon eſtude, & le fruict, que
i'ay cueilli au deſert apres de grands labeurs au cours de ma
vie, & ſingulierement deſpuis que ie ſuis retiré du Barreau,
pour m'adonner aux myſteres de la iuſtice, & en appliquer les
reigles ſur les miſeres du pauure peuple: I'ay eſté alleché a ce
trauail par vne demonſtration veritable, que le Roy peut plus
ayſement remettre ſon Royaume en vne bonne diſcipline par
le miniſtere d'vn ſage Conſeil, apres la reſtauration des Ordonnances, que le plus ſimple pere de famille ne ſçauroit policer ſa maiſon. Ie ne quitte point d'ailleurs la priſe, & me
rends ignorant de toutes choſes, pour ſçauoir parfaictement
les moyens d'executer ce que i'entreprens.

Excuſés, Monſeigneur, la licence de ma plume, qui ſ'arre-
ſte, pour vous aſſeurer, que la ſcience, que i'ay dreſſé à l'honneur du Roy,, & dont i'eſpere, que vous luy ferés entendre
bien, eſt capable de faire des merueilles: Ie cherche le repo-
dans le trauail, & ma fœlicité ne peut eſtre, que dans les combats: Ie ſuis y a long-temps dans l'eſchole de l'humilité, & de
ſouffrance

ſouffrances, mais maintenant que ie trouue l'occaſion, ie m'expoſe au public, pour concilier l'Egliſe auec la Iuſtice par vne
voye legitime. La Neceſſité m'a eueillé, & voyant vn meſchant triompher indignement de mes deſpoüilles, ſans que
perſonne me donnaſt la main, i'ay faict cette reſolution, de
gaigner la creance, qui me fraïera les voyes par des actions
vertueuſes, à quelque contentement, pour finir ma pauure
vie. Vous ne ſçaués le mal de la France qu'en idee ; Entendés-
le en effect, par la cónoiſſance des remedes, que i'y ay preparé
en charité, en verité, & en ſageſſe : C'eſt le conſeil de S. Bernard, par les paroles duquel ie vous ſupplie, Monſeigneur,
de ne pas meſpriſer les auis d'vn deſert religieux, & de
les recueïllir, ainſi que des fruicts delicieux. *Experto crede,*
diſoit-il, aliquid amplius inuenies in ſyluis, quàm in libris : Ligna, & lapides
docebunt te, quod à Magiſtris audire non poſſu : An non putas ſugere te poſſe
mel de petra, oleumque de ſaxo duriſſimo ? An non montes ſtillant dulcedi-
nem, & colles fluunt lac, & mel, & valles abundant frumento ? Dieu
veüille, que vous voyés ces paroles d'vn œil ſi fauorable, que
i'entende de voſtre part les meſmes propos, que i'ay quelque-
fois veu dans ce Pere deuot : *Quid opus eſt verbis ? Feruens ſpiritus, &*
vehemens deſiderium aperiri ſcriptura ſola non ſufficit; Loquantur nobis affe-
ctum tuum, lingua, & reliqua membra: Præſens meliùs, & innoteſces nobis, &
nos cognoſces : Iam dudum ab-inuicem tenemur alterutrum debitores, ego fi-
delis curæ, tu humilis obedientiæ: Probet vtrùmque, ſi placet, opus, & calamus:
Ie m'arreſterois, Monſeigneur, en ce lieu, ſi vous n'attendiés
quelques particulieres demonſtrations de ces propos, qui
promettent merueilles en general, & n'expriment pas aſſés
clairement les choſes, pour forcer les eſprits à la creance d'vn
ordre en la confuſion publique. Vous fiſtes le ſemblable y a
cinq ans, que ie m'eſtois propoſé de procurer à l'Egliſe ſon
ancienne liberté, ayant appris d'vn bon Religieux, qu'à l'a-
bord du diſcours, qu'il vous preſenta ſur ce ſujet, vous trou-

G

uiés le deſſein excellent, mais que vous ne remarquiés pas le moyen preſent, pour le porter à vne fin heureuſe. Ainſi en arriue-il touſiours aux ouuertures de reſtauration, deſquelles on veut voir l'yſſüe ſans progrés, & pluſtoſt qu'on aie exami-né patiemment les cauſes du mal, & du bien. C'eſt la raiſon, qui m'oblige de me deſcouurir plus nüement que ie n'ay fai&, & ſans circuit vous enchainer dans vne verité, qui fera de puiſſants effe&s.

Conſiderés donc, Monſeigneur, l'erreur des hommes em-ployés à la Politique deſpuis le ſiecle du Roy Louys XII. que ie prens pour obje& d'vne ſainéte police, de peur de me perdre dans vne foreſt d'hiſtoires, & de contemplations. Ils ont veu le mal commencer par-cy par-là, & n'y ont donné aucune oppoſition. Les Harangues ont eſté les armes, qu'on a pris pour defendre la corruption dans les Palais, & de là ſont venus nos maux, & les calamités de l'Eſtat. La preuue de la propoſition n'eſt-elle pas manifeſte par les Loix, qu'on a donné en vne telle multitude, qu'elles n'ont ſerui, qu'à pal-lier les oppreſſions publiques? Et, ce qui faut conſiderer auant toutes choſes, il n'y a aucun fondement eſtabli pour au&tori-ſer les Ordonnances du Royaume, tellement que les concep-tions des plus ſages ont eſtè fondees ſur le ſable mouuant de la volonté humaine. Par exemple, lors qu'on a commencé les vſurpations ſur la puiſſance, & la liberté de l'Egliſe, qui a de-fendu les cauſes particulieres deuát le Roy, qui en eſt le Iuge, & l'Arbitre ſouuerain, & qui eſt celuy qui d'vn faiét particu-lier aie tiré vne concluſion ſolide, pour en faire vne Loy clai-re, & nette, pour la diſtin&tion des deux puiſſances, laquelle eſt fixement eſtablie par les Loix de Dieu, & de noſtre Monar chie: Ie paſſe outre, & reuiens à la concluſion de voſtre reque-

ſte, par laquelle vous laiſſés encore à regler auec les Officiers
du Roy ce qui ſuruiendra pour les appellations cõme d'abus,
enquoy vous faictes preiudice notable à l'Egliſe, laquelle eſt
ſouueraine, & tient ſa puiſſance immediatement de Dieu, ſans
que directement, ou indirectement elle depende de perſonne,
que de la protection du Roy, qui la conſerue, & maintient,
ainſi que tous les Roys ſes maieurs ont faict en ſon auctorité
naturelle. C'eſt pourquoy il faut ailler d'ordre en ce regard,
& ne pas tant ſ'auancer, qu'on entreprenne vne ſeule cauſe,
qui aie de la difficulté, comm'il y a des differents mixtes, qu'il
faut demeſler apres auoir gaigné le fort de la iuriſdiction,
puiſſance, & franchiſe de l'Egliſe, ce qui doit pareillement
eſtre gardé en la reſtauration des mœurs corrompus par vne
longue habitude, de peur qu'en voulant tout auoir on perde
tout. Ainſi n'aurés-vous point d'aduerſaires, & le Parlement
reprendra les voies auſquelles il eſtoit en l'an 1535. pour condemner les appellations comme d'abus aux cas illicites, & les
noter de couuerture de calomnie, iniquité, & malice. Que ſi
vous procedés par cette voye en la cauſe de l'Egliſe, & des
oppreſſiõs obominables du Royaume, ie vous feray voir à l'inſtant des miracles, par la fin des plus grands maux, auec aſſeu-
ance d'vne entiere fœlicité autant qu'on la peut deſirer en
ſeu de iours. Ie parlerois de la Nobleſſe, & du peuple ſelon
es ſujects, qui regardent les vns plus que les autres: Mais il
ſuffira de donner contentement à tous, par des Ordonnances
ſleines de conſolation, & d'vne vtilité publique. I'ay donc
our cet effect propoſé à ſa Majeſté, de me gratifier de la char-
e d'Aduocat general de l'Egliſe, & des pauures dans le Con-
ſil, afin d'auoir le moien aux rencontres particulieres d'em-
raſſer leurs cauſes, au cas ou il doit agir, pour étouffer vn mil-

G ij

lion d'iniquités par le bien de quelques exemples seueres, lesquels s'épandront, comm'vne huile de benediction, tantost en
vn païs tantost en l'autre, & refreneront la malice des hómes:
Et passant outre aux occasions on verra des Loix vniuerselles,
& les Ordonnances de la Monarchie en vn si bel ordre, que,
le tenebres de la Chicane estans dissipees, la Iustice florira, &
regnera puissamment parmy toutes les compagnees. Ie n'espere de là, que peine, & trauail, qui finira en peu de iours, ne
desirant rien, que d'apprendre à ceux, qui auront de bons desirs les secrets de la iustice, & d'en rapporter le contentement
dans ma solitude, apres en auoir jouy, & restabli à mes enfans
le bien, qui leur est iniustement raui. Cette occupation est
espineuse, mais en Dieu soit mon esperance, qui m'a donné
sa saincte Croix pour heritage, & m'a preserué d'vne entiere
ruine. Si donc ie parle confidemment ne vous en estonnés
point, Monseigneur, puis-qu'en vn mot mon esprit regorge
de science, & d'experience, & ne cherche qu'à trauailler courageusement pour l'honneur de Dieu, la benediction du Roy,
& la fœlicité de l'Estat. Vous pouuès luy donner vn grand
secours par vostre merite, & les dignités, que vous auès au
Monde, dont si ie sens quelque effect gratieux ie vous seray
obligé, ainsi que,

MONSEIGNEVR,

Vostre tres-humble seruiteur
FRANÇOIS MARCHANT.

A MONSEIGNEVR LE CARDINAL
DE LA VALETTE.

MONSEIGNEVR,

I'ay defiré paffer la meilleure partie de ma vie à vous fecourir au feruice de l'Eglife : I'eftois attiré par deux fortes confiderations à ce mien fouhait : L'vne eftoit la beauté de voftre efprit, l'autre auoit pour object l'au-ctorité, que vos grandes dignités vous donnent en l'Eglife, pour en releuer l'honneur, & l'ancienne liberté : Ie iugeois d'ailleurs, que vous eftes appellé en vne Prouince infectee, plus qu'aucune autre, de l'Herefie, & que i'aurois moyen d'employer les richeffes fingulieres de l'entendement, que Dieu m'a departi en l'vne & l'autre Legiflation, diuine, & humaine. Il me fouuient fur ce fuject du traicté, auquel le Roy S. Louys obligea Raymond Comte de Thouloufe d'abjurer l'Arrianifme, batailler contre les Heretiques, reftablir les biens de l'Eglife, & maintenir inuiolablement fes droicts, pour vous dire, que fa Majefté, non moins zelee à la gloire de la Religion Catholique, Apoftolique, & Romaine, defire ardemment de voftre follicitude, que vous trauailliés à remettre l'ancienne difcipline dans l'Eglife, pour abbattre puiffamment le Caluinifme fi fort enraciné dans vos Diocefes, qu'en fe feruant du train de toutes les Herefies, il eft infolent contre Dieu, le Roy, & l'Eftat. I'auois d'ailleurs remarqué dans S. Hilaire, que Conftance Augufte auoit exercé fa fureur contre l'Eglife de Thouloufe, faifant foüetter les Clercs, & commettant plufieurs cruautés, dont ie tirois cette conclufion, que

H

vous auiés vne belle moisson de gloire, pour domter cette fa-
ctieufe coniuration de l'Herefie puissante dans vostre Prouince, & fujecte à ces defordres plus qu'aucune autre du Royaume. Mais, comme les chofes defirees ne m'ont iamais fuccedé,
ie me refolu viuant pauurement de posseder mon ame en fa
patience, & d'attendre de Dieu feul le fecours, pour la confolation de ma famille. Ainfi me laissant manier au S. Efprit,
en ay-ie tiré cette richesse, que par fa grace i'ay formé vne
fcience d'operations, & de vertu miraculeufe, pour faire voir
à fa Majesté des effects reels du bien general, qu'attendent
les trois Ordres du Royaume en l'exercice de la Iustice. Il est
temps de voir regner cette fainéte Deesse fous vn Roy iuste, &
de chastier les rebelles aux Loix, que Dieu par fa Prouidence
a ordonné, pour la distribution d'vne fi fainéte manne auec la
prudence de cet oracle, *Parcere fubiectis, & debellare fuperbos.*

Que fi les chofes ont passé cy deuant en grand defordre,
ne nous rendons point curieux de ces fecrets, mais embrassons
maintenant d'vn cœur magnanime le bien, qui fe prefente en
la restauration de la France, par les effects d'vne fainéte Legiflation. I'ay ouy quelquefois parler delicatement de ces miferes, mais ie n'ay appris aucune conclufion de bien effectif, &
folide. Quittons ces voyes, & venons nettement au point de
la paix entre les trois Ordres, laquelle ne peut estre establie
que par le regne de la Iustice. Et puif-que Dieu vous a éleué
au grand honneur de l'Eglife, & comblé de biens, fecourès-
moy en la refolution que i'ay fait, de la defendre, & les pauures, des perfecutions de l'Herefie, & de la Chicane, & vous
asseurés que fi fa Majesté est preparee à la connoissance des
Ordonnances, que i'ay dressé pour cet effect, ie fauueray les
hommes de mille, & mille mal-heurs, qui les font viure en

langueur. C'eſt l'honneur du Roy, auquel ie ne ſçaurois cō-
cilier vn plus riche éloge, que d'eſtre protecteur des pauures,
& ſi i'oſe parler plus naïuement auec S. Bernard addreſſant
ſa voix à Conrad Roy des Romains, d'eſtre Aduocat de l'E-
gliſe. On dit de Cinna Romain, qu'il eſtoit temeraire en ſes
deſſeins, & homme en l'execution : Ie luy laiſſe la premiere
qualité, ayant baſti mes entrepriſes ſur la Sageſſe, pour luy
enuier de viue force la ſeconde, par des combats ſi genereux,
que vous admirerès la victoire, que ie public hautement auec
toute aſſeurance, des ennemis de Dieu, du Roy, & de l'Eſtat.
Ie dis des ennemis, puiſ-que la Chicane, qui ſert aux meſchás
de couuerture, trouble l'ordre de la iuſtice, & en ſuite la paix
en ce Royaume.

Ie ne doute point, Monſeigneur, que vous ne ſoïés
ſtonné de voir vn diſcours ſi ſerieux ſortant d'vn homme viuant dans les bois en vn grand meſpris du Monde,
& ſur tout des Harangueurs ſur le mauuais train des Palais de
la France ſans aucune ouuerture d'vn meilleur ordre. Mais
comme vous eſtes ſçauant, & courageux, ie ne vous laiſſeray
point que ie n'aie triomphé de voſtre conſentement à la iuſtice de mes vœux. Ie commenceray pour ce ſujet par l'excel-
ence, & la dignité de l'ame cree à l'image, & ſemblance de
Dieu, qui ne ſe plaiſt qu'en vne meditation ſolide des con-
luſions, par leſquelles ſe guindant dans le Ciel, elle em-
raſſe, & comprent les choſes en leur pureté, & verité premiere ſans meſlange d'aucun intereſt humain, qui puiſſe ter-
ir, & alterer ſa beauté. Or comme ce n'eſt pas mon deſſein
e philoſopher, ie n'entreray point auſſi dans les queſtions
e la creation de cett'ame, & infinies choſes ſubtiles, & cu-
euſes, mais venant au point des demonſtrations politiques

selon les sujects, que i'entreprens d'ordre, ie dis qu'en faisant
vn rapport de ces discours aux vocations de Dieu il n'y a chose si aisee, que de monter à la cime de la connoissance telle que
l'homme la peut auoir en ce monde par trois degrés. Le premier est vne parfaicte humilité iusqu'au neant ; qui conduit,
& mene l'esprit dans la marche de la verité, en laquelle l'ame
ne s'est pas si tost placee, qu'elle ne vole au troisiesme degré
de la charité, & compassion, qui luy faict contempler Dieu,
non seulement dans les ouurages de la Nature, mais aussi dans
les premieres idees du Monde intellectuel, pour en tirer des
enseignements si parfaicts, que tous les discours humains ne
les sçauroient combatre. Qu'elle science donc sçauriés-vous
figurer en des esprits, qui n'ont aucun sentiment d'humanité,
& ne se plaisent, que dans l'orgueil, & l'auarice, pour paroistre
plus excellents que les autres par des marques perissables, &
d'vne matiere caduque ? Est-il pas certain, que ces gents sont
les vrays aueugles de Tertulliain, lesquels, en ne voyant pas
ce qui est, pensent voir ce qui n'est point ? Ie passe outre auec
S. Bernard, & dis confidemment, que la verité du Monde est
fausseté, & que la plus certaine proposition est vne pure cauillation. Car comme les choses corporelles ne sont que fan-
taisies, & imaginations, l'ame qui ne sort point de sa prison
par vne puissante éleuation est tousiours vuide de raison, &
en suite de raciocination, qui faict qu'aux plus simples affaires
elle ne voit goutte, & est despourueüe de sens commun en ses
discours. Ie ne sçaurois accommoder cette verité naïuement
sur des exemples, que peut estre on ne me fit quelque reproche
d'aigreur, ou de censure. C'est pour-quoy ie me contenteray en general de dire, qu'en la cause de l'Eglise on a autre-
fois trop voulu prendre, & que maintenant contre les vsur-
pations,

pations, dont elle se plaint, ou n'y procede point par l'ordre
conuenable pour étouffer ce sophisme inueteré, qu'en cherchant la liberté de l'Eglise, & sa puissance legitime, on veut
blesser l'auctorité du Roy, puis-qu'en effect il n'y a suiect plus
excellent, pour la rehausser, & releuer iusqu'à la diuinité,
que la manutention de l'Eglise en ses franchises, liberté, &
droicts de iuridiction, selon que tous nos Roys ont re connu.
Que si ie publie vn thresor de science pure, & nette, pour
concilier les grandes dissentions de l'Estat, Dieu m'en a donné l'asseurance par des graces d'vne vocation parfaicte, & la
connoissance des principes eternels, & immüables de la iustice, dont i'ay composé la science Royale, que i'offre à Dieu, au
Roy, & à l'Estat, ayant quicté les autres choses, voire m'estant
abandonné moy-mesme auec mes enfans à toute sorte de miseres, pour viure immortel par l'excellence des Loix. Et puis-
qu'il ne reste, que d'examiner ces verités, favorisés celuy, qui
se dit de bon cœur,

MONSEIGNEVR,

Vostre tres-humble seruiteur,
FRANÇOIS MARCHANT.

LA SCIENCE DES SCIENCES,

A MONSEIGNEVR LE CARDINAL
DE RICHELIEV.

MONSEIGNEVR.

Ie n'ay point poſé ſur la face de ce mien diſcours vn titre ſuperbe, & glorieux, pour vous deceuoir, & abſtraire finement par ſa lecture des grandes occupations, auſquelles vous eſtes employé. Ces artifices ſont éloignés de mon eſprit aymant la verité auec la iuſtice, comme ſon ſouuerain bien en vn honeſte liberté, laquelle me permet de vous dire, que vous n'aués point veu en tous les liures ſacrés, & prophanes la ſcience, que i'ay formé par la prouidence de Dieu, qui m'a élu, & choyſi, pour la reſtauration des abus, & defauts, que la voix publique deteſte y a tant d'annees en l'exercice de la iuſtice. Et afin que cette propoſitió paroiſſe claire ment en ayant ſouſmis l'examen à voſtre ſerieux iugement, ie laiſſeray les prologues aux Comœdiens, les oraiſons aux Enfans, & les declamations aux Sophiſtes, pour vous mener à la connoiſſance parfaicte de ma vocation, dans laquelle giſt l'eſperance de mes labeurs en vn ſiecle confus, & qui ne garde aucun ordre, ny diſcipline. Car autrement ſi en la ſimplicité de ma vie ie voulois me releuer par les moiens de la prudence humaine ie perirois d'abord, comm'au contraire Dieu eſtant le ſeul object de cette mienne entrepriſe pour ſa gloire, la benediction du Roy, & le ſalut de l'Eſtat, i'eſpere qu'elle reüſſi-

K

ra heureusement, & que l'audience fauorable, delaquelle doit
venir sa perfection, ne me sera refusee en la presence de leurs
Majestés, & de quelques personnages vertueux choysis des
trois Ordres, si mes vœux sont honorés de vostre graue, &
puissante approbation.

Ie sçay, qu'il siet mal de parler de soy-mesme, mais la Necessité excuse le Medecin, qui publie l'excellence de son art,
comme pareillement l'homme politic ne peut enseuelir dans
le silence ses bonnes, & salutaires conceptions, qu'auec vn
grand crime enuers Dieu, son Roy, & son païs. I'ay dailleurs
en la côduicte de mes actions choysi deux singuliers maistres,
& conseils S. Paul, & S. Bernard, lesquels m'ont appris de rapporter courageusement les afflictions épouuentables, que i'ay
souffert de la malice du Palais coniuree à ma ruine à l'amour
de Dieu, lequel apres m'auoir humilié par ce genre de tribulations, qui me sont plus sensibles que les autres, a illuminé
mon entendement d'vne science admirable, en ne me laissant
par vn secret iugement aucun moien de me sauuer, qu'en con
seruant la France des mesmes calamités. Ce sont les passe-
temps ausquels maintenant ie me delecte, non côme faisoient
les anciens Philosophes, qui se miroient en la vanité de leurs
actions, mais à ce seul dessein de magnifier les œuures de Dieu,
& d'employer le thresor, qu'il m'a liberalement departi, en
preuenant mon ame par sa misericorde, en la secourant par
sa grace, & en la consommant en science par sa gloire, pour
le salut de l'Eglise, & des Pauures, qu'vne furieuse Chicane
opprime, & anneantit y a trop long-temps sans aucun secours dans ce Royaume.

Le faict donc, Monseigneur, par lequel ie commence tousiours, pour fondre en des conclusions nettes, & solides, est tel,

que ie me fuis veu eſtant nè de condition noble , mais treſ-
pauure ſur le Barreau du Parlement en l'aage de vingt ans
ſans aucun autre patron , que la grace de Dieu , auec cet aduantage , que la voix publique re-connut à l'inſtant , que la Nature m'auoit faict vn grand Aduocat. Mais comme i'ay vne for
te inclination à l'amour de la iuſtice , & la ſcience de la raiſon
ſans artifice , voyant le train du Palais , auquel l'eſprit , & ſa
langue ne cherchent cōmunement qu'a faire maiſon par des
voies inſidieuſes , voire que l'honneur ſe balançoit à la meſure
des biens , qu'on y acquiert , mon eſprit reboufcha auſſi toſt
contre la profeſſion , & ſe porta à vouloir entrer dans l'Egliſe
par vn grand meſpris de ce que le vulgaire loüoit hautement.
Ie vy dailleurs que les affaires du Palais ſont vn neant priſes
en leur ſimplicité , & que les plus ſingulieres actions de cette
charge admirable , quand elle eſt dignement faicte , ailloient
à panægiriſer des perſonnes pour de l'argent , que i'euſſe liberalement blaſmé. Et comme toutes les voies de ſortir de cette
carriere , que i'auois en hayne. m'ont eſté fermees durant dix-
ſept ans par le defaut de quelque Theſee , comm'elles ſont encore pour le ſeruice de l'Egliſe , à laquelle ie ſuis conſacré , la
Neceſſité my retint menant vne vie noble , & qui n'a iamais
aimé le bien , que pour combatre la pauureté. Apres cela me
ſentant outré dé la playdérie , ie pris reſolution de prendre
vne charge de Iuge , pour rapporter la ſcience , & l'experience
de ma vie au ſecours des Pauures , que i'aime affectueuſement,
par le pur , & naïf exercice de la iuſtice. La Prudence m'appel-
oit ſortant du ſeminaire des dignités à la qualité de Maiſtre
les Requeſtes , en laquelle ie pouuois entrer ayant lors aſſés de
moien pour y paruenir , ou à quelque charge de Lieutenant
general en vne Prouince , comme i'en auois trouué , mais re-

connoiſſant que parmy les grandes compagnees il y á plus de
faſt que de verité, ie choyſi vn petit Office en vne ville ou ie
n'auois aucune habitude, ſur la conſideration des Ordonnances de Philippes le Bel, & Charles V, leſquels auoient ſagement arreſté, qu'aucun ne ſeroit Iuge en ſon païs, ainſi que
Marc Aurele en auoit ordonné des Gouuerneurs des Prouinces par vn Edict étendu deſpuis aux Conſeillers, & Aſſeſſeurs,
& qu'il ſe practique encore dans quelques Royaumes. Ie con-
ſideroïs auſſi, que voulant reſtaurer l'ordre de la Iuſtice en
mon détroict ie fleſchirois plus aiſement vn petit corps qu'vn
grand, comme ie fy au ſoulagement de pluſieurs perſonnes
miſerables. Mais auſſi toſt la Chicane ennemie de Dieu, &
des Loix ſe reuolta contre moy, & me promena durant deux
ans au Conſeil, au Parlement, & au grand Conſeil, & par
tout à Paris par treze inſtances, qui me firent connoiſtre parfaictement le genie de ces compagnees, lequel m'a ſeruy pour
compoſer la Science des Sciences, que i'expoſe au public. Ces
tempeſtes pouuoient ſubmerger vn plus fort vaiſſeau que le
mien, mais Dieu m'en deliura, & me fiſt la grace de re-tourner
victorieux dans ma famille, que i'auois abandonné auec grande deſpenſe pour la conſolation du peuple. I'oublioïs à vous
dire pour vne rencontre fatale, qu'eſtant pourueu de ma charge ie fus huict mois auec ce deſplaiſir cuiſant, que ie ne pu
preſter le ſerment pour des conſiderations, que i'ay enſeuely
dans le tombeau des deux ouuriers du mal, qui me penſa faire
mourir.

Voyla, Monſeigneur, vn grand orage leué au commencement de ma nauigation, mais ce n'eſt rien quand vous en aurés faict conſideration auec la fin prodigieuſe, & ſans exemple
de ſemblable miſere. Car penſant viure en repos, & auec

douceur,

douceur, ie me suis veu durant huict ans si furieusement agité, que ie ne pouuois dire auoir vne seule fonction libre, les parties, les Aduocats, les Procureurs, & les Greffiers fuyants de moy auec raison, pour les embusches qui m'estoient dressees à leur dommage, & qu'il n'a iamais esté en mon pouuoir de surmonter par humilité, patience, & courage, en parlant, & escriuant pour ma defence tout ce qui se peut dire par libres remonstrances. Ainsi est-il auenu, que i'ay esté contrainct auec opprobre de quicter mon Office à discretion apres auoir veritablement perdu plus de quarante mille liures au prix, & à la despense. Cette bonne fortune a esté accompagnee de trois maladies longues, & qui m'ont delaissé des souspirs auec autres incommodités, que la mort soulagera. Ie fuyois par tout dans la solitude, & cherchois les bois, pensant euiter le mal, qui s'augmentoit dautant plus, que l'esprit outré de douleur affligeoit le corps sans fin par des trauaux iour, & nuict, qui n'auoient autre object, que la vengeance contre la Chicane, par meditations continuelles des malheurs semblables aux niens, qu'elle faict souffrir à la France. Car mon desastre n'estoit point singulier, mais public, n'ayant vn seul ennemy, & estant aimé ou i'auois reçeu le mal causé par la confusion, qui regne au Palais, la Malice frappant à tors, & à trauers sans reconnoistre, & cette maudite maxime ayant passé, que l'octorité de la chose iugee surmonte la Loy, & que c'est crime de re-connoistre la verité.

Cet accident épouuentable en ses circonstances à vn homme de courage aymant Dieu, & ses creatures en vne noble vie ust suyui d'vn autre tel en vn mot, que i'ay esté contrainct de quicter ma substance auec plus de soixante mille liures de perte à la furie d'vn homme, lequel par des voies iniques s'ac-

L

commode d'vne terre de plus de cinquante mille escus à sa
volonté. La perte du bien est sensible à vne ame innocente,
&charitable, mais le proceder dont on a vsé me forçant à con-
fesser d'auoir reçeu ce que ie n'ay point veu est intolerable, à
quoy i'ay obey, dautant que tout mon petit auoir, qui a se-
couru ma famille, s'en ailloit abymé dans le gouffre des Chicaneries, qu'on me tramoit auec complot, si ie n'eusse preueu
le mal, leque est en estat d'estre guary à la honte de celuy, qui
l'a entrepris, & au soulagement de mes enfans, lesquels, ne peu
uent auec autres souffrir cette in ure, & oppression, laquelle
ie dois en charité vaincre auec la precedente par deux Ordonnances sainctes, & d'vn bien admirable, que la dissimulation, ou l'ignorance des causes veritables a enseueli dans les
plainctes publiques.

Vn ancien Rheteur durant cette persecution m'a faict voir
vn Pauure, lequel apres auoir perdu sa maison par le feu, que
la compagnee de gens-d'armes du Riche y auoit mis adiou-
stant à cette cruauté la mort de sa femme, & de ses enfans mas-
sacrès, vouloit mourir, si la Loy luy eust permis auec le droict
de la sepulture, qui luy estoit cher en l'abjection & au mespris de sa vie, laquelle estoit vne longue mort aggreable à son
ennemi se delectant en ses miseres. I'ay veu pareillement des
saincts personnages ébranlés par les afflictions ne respirants
que le Ciel pour en estre deliurés, mais en verité le seul contentement que ie cherchois en mes douleurs ailloit à ce but,
de sauuer vn monde d'hômes, que ie re-connoissois perir auec
moy par les mesmes calamités. Ainsi parlát, &escriuant de có-
té, & d'autre souspirois-ie apres mon salut, & celuy des pauures vainement, n'ayant iamais sçeu auoir audience en aucun
lieu, & autre response, comment i'auois quicté la moisson d'or

u Barreau, pour me charger de pénes,& miferes.

Ie laiffe ce difcours importun, pour vous dire, Monfei-
neur, qu'apres mille & mille tourments ie pris refolution de
uiéter le Monde,& me ranger à l'Eglife,pour viure caché en
uelque folitude fans aucun fouuenir des tempeftes paffees.
Ce defir fut auffi toft fuyui de la rencontre de l'illuftre defert
e Font-Euraud, auquel ie trouuay l'abftraction des compa-
nces d'vn côté, que ie defirois, & de l'autre les mefmes tourments, que i'auois fouffert, & voulois euiter, d'vne furieufe
Chicane, laquelle molefte cette maifon placee en vn lieu, ou
lle regne puiffamment.   A ce nouueau mal-heur n'ayant
rouué autre remede que la patience en vn trauail conftant
e fecourir cet Ordre, ie fus rebutté auffi toft par la mefme
uretté en vn defordre general des perfonnes releuees aux
remiers honneurs, qui m'obligea de me retirer apres auoir
aincu les dangers prefens, pour ny plus retourner,& vi-
re doucement en fuyant auec prudence ces occafions, contre
fquelles ie penfois auoir rencontré vne medecine fingu-
ere.   Mais apres quelque temps vn peu plus doux voicy en-
e les autres vn tourbillon, qui me repouffe dans les vagues,
 me faiét experimenter vn orage, lequel me diuifant de
oy-mefme m'a ofté tout fentiment de repos, pour viure
ans vn feu continuel cherchant à deuorer cete mal-heureufe
riffonne, qui a efté le fleau de ma vie, fans que iamais elle aie
aix auec moy,& que ie cherche autre contentement, que de
ngler à pleines voiles dans la mer rouge de fon fang au
ort de l'immortalité, que le triomphe de fes dépoüilles me
romet heureufement à l'honneur de Dieu, du Roy, & de
Eftat.

Ce faiét, Monfeigneur, eft tel, que playdant contr'vn te-

L ij

ſtament d'vn frere Sexagenaire extorqué artificieuſement
par vne ieune femme contre ſa volonté, la cauſe eſt aillec de
cette façon, que la prouiſion a eſté adiugee à la Veuue en attendant la deciſion du fons, choſe qui eſt equitable, & de
droiȼt, mais contre les principes de la iuſtice en ce point, qu'-
on luy a donné à caution curatoire. Or elle n'a rien, & le bien
eſt en meubles, qui faiȼt qu'elle ſe mocque maintenant, &
triomphe en vne mauuaiſe cauſe, ainſi que la verité iuſtifiera
conſiſtante en vn point de droiȼt, & de couſtume, qui ne ſçauroit eſtre obſcurcy. Ainſi m'en eſt-il touſiours aduenu par
des conſiderations cachees de la Iuſtice de Dieu, qu'on a em-
brouïllé toute ma ſubſtance, pour me reduire à ce point de
quiȼter tout à diſcretion, afin d'euiter la ruine, que ces conte-
ſtations d'vne longue ſuite, apres que la iuſtice a eſtè bleſſee,
tirent apres elles. Ie ne vous exprimeray point le reſſenti-
ment, que i'ay eu de cet aȼte, lequel ſous le voile de la iuſtice
me porte au meſpris, & à l'opprobre d'vne pourſuite, pour
ne rien trouuer apres la viȼtoire contre les elements de la iuſtice, qui vueillent vne bonne, & ſuffiſante caution pour la
reſtitution. Il me ſuffit de vous aſſurer, que cette affliȼtion en
ma ſolitude officieuſe à vn grand Ordre, & aux Pauures, m'a
éueillé l'entendement, & faiȼt connoiſtre la verité d'vn propos de la Sageſſe eternelle, que les bons deſirs tüent en fin
l'homme pareſſeux. Car il eſt vray, que ma laſchetè en la
diſſimulation des graces, que Dieu m'a communiqué pour
bien-faire en la Iuſtice, eſt iuſtement punie par ces iniquités,
deſquelles ie ne me reſſouuiens, que pour en tirer la raiſon
dans le Conſeil, auquel il appartient de connoiſtre de ces
aȼtions, afin que par tels exemples de cenſure l'oȼterité des
Ordounances, & des maximes fondamentales de la Iuſtice

ſoit

ſoit reſtablie au dommage des Chicaneurs, & à la honte de ceux, qui les fauoriſent. Ie ne vous diray point, qu'elles ont eſté les ſaillies de mon eſprit en mes complainctes à Dieu, & les douces reſponſes, que i'ay eu de ſa part en la ſouſmiſſion parfaicte de mon cœur à ſa volonté par les conſeils de Dauid accompagnés des auis de mon maiſtre S. Bernard, qui m'a apris de bien diſcerner l'eſprit de Dieu d'auec celuy du Seducteur au milieu des tempeſtes d'vne ame offenſee, laquelle ſi elle n'eſt retenüe par la forte bride de la patience en ſa mediation de la Croix ſe tranſporte en fureur aux deſirs de la vengean ce ſous pretexte de la droicture de ſa cauſe. La perte du bien eſt faſcheuſe, mais le meſpris eſt beaucoup plus cruel, & tire apres ſoy cette conſequence, ainſi qu'il m'eſt auenu, que l'orgueil nourry par ces iniquités ferme les voies à l'accõmodation, & confirme vn eſprit rebelle à la raiſon en ſon iniuſtice. Ie n'abonde point, Monſeigneur, en mon ſens, & moins ſuis-ie ſingulier en mes opinions, tenant au contraire les choſes douteuſes pour perdües en mes affaires, & iamais ne m'eſt auenu d'auoir eſté touſché d'aucune obſtination aux procés, que i'ay en horreur, comme choſe honteuſe, & indigne du Chreſtien, quand il peut par les voies douces ſ'en expedier à ſon dommage. Mais Dieu a permis que ie me ſois inſtruict par mes propres miſeres, & que dans les iniquités extremes, que la Malice du Palais m'a faict endurer, la douleur ſie tellement agité mon eſprit, qu'il ne ſoit plus que verité, iuſtice, ordre, & raiſon pour la conſolation de la France trop deſ-honree par les infinies, & abominables actions de la Chicane. On dict, que Fundanus vertueux Romain, & qui menoit vne vie liberale ayant perdu vne ieune fille la veille de ſes nopces fuſt tellement tranſporté par ſa mort, tant il

M

44

l'aymoit, qu'il quicta les exercices delectables par lesquels il
s'entretenoit en la societé de ses amis, pour estre tout-pieté.
Exemple certes, lequel doit frayer la voie à la verité que ie
publie, qu'apres le long martyre des martyres en l'expoliation de mon bien auec opprobre, iniure, la desolation de mes
enfans, & des accidents continuels, qui me menassent d'vne
entiere ruine, i'ay voüé aux pieds de la Croix en vne effusion
de toutes les puissances de mon ame, de n'auoir autres pensees,
ny cogitations sur la terre, que la restauration de l'ordre de
la iustice, pour la gloire de Dieu, la benediction du Roy, & le
salut de l'Estat, & d'estre en vn mot tout-iustice. Or il est
vray, que la parole n'a point esté plustost laschee en vne grande amertume des pechés de ma vie, que ie n'aie senty vne paix
interieure en mon ame consolee par les graces de Dieu, lequel
me faisant voir Daniel en ses bons desirs, Noé en sa iustice, &
Iob en sa patience, m'a donné des assurances infaillibles, que
les bonnes intentions de ma vie au salut des Pauures persecu-
tés par la Chicane produiront en vne pleine patience des
fruicts delicieux de iustice, & en suite de paix en ce Royaume.
C'est la vocation, de laquelle ie me pare contre le Monde fol
en ses imaginations, & brutal en ses œuures, afin de guaigner
les cœurs, & preparer leurs Majestés de la part du grand Dieu
à l'audience de ce qui n'a iamais esté dict, & reuelé en ce Royaume, par ordre, & selon que la sagesse d'vn homme d'Estat
sçauiant, & expert en l'vne, & l'autre Legislation le doit
representer.

Ie sçay que mon entreprise est haute, & plus releuee, que tou
te la sagesse du Mõde, mais vous verrés en effect qu'elle n'est
rien pour moy, & que la Toute-puissance de Dieu, qui m'a appellé à cette victoire doit assurer les mécreans, que les effects

fuyueront pas à pas les propofitions. Les Anciens en leurs
grâdes actions fe feignoient yffus de quelques Demy-Dieux,
pour attirer le Vulgaire, incapable des chofes grandes à la
creance, & moy au contraire fuyant cette vanité ie n'ay autre appas, que la feule grace, & bonté de Dieu, de laquelle i'ay
eu tant & tant de témoignages interieurs, & exterieurs, que ie
ne fçaurois en confcience douter d'vn fauorable euenement.
Vn Theologien dans l'efchole defireroit de moy vn difcours
diffus de ma vocation, & de l'examen, que i'ay du faire auant
que de le publier, mais comme la Theologie legale, & politique que ie profeffe perfuade puiffamment par les œuures d'v-
ne verité actuelle, vifible, & qui tombe fous les fens, ie me có-
enteray pour la preuue de cette mienne vocation, en laquel-
e, comme i'ay dict, i'eftablis le fort de mes efperances, de deux
demonftrations fingulieres, & parfaictes La premiere refulte
de l'exemple de Moyfe, lequel ayant efté choyfi de Dieu,
pour annoncer fes commandements en l'ancienne Loy, defira
les arguments fi nguliers de fa miffion, ainfi qu'il en eut plufieurs, pour la manifefter: Ils ne me croiront pas, difoit-il, ils
ne voudront pas écouter ma voix, ils diront, le Seigneur ne
luy eft point apparu: La feconde eft de Iefus-Chrift, lequel
quoy que Dieu en l'eternité s'eftant incarné pour le falut du
genre humain s'eft affujecti à la mefme loy de vocation, proteftant que les Iuifs euffent efté fans peché, fi par les œuures
I ne leur euft faict voir clairement, que fon Pere l'auoit en-
uoyé. Ie ne doute point qu'en rapportant ces deux exemples,
qu'on ne fçauroit contefter, à la conclufion de la preuue de
ma vocation, qu'vn efprit maling ne m'accufe auffitoft de
prefomption, pour la cófideration de la grandeur de Moyfe,
& de Iefus-Chrift mediateurs des deux teftaments, & allian-

ces de Dieu auec les hommes, mais quand vous aurés entendu, que ie n'en parle que par honneur en vne profonde humilité, & veneration, pour assurer constamment au public, q̃ ne par les œuures de la iustice ie feray voir, que l'esprit de Dieu agit en moy, i'espere que vous approuuerés mes conceptions, pour en faire vn examen equitable, & conforme au suject. Ie sçay quel est mon interieur, & passant outre il est vray, que si Dieu exterieurement ne m'eust conserué ie fusse en proye y a long-temps, n'ayant eu secours, ny assistance, que de sa seule grace en vne persecution capable de renuerser de grandes familles, & troubler les plus forts esprits. Et pour dire en vn mot, si ie fay voir sans controuerse la verité cachee en tous les siecles de la science de la iustice auec vne applicatiõ solide de ses conclusions sur les maux incurables au iugement des plus sages, par des effects d'vne meilleure disposition, en attendant la conclusion de tout bien en l'ordre de la iustice, n'auray-ie pas satisfaict à la proposition que ie fay en vn desespoir public, d'auoir esté élu de Dieu apres vne milice de trente-deux ans sous les étendarts de la Iustice pour le bien des Pauures, sans iamais auoir sorti de la droicte carriere, pour restaurer les grands abus, qu'on pallie sous le nom de sa saincteté?

Il n'est donc question que de venir au point de la vocation, laquelle, auant que de vous manifester les erreurs des hommes de nostre siecle au faict de la restauration de la iustice, i'establis sur la lumiere de la Science des Sciences, que vous verrés clairement m'auoir esté communiquee par vne singuliere grace. C'est la verité, laquelle ie ne sçaurois persuader, que par le conseil de S Augustin, qui m'a appris que le nombre ternaire appartient à l'ame, & le quaternaire au corps, & donc l'auis de fonder cet ouurage sur les trois bases, de la Charité,

de la

de la Verité, & de la Sageſſe, leſquelles ſont ſi fortes, que la Chicane de l'Enfer vnie auec celle du Monde ne les ſçauroit choquer, qu'a ſa honte, & ignominie. Ainſi m'eſtant abſtraict de moy-meſme ay-ie pris cette reſolution fixe, & immüable par les admonitïons de mes deux maiſtres S. Paul, & S. Bernard, de ne plus reſpirer, ny penſer à autre choſe, qu'à ſeruir Dieu en ce ſujeĉt, qui tend à deliurer ſingulieremēt l'Egliſe, & les Pauures de la ſeruitude du Palais au grand honneur du Roy, & au bien general de mon païs. Ce deſſein eſt plus puiſſant, que celuy des Anciens, leſquels ont ſouffert la mort pour le ſalut de la Choſe-publique, & par la celerité de cette péne ont immortaliſé leurs noms. Car en effeĉt i'ay renoncê non ſeulement à la terre, & abandonné le ſoin de ma famille, que i'ayme paſſionnèment, mais encore me ſuis-ie expoſé à la hayne, & aux embuſches, que de part, & d'autre le bien-faire reçoit de la malice d'vn ſiecle tres-inique, pour viure ſans repos en vne occupation ſur-paſſante tous les labeurs, qu'on ſçauroit exprimer, & qui n'a autre contentement, ſi la fin eſt rapportée au Monde, que douleur, pauuretè, & opprobre.

I'ay donc, Monſeigneur, d'abord inſtruiĉt encore par S. Ambroiſe temperé mon zele, & l'ardeur d'apprendre par cy par là de belles choſes dans les liures, qui ſont les doux paſſe-temps de la vie humaine, afin de profiter à la plus ſimple creature, pour laquelle Ieſus-Chriſt eſt egalement mort, comme pour la plus riche. I'auois cueilly de belles fleurs en diuers iardins delicieux, leſquelles eſpandües en vne rame de papier ont eſté conuerties en cendres, pour les diſtraĉtions, quelles apportoient à mon eſprit diffus, & ſans aucune force en vne varieté d'objeĉts, afin de les reſerrer dans le centre de la iuſtice, & de rapporter toutes les lignes de ſes facultés à ce

N

feul, & vnique point. I'ay efté porté à cett'action par Velleius Paterculus admirable entre les Romains, lequel m'a faict voir clairement les caufes de l'ignorance de la fcience politique, non feulement dans les Palais, mais parmy tous les hommes. Car comme l'xcellence de l'efprit ne fe contente iamais, foit que l'émulation le reueille, ou le defir d'apprendre chofes nouuelles, il eft vray, que la legereté de fes occupations en diuers fujects luy rauit le contentement de la perfection en vn particulier, ce qui fe remarque plus en la profeffion de la iuftice qu'en aucune autre, dautant que ce trauail eft infiny, ingrat, & tellement épineux, que lors qu'on penfe bien fçauoir quelque chofe, on n'en a apperçeu que l'ombre, le corps eftant caché par la malice humaine ennemie de fes regles, & contraire à fes loix. Ainfi ay ie remarqué defpuis que ie fuis entré dans le temple de cette deeffe Themis, que fes Sacrificateurs apres auoir paffé toute leur vie au Palais ne cónoiffent aucunement les myfteres, & l'ordre, qu'il conuient garder, pour la faire regner puiffamment entre les hommes. Nos Loix rendent des témoignages affurés de cette verité, n'y en aiant vne feule, qui ne foit confufe, & qu'on ne puiffe appeller d'vn mot bien diuers à celuy, qu'on leurs a donné d'Ordonnances, defordre, & ænigme. Il en eft ainfi des Loix Romaines, pour cette confideration, que i'ay cy-deffus rapporté, que l'efprit vaguant par-cy par-là n'arrefte point le cours de fes penfees par la meditatió, en laquelle cóifte le fons de toutes les fciences. A cette maxime generale i'en adioufte vne particuliere, & diuine de S. Bernard, lequel m'a monftré en tous les fiecles l'ignorance de la fcience de la iuftice au Palais, comm'en vn miroir cryftallin de trois confiderations: La premiere, que ces gents n'apprennent communement les myfteres de la Iuftice,

que pour déguifer, & faire profit de leurs langues, & des ouurages de leurs mains auec cette cruauté, qu'ils ne donnent
que du vent de difcorde pour de l'argent, au lieu que les plus
niques Marchants,quelque prix qu'ils impofent aux étoffes,
n donnent toufiours de telles quelles. Ie fçay, qu'il y a de
gents de bien, mais il n'eft pas en leur puiffance de contenir
es Miniftres de la Iuftice en leur deuoir, fi l'oftorité des Loix
n'eft affermie par des maximes d'ordre,& de raifon appliquees
ur les grands refforts des negoces humains, ioinct dailleurs,
que les voix font contees, & qu'il y a toufiours plus de peruer-
ité dans les efprits que de bien. Propofition fi veritable, que
es effects n'en font que trop conftants dans les Harangues
les plus illuftres perfonnages de la Iuftice, & encore, chofe
que ie n'exprime qu'auec des larmes de fang, en la ruine gene-
ale de ce Royaume. Ne cherchés donc plus d'autres preuues
e mes propos, que dans l'Ambition, & l'Auarice du Palais,
ui offufquent tellement les yeux de l'ame, qu'elle eft en la
leine lumiere de la verité celefte connüe aux gents de bien
ans vne perpetuelle nuict de chimeres. La feconde demon-
ration regarde cette raifon nette, qu'il ne fe trouue point de
erfonnes au Palais,qui f'employent parfaictement à l'eftude
e la Iuftice, pour edifier en charité les autres par auis fingu-
ers, & qui foient encore portés d'amour enuers leur païs,
our aduertir les Roys, & les Princes fouuerains de l'ordre,
u'il faut tenir contre la Chicane aimee des hommes communement en ce Royaume, tellement que par diffimulation,
& conniuence toutes chofes vont au precipice du defordre.
e fçay,qu'il y a eu des Legiflateurs en cet Eftat dignes d'honeur,mais ils n'ont pas confommé leurs efprits en cette fcien-
e edificatiue,laquelle ne f'apprent qu'en l'abftraction parfai-

ôte de l'entendement de toutes autres penſees, à laquelle ils
ne ſe ſont adonnés durant leur employ en diuerſes fonctions,
ioinct dailleurs, que côm'ils ne ſçauoient pas le train de lama-
lice duPalais par experience, il n'a point auſſi eſtè en leur pouuoir d'y remedier par leurs actions ſinceres à la verité en leurs
principes d'intentions, mais d'efectueuſes en l'execution du
bien, duquel ils ne connoiſſoient pas les reſſorts. La troiſieme
demonſtration eſt, que tous les grands eſprits du Palais, & qui
ont eſtè portés aux plus auguſtes dignités de la Iuſtice n'ont
iamais voulu eſtre edifiés, & apprendre les moiens de bien
faire par· cy par-là de ceux, dont les inſtructions pouuoient
fauoriſer le bien public. I'ay re-connu cette verité eſtant en
vne charge publique, & voyant ce qu'il conuenoit faire pour
la Iuſtice, dont les effects ne pouuoient reüſſir, que par l'octorité de ceux, qui ont fermé les oreilles à mes deſirs, & par leur
dureté m'ont perdu auec le pauure peuple, lequel n'a iouy
des conſolations, que ie luy procurois en vne ardente charité.
Ainſi ay-ie appris à mon dommage quel eſt l'eſprit du Palais,
qui ne tend qu'à diſſoudre les principes de l'amitié entre les
hommes, & à faire reuolter la Nature contre ſes Loix, pour
conclurre delà, que cette malice eſt incapable de ſcience, & que
tous les diſcours, & eſcrits, qu'on faict en ce ſuject, né ſont que
des voiles d'erreur, & de menſonge, pour perſecuter hardimét
l'Egliſe de Dieu, & les Pauures, qui en ſouffrent de plus grâds
maux, que les autres, leſquels ſe ſauuent à la pareille des dangers. Qui peut conteſter cette verité, quand il aura recueilly
ſon entendement en cette maxime, que les œuures ſont les lumieres penetrantes dans les plus obſcures penſees des mortels,
& qu'on ne peut iuger leurs actions que par les fruicts? Si donc
il eſt conſtant au Palais, que la confuſion regne par tout, il
ne ſe fau

il ne faut point s'offenser, si ie verifie clairement, que ce mal-
heur procede d'vne double ignorance de la cōmune des Miniſtres de la Iuſtice, leſquels en leur propre méconnoiſſance
rencontrent naïuement l'inſcience de toutes choſes. Car qui
faict le deſordre, que l'anneantiſſement de l'ordre eſtably par
les Loix de l'Eſtat, afin de commander, & diſtraire de côté, &
d'autre ce qui eſt des Puiſſances ordinaires, auſquelles les
grandes Compagnees donnent de ſi mauuais exemples, que le
droict, & la raiſon ſont enſeuelis par tout dans des abymes de
cauteles, tromperies, fauſſetés, & ambages, auſquelles vn hō-
me bien-inſtruict en la ſcience des Loix diuines, & humaines,
eſtant guidé par la Charité peut donner auec l'octorité du
Roy vn treſ-grand remede.   Ne vous étonnés donc point,
Monſeigneur, ſi ie publie de grandes victoires ſous les enſei-
gnes de la Charité, laquelle m'a vny à Dieu par ſa grace, &
m'a faict reſoudre à ne plus viure au Monde, que pour ſa
gloire, & la deſcharge de la conſcience du Roy enuers luy, &
ſes peuples, ſans que iamais aie logé en mon cœur aucune
hayne côtre perſonne, mais ſeulement vn deſir bruſlant d'exterminer la Chicane, qui trouble l'ordre, & la paix de la
France. Ariſtide ſe plaiſoit en la pauureté, & par cette vanité
cherchoit le nom de Iuſte ſabandonnant à la miſere auec les
ſiens. Ie ne ſuis point en ces termes l'ayant touſiours fuy,
comme ie fais encore auec reſolution de pouruoir à ma conſeruation, & celle de mes pauures enfans par les voies legiti-
nes, entre leſquelles ie n'en voy point vne plus religieuſe que
celle de la Vertu, qui me prepare quelque ſecours, pour la reſtitution de mon bien, à laquelle ie tens par l'octorité du Roy
dans ſon Conſeil, auquel il appartient d'en connoiſtre. Il eſt
vray, que comme i'ay pery par faute d'audience en vn temps

O

inexorable, le despit, & la douleur m'ont animé à la recherche
du moien, qui me sauue auec vn monde de Pauures affligès du
mesme mal, & me prepare quelque grace au Monde, pour finir ma vie en vn repos d'esprit occupé à des choses vertueuses.
Ie veux dire, Monseigneur, en vn mot, que me voyant oppri-
mè furieusement par la Malice du palais i'ay leué les yeux au
Ciel, & me suis consolé en mon humiliation par prieres, & benedictions à Dieu, lequel en a ainsi ordonné, cherchant tousiours de part, & d'autre les moiens de secourir les Pauures,
& d'apprendre parfaictement en infinies conferences les ruses de la Chicane, & le genie des Magistrats, lesquels laissent
courir le mal sans y donner aucun ordre, afin qu'apres vne
solide connoissance des causes conferees auec les remedes i'aie
l'honneur de viure immortel en la memoire des hommes par
des actions genereuses, & tellement éloignées d'aucun interest
terrestre, que mon entendement soit du tout reserré en ce
point, de n'auoir en toutes ses cogitatiós autre but, que Dieu,
le Roy, & l'Estat. C'est la Philosophie, laquelle me tirant de
la terre par l'excés de la contemplation a illuminé mon esprit
de raison, & luy a donné la force de l'esleuer au Ciel, pour
conceuoir les principes de la verité, par les considerations du
Móde intellectuel, & des Idees eternelles, sur lesquelles Dieu
a establi le Monde sensuel en pois, en nombre, & en mesure,
pour ne point fleschir ny çà, ny là, ainsi que faict le Vulgaire
errant en ses plus serieuses pensees par vn amour démesuré,
lequel luy oste la connoissance de soy-mesme, & le trans-for-
me en beste par l'ignorance des plus simples choses. Est-ce
pas la voye, qui mene l'homme iuste iusqu'au Paradis, quand
par la vigueur de l'entendement à l'imitation de S Paul em-
brasé de charité il va cueillir dans les conseils de Dieu des

conceptions pures, pour difcerner le vray d'auec le faux, &
épandre liberalement au profit de la focieté humaine les graces, qu'il a reçeu felon fa vocation ? C'eft l'efchelle compo-
fee des trois degrés, que S. Ambroife m'a appris pour la confolation des gents de bien, lefquels du corps terreftre paffent à
l'efprit, & de l'efprit à la perfection fpirituelle, en rapportant
l'excellence, & la dignité de l'ame à la feule gloire de fon
Createur, auquel elle s'vnit par le lien d'amour fur la terre en
attendant la confommation de fa gloire dans le Ciel.

Ie paffe, Monfeigneur, de la Charité à la Verité, laquelle
m'a trauaillé par delà ce qu'on peut imaginer. Car f'il eft
ainfi, que le menfonge, le fard, & l'adulation foient les qualités effentielles de la mifere humaine, & que tout homme, fi ce
n'eft le Courtifan, foit menteur, ie vous diray ingenüement,
que i'ay penfé faire naufrage en mes bons defirs fur la difficulté, de les faire iuger droicts, veritables, & capables d'eftre
portés à l'execution, en laquelle confifte ma felicité. Platon
difoit, que le fouuerain bien de l'homme eftoit attaché à la
connoiffance de la Verité, mais vn Chreftien, qui fçait que la
Verité eft Dieu mefme, n'a autre object, que de la voir, & cô-
prendre, autant que l'infirmité de l'efprit alteré par les paffions du corps quelque force qu'il aie, le peut fouffrir. Que fi
en tous les objects du Monde la Vertu, & le Vice fe voyfinent
ellement, que les plus fages font bien empefchés à choyfir
aucunefois la meilleure partie, & fi dailleurs le Vray, & le
faux ont tant de rapports mefme en la fcience de la Iuftice,
que les plus affurees regles de la verité font combatües par
les raifons à double face, voire que le faux fe perfuade mieux
u Monde corrompu que le Vray, ie confeffe ingenüement,
que i'eftois confus en mes cogitations, fi S. Auguftin ne m'euft

53

déco uuert vn fecrect admirable, pour vaincre, & furmonter
la foiblesse des efprits, lefquels n'ont autre lumiere, que celle
d'vne Nature deprauee en l'amour du propre intereft. I'ay
donc cueilly ce doux fruict dans les conceptions diuines de
ce fainct perfonnage, qu'en toutes fciences il faut eftablir des
principes eternels, fixes, conftants, & immüables, auant que de
lafcher les voiles à l'entendement agile, & fi foudain, qu'aillant de propos en propos il fe confond foy-mefme, & fe noye
dans fes imaginations. Ainfi a-il triomphé de tous les Philofophes, lefquels, comme de grands animaux de gloire, n'a-
uoient en leurs difcours, & efcrits, que des ombres, & apparences de verité pour deceuoir la Commune ignare, & qui
fe laiffe pluftoft ailler par fon imbecillité aux niaiferies des
Charlants, qu'à des chofes folides d'vn efprit confommè en
fcience, verité que nous re-connoiffons tous les iours aux Predications, qu'on cherit dautant plus qu'elles ont de faft, &
de mouuements peu feants à des ames Apoftoliques. Ie vous
feray voir, Monfeigneur, en fon ordre les puiffantes forces de
ces demonftrations, mais auant que d'en venir là, ie vous fup-
plie de vous abftraire de vous-mefme, pour conceuoir la folie de ces ombres d'hómes, que l'Antiquité a honoré du nom
de Philofophes, & voir en ce fujeēt le mefme vice de noftre
fiecle babillard, & prefomptueux en vne confufion de propos, & d'efcrits, qui ne font qu'vne lourde, & groffiere ignorance. I'excepte toufiours de la propofition les decrets de
l'Eglife, defquels c'eft impieté, que de chercher curieufement
les confeils, puif-que le Dieu immortel les a confignè dans
des tables, que la malice de l'Enfer vnie auec celle de la Terre
n'abolira iamais. Quelle preuue de la propofition fçaurois-
ie faire plus claire, que par les actions de Socrate, lequel par
l'oracle

l'oracle d'Apollon prince des Dæmons, comm'il l'eſtoit des
Philoſophes, a eſté eſtimé le plus ſage de tous les hommes
en vne grande brutalité? Oyés Saluiain ſur ce ſujeᵴt, & il vous
dira, qu'il a faiᵴt vne Loy de communion des femmes, pour
eſtablir vne plus grande concorde dans les Cités, & en conſequence la mixtion des Enfans, ſans que perſonne puſt auoir
le playſir gracieux de re-viure en ſa poſterité apres la mort,
ne ſe contentant pas de le publier, ains le praᵴtiquant par la
tradition aᵴtuelle de ſa femme à vn autre, & faiſant des liures
de cett'ordure; En quoy il a excellé par deſſus Caton autre
Socrate d'Italie, lequel ſ'eſt tenu au crime, & n'en a point di-
ulgué l'infamie par ſes eſcrits. I'ay ſoigneuſement apper-
ceu le genie de toutes les ſeᵴtes des anciens Philoſophes, & en
celles n'ay trouué que de pareilles ignorances des cauſes du
bien, qu'ils vouloient apparemment eſtablir auec de beaux
pretextes, ainſi qu'eſtoit celuy de Socrate ayant pour objeᵴt la
dileᵴtion, en laquelle conſiſte, ſelon les Loix diuines, & humaines le principal lien de la ſocieté humaine. Ie laiſſe tous
les diſcours à vn autre temps de recreation, pour fondre en
vne concluſion parfaiᵴte, dont ie vous feray voir des preuues
ſans controuerſe, que Platon eſtimé diuin, Ariſtote, & tous
les anciens Philoſophes auec les Iuriſconſultes Romains ont
ignoré la verité de leurs profeſſions, & que tous leurs eſcrits
ne ſont que ſubtilités, & illuſions, pour deceuoir les eſprits
non affermis dans la conſtance, de ne quiᵴter iamais les voyes
de Dieu ſimples, & pures, pour ſuyure les Patriarches des Hæ-
etiques, & paſſer leur vie en vne eſtude ſterile, ingrate, & qui
ne donne aucune connoiſſance de la verité des cauſes premieres de l'ordre de la Iuſtice, pour viure entre les Chreſtiens en
amour d'vn vray Dieu, & entre les Payens en la loy de Na-

P

55

ture. Car ces Cajoleurs n'ont trauaillé, & bandé leurs esprits,
que pour acquerir des ornements de vaine gloire, ainsi que
nous voyons en nostre siecle, que les hommes par vne multitude de liures, & des tirades de paroles enflees d'orgueil cherchent de paroistre à leur honte, puis-que tous leurs trauaux
ne font que rengreger les maux contre lesquels ils s'écrient.
Ce font les artifices des anciens Orateurs, dont la langue ve-
nale faisoit peu d'effect, & entre les autres de Ciceron, lequel
auoit tousiours Cæsar sur les leures, & Pompee dans le cœur.
Noftre aage nous faict voir vn mode de semblables tricheurs,
qui disent, & escriuent sur la iustice entre autres choses tout
ce qu'on peut dire de beau bien que mal agencé, & sans grace, faisants dailleurs toute forte d'iniustices par dissimulation,
& par leurs propres œuures. I'ay veu au cours de ma vie
quelque Stoicien en son apathie, que i'ay souhaité maintefois de réueiller auec liberté deuant le Roy, & luy apprendre,
que l'honneur, qu'il auoit reçeu ne consiitoit pas à faire des
morgues, & des mines pour la consolation d'vne pauure creature affligee, & à laquelle ce luy deuoit estre vne grande faueur
de donner la main: Mais il ne faut point tant parler en vn suject, lequel se verifie par la vie de tous ces Bouffons, qui affe-
ctoient impudemment la gloire deüe à Dieu, voire d'estre esti-
mès, comm'Empedocles auec ses souliers d'airain, des diuini-
tès. Qui ne se mocqueroit d'Aristippe, si on le voyoit philoso-
phant dans la pourpre, & de Diogene harlant dans vn ton-
neau, & des Pythagoriciens auec les Platoniciens attribuants
aux entendements separés la creation des estoilles, qu'aucuns
heretiques ont deferé aux Anges? Ie laisse auec S. Basile ces dis-
coureurs sur l'vnité d'vn Ciel, & le nombre infiny d'iceux,
qu'aucuns autres ont admis, pour demeurer constant en la pre-

miere propofition, que la Verité n'a point eſté connüe à tous
ces eſprits, & auſſi peu à Ariſtote flatteur d'Alexandre qu'aux
autres. Quand aux Iuriſconſultes Romains c'eſt pitié, que de
la ſtupidité de leurs eſprits, ſi on fait rapport de leurs eſcrits,
& de leur vie auec celle des Grecs à la ſcience de la Iuſtice, de
laquelle ils faiſoient profeſſion, puiſ-qu'en effect il n'y a par
tout que deſordre, cautele, & tricherie, par l'ignoráce des cauſes de la malice humaine, laquelle ils feignoient de tüer, & ne
faiſoient preſque aucun'action, qui ne la fiſt prouuigner, &
multiplier ſans meſure. I'ay parlé des Philoſophes, & des
Iuriſconſultes dautant que la Iuſtice eſt vne ſaincte Philoſophie, & vne eſtude ſerieuſe en la ſpeculation des Loix diuines,
& humaines, leſquelles n'ont pas eſté reuelees à tous ces gents,
par le defaut de connoiſſance, qu'ils auoient du Maiſtre de la
verité. C'e iugement n'eſt pas mien, mais de Tertulliain, &
les anciens Peres, la force duquel vous verrés en des ouurages
ctuels, & verificatifs de l'election que Dieu a faict de mon en-
endement, afin d'illuminer les tenebres de la ſcience po-
itique.

Ces principes ſont de cette qualité, qu'ils ont leur rapport
u genie des Peuples, & des Magiſtrats, leſquels par inclinatió
aturelle ſont ennemis de la Iuſtice, & veuillent touſiours vi-
re en pleine liberté, & ſans autre obeïſſance à Dieu, & au
oy qu'en tant qu'il leur plaiſt. La verité de la propoſition
t claire par l'experience des plus gents de bien, leſquels ſont
ſurmontés ſouuente-fois par des paſſions, qui les emportent à
ur grand regreĉt, d'ou vient, qu'vn ſage, & puiſſant Legiſla-
ur porte ſon entendement à la cónoiſſance vniuerſelle de la
alice du Palais, pour en tirer ce profit, que par des remedes
us violents ſelon la varieté des affaires communes en la ne-

gociation ciuile, que ne font les artifices de la Chicane, la Loy
contienne les Magiftrats en l'honnefte feruitude de fe conformer à fes decrets, & les Peuples de la reuerer en vnité de cœur,
& ègalité d'affections.   I'ay veu, chofe deplorable, vn grand
efprit craignant Dieu fe plaire tellement en fes fens, qu'en la
facile apprehenfion qu'il auoit des tricheries du Palais il agif-
foit à fa volonté, laquelle encore qu'elle fuft bonne en fon
principe a neantmoins alteré grandement l'ordre de la Iuftice, & d'vne fcience certaine, & infaillible a contribüé abondamment à en faire vne opinion variable, qu'on peut appeller
Herefie au Pontificat de la Iuftice, fi pernicieufe en fa fuite,
qu'il n'y a ny foy, ny regle entre les hommes.   C'eft la caufe
effentielle de nos mal-heurs, l'ignorance de laquelle a porté
les Harangueurs à remüer infinies ordures, fans que iamais
nous ayons fçeu recueillir dans leurs propos aucune fleur o-
doriferante, ny raifon quelconque, pour remettre la Iuftice
en vn meilleur ordre.   Ie fçay qu'on a rapporté ces defaftres
à la vente des Offices, & à la multitude de fes Officiers, mais
tous ces pretextes ne font que des accidents, & non pas des
caufes, ainfi que ie feray voir par la confolidation des plus
mortelles playes du corps politic fans le remüer par des violences, que le temps ne peut fouffrir.   C'eft la lumiere, Monfeigneur, d'vne verité claire, nüe, & fans artifice, qui me fera
voir par la grace, & bontè finguliere de Dieu parmy les tenebres de l'ignorance humaine, comm'vne brillante eftoille de
paix, & concorde du Soleil de iuftice, qui f'eft apparu en nos
iours par vn traict ineffable de la Prouidence de Dieu aymant
le Roy d'vn grand, & fingulier amour.

Ie defcens, Monfeigneur, au troifieme point de la Sageffe,
pour vous faire voir naïuement la faute des hommes en la re-

ftauration

ſtauration des abus du Palais. Car ils ſ'emportent par cy
par-la aux extremités, & ne concluent iamais aucune choſe
faiſable ſelon l'ordre, & le progrés, qu'on doit garder en ces
occaſions. Ie ne veux pas m'étendre ſur ce ſujeċt, mais ſeulement vous dire, que l'Apoſtre S. Iacques m'a donné la lumiere
de cette Sageſſe pudique, paiſible, moderee, & ſans hayne, ſimulation, ny enuie, pour accomplir les choſes en charité, que
le temps malade peut reçeuoir ſans bruit, & ſcandale, en attendant les autres appareils du corps politic.

Ces premiers enſeignements ont eſté illuſtrés d'vne conception ſinguliere de l'Apoſtre François S. Bernard, qui ſ'ac-
cómode heureuſement à cette matiere ſans diſcours. Ie vous
re-preſente donc la France, ainſi qu'vn beau, & delicieux iardin, dans lequel les mauuaiſes herbes ont ſuffoqué les bonnes, tellement qu'il eſt du deuoir d'vn ſage Iardinier d'arra-
cher iuſqu'à la racine ces plantes vicieuſes, & d'en ſubſtituer
en leur lieu d'odorantes, pour le rendre plus beau, qu'il n'a
point eſté. L'ouuerture de cette conſideration m'ayant eſté
faiċte i'ay reçeu vn ſingulier contentement du rapport, que
i'en ay veu au grand honneur du Roy auec la voix de Dieu
anóçant à Ieremie, qu'il l'auoit conſtitüé ſur les gents, & ſur
les Royaumes, afin qu'il arrachaſt deſtruiſit, perdiſt, & diſ-
ſipaſt, & qu'il edifiaſt, & plantaſt. C'eſt la voye de l'Antiquité, en laquelle par le rapport des Hiſtoires nous voyons à la
verité des ouurages du bien apres le mal par cette maniere de
priuation de l'vn, & ſubſtitution de l'autre, mais il n'y a point
de Legiſlation, laquelle aie cópris en general l'ordre neceſſaire
en vn Eſtat, pour bien faire adminiſtrer la iuſtice en vne depra
uatió publique de ſes Loix, ainſi qu'eſt celle, que i'ay cómencé, dont les effeċts d'abord produiront des biens infinis auec

Q

aſſurance de la perfection, ſi mes labeurs ſont accueillis d'vn œil fauorable.

Ie laiſſe cette premiere conſideration ſpeculatiue, pour en prendre vne autre conuenable à l'homme d'Eſtat, lequel doit tou ſiours viſer à des choſes ſolides, & perceptibles non ſeulement par la force de l'eſprit, ains auſſi des ſens, leſquels en vne confuſion d'affaires maiſtriſent l'entendement, & le détournent des contemplations de la verité.

Conſiderés donc, Monſeigneur, que la France, à la mode qu'on a parlé de l'Empire Romain eſt vn homme, mais nauré en tout ſon corps, & auquel il ne reſte que le cœur ſain, & entier. Ce cœur eſt la bonté de Dieu, qui en a vn grand ſoin nous ayant donné vn Roy iuſte, droict, & qui n'a beſoin que d'vn ſalutaire conſeil en vne forte reſolution de bien faire Ce fondemement eſtably il n'y a perſonne, qui ne demeure d'accord, qu'on doiue ſecourir ce pauure corps affligé, & preparer à ſes playes vn baume de charité auec la diſcretion conuenable. La preuue de la propoſition ſe voit en l'Hiſtoir Romaine, auquel on conſidere ce grand Empire en vn mal heureux declin par la nonchalance des Empereurs auoir cómencé à remüer les bras ſous Traian contre l'eſperance, & a uoir quaſi refleury, & repris ſa ieuneſſe auec l'admiration d tout le Monde par le regne de la iuſtice, à laquelle ce treſ-bon Empereur s'adonnoit genereuſement. Ie laiſſe la dominatio deSeruius Tullius, lequel poliça ſi dextrement la Republique que le gouuernement de Romé eſtoit auſſi bien reglé, que ce n'euſt eſté, que le meſnage d'vne petite famille, pour fondre en vne demóſtration, que les plus grandes playes du corp de la France ſe peuuent en vn inſtant fermer parfaictement ſans qu'on y apperçoiue aucune cicatrice. Il y en a d'autres

lefquelles veuïllent du temps, & de la preparation par des leniments doux, & benings, apres lefquels il fera neceffaire d'y
donner vn remede puiffant, qui les guarira comme les autres:
Quand à la troifieme efpece de fluxions, & humeurs peccan-
es on ne fçauroit fi bien faire, que ce corps materiel n'en foit
accueilly, & qu'il ne foit neceffaire par le fecours des Medecins ordinaires d'y pouruoir felon les temps par la varieté des
drogues conuenables aux nouuelles maladies. Or en ces
trois fujects l'excellence du Medecin confifte en ce point de
connoiftre parfaictement les caufes du mal, & les feparer d'a-
uec les accidents, mefme de n'irriter pas le feu de la fievre ardente, ains de l'adoucir, afin qu'eftant changee, & tirce de fon
cours ordinaire elle foit d'vne cure plus aifee. Il y-a encore
vne autre efpece de prudence en ces occafions, laquelle porte
es plus fçauants Medecins à mieux efperer fi les fymptomes
font bons aux accés violents, que f'ils eftoient doux, & lan-
guiffants, tellement que la grandeur du mal leurs faict quelquefois moins de peur, qu'vne parfaicte fanté. A quoy i'ad-
oufte qu'en toutes façons il ne faut tenter les remedes vio-
ents, fi la maladie n'eft extreme, & hors d'efperáce d'vn meil-
eur eftre fans vn fecours extra-ordinaire.

Ie me fers, Monfeigneur, de cette comparaifon fenfuélle,
pour l'accommoder à la perfonne d'vn fage Legiflateur, lequel bien inftruict en la connoiffance des mœurs des Peuples,
& du genie des Magiftrats, qui les gouuernent fous l'octorité
d'vn Roy, à laquelle ie me tiens fans entrer fur les autres ma-
ieres de fouueraineté, voit des yeux de fon entendement,
que la reftauration du corps politic doit commencer par l'ordre de la Iuftice, & de fes Officiers, puifque de leur bonne, ou
mauuaife vie depend le train de celles des autres, & qu'en la

iuftice en effect tous les Ordres rencontrent leur bien, & leur
falut, comm'ils font au contraire dans les iniquités publiques
tout mal-heur, & abomination. Figurons donc ce corps de
Iuftice n'ayant que le cœur fain, & que ce cœur eft le Roy
bon, iufte, & magnanime, pour voir quels appareils fous fon
octorité on luy peut donner, & ce que la Sageffe eft capable de
faire pour la guarifon par ordre, & fans confufion. Il eft donc
neceffaire d'eftablir en cette Monarchie pour l'adminiftration de la Iuftice des Ordonnances eternelles, immüables, &
de mefme duree, que l'Eftat, lefquelles contiennent les Peuples, & les Magiftrats dans les bornes de l'amitié, de la dilection, & de la foy, autant qu'il fe peut faire par la force de la
loy generale, & plus puiffante en fa droicture, que la malice
humaine plus ingenieufe dans ce Royaume en fes tours, &
detours qu'en aucun autre, foit que la Nature y contribüe,
ou, ce qui eft plus vray, la licence, qu'on a pris par la foibleffe
des Ordonnances de viure fans regle, & à difcretion. Et comme ces Ordonnances doiuent eftre les caufes, fans lefquelles
c'eft errer en faict & en droict de iamais efperer aucun bien, ie
me fuis adonné d'abord à leur eftabliffement apres auoir faict
vne abftraction vniuerfelle de la malice des Peuples, & des
Magiftrats, auec les remedes de la Iuftice, plus forts, que le
Diable mefme. Quant aux autres maladies, qu'il faut guarir
auec le temps, ces Ordonnances y contribüeront tellement
qu'au fecond appareil vous les verrés abolies, & le corps net
en ce regard, cóme pareillement apres auoir fermé ces playes
vous propoferay ie des Ordonnances, qui feront de grands
effects prefens, & ouuriront les moiens de fiecle en fiecle à
bien-faire en la direction de la Iuftice pour les affaires, auf-
quelles on ne fçauroit pouruoir par regles, I'ay autrefois lu
entr

entre les Grecs, que de deux ans en deux ans on changeoit les Loix, & qu'en autres Eftats on bornoit leur duree à cent ans auec infinies autres réueries, qui ne meritent pas qu'on s'en reſſouuienne, me contentant de vous aſſurer au peril de l'honneur, que ie tiens plus cher que la vie, que vous verrés à l'inſtant, que le Roy aura octorizé les Ordonnances, que ie propoſe de ſi grandes benedictions en la France, que l'euenement e changera en des miracles de la bonté de Dieu aymant le Roy, ainſi qu'il en a donné deſpuis ſon regne des teſmoignages ſi parfaicts, que les heureux euenements de ſes entrepriſes ont ſur-paſſé ces forces. Or de douter, que les Ordonnances ne paſſent apres vn examen myſterieux, puiſ-qu'elles viennent de Dieu, & qu'il parle par ma bouche, on ne le ſçauoit faire, ſoit qu'on regarde l'autheur, ou le bien, qui en reüſira à l'honneur du Roy triomphant, & victorieux de cette Louue, qui n'eſt iamais ſaoule du ſang de l'Egliſe, & des Paures ſingulierement, auec des millions d'vn pur, iuſte, & inocent or dans ſon Eſpargne, pour ſeruir aux neceſſités de Eſtat, ſans opprimer le Peuple, qui n'a que des ſouſpirs de miſere en vne vie trop langoureuſe.

I'ay veu, Monſeigneur, ſur ce ſuject vn monde de liures, ais, comme ie vous ay dict, la ſcience que ie profeſſe, qui n'eſt u'vn ſuc de raiſon illuminee, tonne, & va ſoudainement, ainſi ue la foudre, agiſſant par-cy par-la ſelon la celerité d'vn ſprit recueilly, & qui voit en vn inſtant le cómencement, le illieu, & la fin des propoſitions, qu'on faict pour le bien de Eſtat, non ſeulement au faict de la Iuſtice, ains en pluſieurs tres ſujects, dont ie n'ay garde de parler, que la diſcipline e ſoit reſtauree dans les Compagnees de ſes Officiers, puiſ-ue c'eſt vn principe de verité inuiolable, que iamais on ne doit traicter d'aucune reformation, que la Iuftice ne foit en fon ordre naturel. Que fi ie m'arroge cette Science des Sciences, qui eft en effect vne belle Legiflation, ie vous ay dict, que c'eft ma vocation, de laquelle ie m'en vay maintenant vous faire preuue nette, & demonftratiue par ordre, en attendant le bien vifible, & palpable, qui ne fe peut goufter, qu'apres l'approbation des Ordonnances, & qu'elles auront efté publiees fous l'octorité du Roy. Mais auant que d'en venir là ie conclurray ce point de Sageffe par quatre confiderations, lefquelles vous feront connoiftre le defaut de tous les Legiflateurs, non feulement dans ce Royaume, ains auffi en l'Empire Romain, qui nous a broüillé, & perdu dans vn abyme de formes iniuftes, pernicieufes, & malignes.

La premiere eft, que iamais on n'a preueu les rufes, par lefquelles on eludoit les Loix afin d'y pouruoir, & euiter cet écueil de l'inobferuance d'icelles, eftant vray, que la plus faincte Ordonnance, fi elle n'eft armee, eft vn excellent poïfon.

La fecóde eft, que toutes les Loix de l'Empire Romain font des refponfes vagues fur des faicts particuliers, fous des titres incertains, confufes, & rendües par des Iurifconfultes plus amis de leurs opinions, que de la verité, & de la iuftice rapportees à vn ordre public, comme pareillement les Ordonnances de France ne font qu'admonitions, ænigmes, & inuolutions donnees en la mefme façon, que gardent les Medecins de village, lefquels donnent des remedes fur remedes, & ne ceffent, qu'ils n'aient tüé le corps, lequel fe pouuoit guarir doucement, & par ordre, ayants en cela les Legiflateurs contreuenu au principe de la Politique, qui fuit la multitude des Loix.

La troisieme est, que tous les Legislateurs ont esté tousiours frappés au coing du propre interest de gloire, qui les a porté a aimer le Palais plus que la paix, & la concorde, laquelle ils publioient par leurs langues, & detruisoient par leurs œures. Car en effect, on ne remarque autre chose dans les paoles des Loix, que l'abomination auec l'abreuiation des proès, & en leur substance, qu'vne fertile matiere de les multiplier, ainsi qu'en ce Royaume nous voyons, que tout est Chicane, & que si on n'y prent garde la Nature reuoltee côtr'ellemesme nous fera voir la dissolution de la societè ciuile en vne confusion de querelles, & contentions.

La quatrieme est, que, comme i'ay dict, vous ne remarqueés point en tous les liures vn esprit abstraict du Palais apres vne longue science, & experience, pour profiter au public, & sacrifier sa vie, sa famille, & sa fortune à l'honneur de Dieu, de son Roy, & de son païs, ainsi que i'ay faict porté à cela par le fascheux accidents, dont vient que les secrects de la science de la Iustice ont esté cachés à nos Roys, & que sous leurs noms on a ruiné l'Estat auec cette indignitè, ainsi que i'ay faict voir sa Majesté, qu'on a chargé leurs consciences de ces calamiés, comm'encore on estime par tout, qu'il tient au Roy, que la Iustice ne soit dignement administree, par des pretextes d'vn conterolle du gouuernement, qui tend à des seditions publiques, que le defaut de iustice allume communement dans les Royaumes.

I'ay donc, Monseigneur, assés satisfaict à la proposition, que ie vous ay faict, qu'apres maintes larmes Dieu m'a faict connoistre l'effect de ma vocation, pour cueillir en ioye les doux fruicts de la restauration de l'ordre de la iustice. Et côm'il se faut bien donner garde en ces occasions d'estre sage

par delà la sobrieté,& d'aimer la Iustice qu'auec sa temperance,ie vous exposeray deuant les yeux des choses si bien ordonnees, que vous reconnoistrés par des effects reels, & visibles,
que cette science ne sort point des escholes des Rheteurs, des
Philosophes, & des Iurisconsultes,ains d'vne grace singuliere
de Dieu.

Le premier effect de cette Science regarde deux choses, sur
lesquelles, ainsi que sur vne pierre d'ordre, est establie la premiere Loy,la beauté de laquelle ie ne sçaurois vous exprimer
naïuement à mon grand regret, que ie ne sois en la presence
de leurs Majestés, pour des considerations d'vn grand pois,
qu'elle porte sur le front. Mais comme vous estes sçauant, &
iudicieux,vous ferés cette consideration s'il vous plaist, qu'en
vain on faict des Loix,si on ne pouruoit à leur seureté, & partant qu'en vne Monarchie il faut establir vn conseil singulier
de iustice, qui pouruoie à l'infraction des Ordonnances, &
aux oppressions,& iniquités publiques,la vengeance desquelles appartient par deuoir au Roy obligé, si c'estoit chose fai-
sable,de rendre la iustice par sa propre bouche à la plus simple creature. On dict de Seuere, qu'il auoit vn conseil de
vingt Iurisconsultes,& de plusieurs gents signalés, & enten-
dus aux affaires iusqu'à cinquante,&mesme queTybere apres
la mort d'Auguste demanda vingt hommes, pour auiser aux
choses, qu'on deuoit proposer au Senat, nombre mieux reglé
que le premier confus,& desordonné. La Loy que i'ay dresse
sur ce suject est singuliere,& faict voir sa necessité sans autre
discours par son propre commandement, le bien duquel est
inestimable, pour la grandeur du Roy, la protection de l'E-
glise, & le salut de la France en vne saincte obseruance des
Ordonnances maistresses par tout de la malice de l'homme.

I'ay

I'ay remarqué pour cet effect vne confideration finguliere parmy des propos confus dans la Republique d'Hyppoda-mus reprefentee par Ariftote, laquelle eft d'vne practique ne-ceffaire de neceffité abfoliie dans ce Royaume.

Sur ce fondement d'vne Loy vniuerfelle protectrice de l'o-ctorité du Roy vnie infeparablement auec celle des Ordon-nances i'ay cōmencé vne Legiflation, laquelle aura cet effect, de diffoudre les plus grands maux, qu'on fouffre en l'exercice de la iuftice, & de confoler infinies perfonnes pauures, & infor-unees. Entre ces Loix il y en a, qui n'auront aucune fuite a-pres elles, le mal auquel elles remedient eftant du tout effacé, cōme pareillemét i'en propofe d'autres, lefquelles ont leur for-ce dans elles-mefmes, & encore dans les interefts particuliers les vns, & des autres, qui les fouftiendront, & feront en forte, qu'elles feront plus puiffantes, que la malice de l'homme, le-quel en faict toufiours littiere, fi fa licence n'eft retenüe par vne forte bride. Et en cela, Monfeigneur, confifte le fecret de la Politique inconnu au Monde, & que les plus fages ont ap-perçeu en tous les fiecles, fans que iamais on aie pourueu à la conferuation des Loix, ny à l'ordre conuenable pour l'exerci-ce de la Iuftice. Ariftote, qu'vn chacun loüe, & releue fi hau-ement, f'eft grandement mepris en quelqu'endroict fur ce uject, ayant eftimé, que la Loy n'auoit aucune iurifdiction, ny contraincte fur l'homme, que celle que l'vfage luy auoit donné, foufmettant par cette confideration fa puiffance à la bien-veillance publique. Car ie re-connois de ma part auec luy, qu'il ne faut pas changer les Loix, quand elles font bien eftablies, mais ie denie, que la Loy, qui eft l'inuention du Dieu immortel infpiree aux Princes fouuerains, & aux confeils des Republiques, doiue prendre fa force de la Couftume, à la

S

quelle au contraire elle a droiﬅ d'impoſer l'obeïſſance apres qu'elle a eſté publice ſans aucune conteſtation. Ie veux dire ſingulierement en noſtre Monarchie, qu'il faut examiner la Loy ſainﬅement, & qu'apres les concerts des trois Ordres on ne doit plus diſcourir, ainſi qu'à Athenes, ou l'vtilité, & le profit regnoient par deſſus la raiſon, mais qu'il faut forcer les plus rebelles à l'entiere ſouſ-miſſion à ſon commandement par les pénes ſingulieres contre les infraﬅeurs, l'exemple de la punition en ce ſujeﬅ eſtant vne multiplication de bien, pour oﬅorizer les Loix, qu'on doit dailleurs munir de bonnes eſpines, qui les conſeruent des beſtes ſauuages, cóme ſont les amandes legitimes. Si donc nous re-connoiſſons en cet Eſtat la faute de nos Legiſlateurs, eſt-il pas iuſte de la redreſſer par vne force nouuelle, laquelle rauigoure nos Ordónances preſ-que éteintes, & contienne les Miniſtres de la Iuſtice ſous leur iuſte domination ? Ie reuiens à Ariſtote, lequel en vn lieu diﬅ, que la Loy eſt forte pour contraindre les hommes, dautant que c'eſt vne raiſon tirce de quelque ſage entendement, mais ie ne ſçaurois m'accorder auec ſon genie, & à l'opinion qu'il a eu, qu'on ne peut faire des Ordonnances plus puiſſantes que les hommes, ſouſtenant par vne propoſition certaine, qu'vn Conſeiller d'Eſtat ſous l'oﬅorité d'vn Roy peut brider la tyrannie de la malice humaine, & l'aſſeruir ſans autre miniſtere à l'empire de la Loy en diuers ſujeﬅs, leſquels ſont ſuffiſants, pour viure en vn tel ordre, & repos, qu'on doit deſirer, Dieu ſ'eſtant reſerué la perfeﬅion dans le Ciel. Seneque m'a quelquefois appris la cauſe de l'imprudence de nos Legiſlateurs, qui n'ont pas faiﬅ des Ordonnances ſeueres, & inflexibles, ains des exhortations ſemblables ſelon la cóparaiſon vicieu-ſe d'Ariſtote à la volonté, & aux mœurs d'vn Pere de famille,

lequel doit eſtre bening, & miſericordieux, & la Loy au contraire ſans aucune grace.

Ainſi le diuin S. Hilaire a-il diſtingué la iuſtice du Monde
d'auec celle de Dieu, en laquelle ſe rencontre touſiours la miſericorde, qui doit eſtre bannie de celle des Magiſtrats, de
peur-que l'impunité mere de tous maux ne croiſſe, & multi-
plie les crimes, re-connoiſſant en ce ſuiect de ma part, que la
vie eſt au Roy ſeul, & qu'il peut vſer de clemence par ſa puiſſance Souueraine priuatiuement à ſes Officiers, leſquels ſont
liés etroictement à l'obſeruance des Loix.

Ce ſuiect ſerieux m'emporte à vous repreſenter l'erreur de
Platon plus grand encore, que celuy d'Ariſtote, & m'y oblige
dautant plus, qu'il a pris pied dans ce Royaume, & qu'vn chacun n'a autre pretexte, quand il parle des Iniquités publiques,
que la vente des Eſtats, & la multitude des Officiers. Il eſt
donc vray, que cet eſprit copieux en propos, & ſpeculations a
eſtimé, que du choix des perſonnes bien inſtruictes en l'eſchole de la Philoſophie dependoit le gouuernement de la Republique, & qu'il eſtoit pour cet effect plus neceſſaire de policer
les eſprits par des enſeignements de vertu, que non pas eſtablir des Loix, afin de contenir les hommes en leur deuoir.
I'ay conſideré ce Philoſophe, qu'il figure, & apres vne profonde meditation ie me ſuis reſerré en cette demonſtration,
que quand il ſeroit tel en verité, qu'il le repreſente en idee,
mal-heureux ſeroit celuy, lequel ſe ſouf-mettroit à ſon iugement, ſ'il le pouuoit euiter. Les anciens Peres m'ont auec la
ecture du liure des liures donné cette cónoiſſance, en laquel-
e i'ay eſté confirmé par l'experience ſi puiſſamment, que ie
ſouſtiens par propoſition certaine, que quand le Roy auroit
nſtitüé le plus homme de bien de ſon Royaume auec cent

mille efcus de rente en vne Prouince, pour faire la iuftice à fa
volonté, ainfi qu'elle fe faict dans la France, fa confcience de-
meureroit chargee enuers Dieu, & fes fujects de cette faute,
& qu'il n'y a chofe quelconque, qui le defcharge de fon deuoir,
que l'eftabliffement des bonnes Loix, & l'obferuance inuiolable d'icelles. L'homme eft vn animal furieux, inconftant, &
trop leger, pour s'y fier, re-connoiffant neantmoins que la
promotion des gents de bien à la Iudicature eft neceffaire, &
qu'vn peuple eft fort côfolé paffant fa vie fous de bons Iuges.
Mais il faut toufiours mettre à la fuite de la probité des Magiftrats l'obeïffance aux Loix, & tenir pour oracle, que fi on
pouuoit l'imiter leur puiffance iufqu'à ce dètroict, qu'ils ne
fuffent que le fimple truchement de la Loy, ce feroit faire fainctement, & en homme d'Eftat.

Et puifque i'ay l'honneur de parler à vn fçauant Cardinal
ie pafferay outre, pour luy faire voir, qu'Ariftote, Platon, &
tous les Philofophes n'ont point penetré dans ce fecret de la
Theologie conuenable à ce propos, & confirmé par l'experience, que la péne du peché commis par le premier Pere fuit
tous les hommes bons, & mefchants aux infirmités de la Nature, lefquelles troublent les plus genereux courages, quelque
contradiction qu'ils employent à la rapidité des paffions fou-
daines, qu'excitent entre les autres chofes la fuperbe, & l'a-
mour de la femme, qui ont precedé la tranfgreffion d Adam
en la mâducation du fruict defendu, & font de finiftres effects
dans les plus conftants hommes de la Terre au miniftere de la
iuftice, foit que la verité leurs foit cachee, ou qu'ils ne foient
pas affés forts, pour refifter à la feduction, dont il fuit, que, fi
la chofe eftoit faifable generalement, il conuiendroit d'enchainer les Magiftrats, & les peuples par les liens indiffolubles
de

de l'obeïſſance aux Loix diuines, & humaines. Ainſi en eſt-il
auenu de la ſuperbe en l'Ange, lequel ne ſ'eſt pas tant perdu
par l'orgueil de ſa dignité, que pour n'auoir voulu ſ'humilier
enuers Dieu, afin de croiſtre en faueur, & par ſa ſouſmiſſion
receuoir touſiours de nouuelles graces. Il eſt donc vray, que
l'homme bien que releué par deſſus les autres Creatures par
la dignité ſupreme d'vne libre volonté, eſtant reduict neantmoins par le iugement de Dieu à ce point, que le corps appe-
ſantit ſon ame, & luy faict vne guerre continuelle, doit eſtre
captiué ſous l'empire de la Loy. Et pour faire fin en ce ſuject
l'Ambition, & l'Auarice, que Charlemagne appelloit les deux
mauuais dæmons de nos ames nous obligent à veiller ſans
fin, & ſont des aduertiſſements infaillibles aux Princes
ſouuerains, de contenir par des Loix puiſſantes leurs ſujects en l'amour de Dieu, & en la charité des vns enuers les
autres.

Apres ce premier effect de la Science des Sciences, que ie
vous annonce, ſuccede le ſecond cõpris en la meſme Loy fon-
lamentale de l'ordre politic, pour le ſecours de l'Egliſe, des
Pauures, & des Officiers inferieurs opprimés par la contrauention aux Ordonnances, & aux principes de la Iuſtice plus
que les autres au grand hõneur du Roy par la meilleure voye,
qu'on ſçauroit tenir, & garder en ce ſuject ſelon les Loix diuines, & humaines, qui ne ſe peut mieux depeindre, que
par les propres paroles de l'Ordonnance claire, & lumineuſe.

Ie vous ay dict, Monſeigneur, en peu de propos de gran-
les choſes, que ie verifie apres les raiſons par deux exemples
ſinguliers. L'vn eſt de Cuias le plus ſçauant homme, qui aie
amais eſté en la Iuriſprudence, & tellement vniuerſel, que

T

c'eſt vne merueille de voir la force de cet eſprit dans toutes les ſciences, lequel plaint la confuſion qui a pris vne telle place en cet'art, qu'en effect on n'y voit, que des opinions incertaines, & ſans aucun ordre. Il blaſme pluſieurs perſonnages du Palais plus ſubtils, que veritables, & iuſtes, dont il ignoroit la malice, ſi bien que tout ce qu'on peut dire des labeurs de ce grand Iuriſcõſulte pour la ſcience de la iuſtice eſt, qu'il a faict ce qu'il lamentoit, ayant éueillé les eſprits par tant, & tant d'inuentions, que le Palais quictant les anciennes maximes n'a plus eſté en nos iours, que cautele, & cauillation. Le ſecond eſt du grand Preſident Briſſon ſçauant au Palais, & en la Iuriſprudence autant qu'on peut deſirer, & qui neantmoins eſt demeuré aux termes ou nous ſommes d'inquietudes, de variations, & d'vne inconſtance perpetuelle aux Iugements, ſans qu'il aie contribüé à la reſtauration des abus du Palais par vne Legiſlation naïue, & bien-ordonnee.

L'Empire Romain a eu de grands Iuriſconſultes, & entre les autres Mutius Scæuola, qu'on propoſoit à tous les Preſidents de Prouince, comm'vn parfaict patron de leur deuoir, ainſi qu'encore dans la France on remarque des eſprits fort recommendables au Palais. Mais les actions des vns, & des autres ne ſont point la ſcience de la Iuſtice compriſe en des Loix vniuerſelles, & imperieuſes, ne plus ne moins qu'en la Muſique, laquelle a vn grand rapport auec la Iuſtice, les meilleures voix, ſi la meſure, & les regles de l'art ne ſont obſeruees, n'entonnent que des diſcordants accorts. Ie ne veux point paſſer plus outre, pour le reſpect que ie porte à toutes les Cõpagnees de la Iuſtice, me contentant de vous dire, que ſi la Science des Sciences, par ſes effects viſibles rapportés à Dieu, au Roy, & au bien cõmun, n'a point eſté connüe à nos Peres,

il ne fe trouuera point, qu'vn homme du Palais l'aie cherché
auec le foin, & les moiens conuenables, pour meriter cette grace fi nguliere du Dieu eternel, qui partage les efprits felon qu'il
luy plaift de fes graces, afin de manifefter aux hommes, que de
luy feul dépent la Sageffe, & que la prudence charnelle n'eft
que mommerie, & erreur.

Ie fçay, qu'on dira, que l'intereft particulier a célé la verité
des bonnes maximes de la Iuftice, mais il n'en faut point attri-
buer la caufe à cette feule cófideration, ains à l'ignorance des
caufes, & au defir naturel de l'homme, lequel parle pour la
renómee, & delaiffe le faict naïf, & fimple, des chofes, qui font
en controuerfe. C'eft la remarque, que i'ay faict au Palais,
yant veu infinis procés iugés, & re-iugés, dont le fujeçt n'e-
ftoit point entendu, comm'encore ay-ie ouy de mes oreilles
plufieurs caufes perdües au Barreau, par le defaut de la verité
pure des contentions, laquelle eftant exprimee fans pompe
uft furmonté toutes les conteftations.

Ie defcens maintenant aux particulieres preuues des demonftrations, que ie vous ay propofé, & commarçant par le
Clergé, qui eft le premier membre du corps politic, ie vous
eux faire voir nettement la preuue de ma vocation pour l'e-
ification de la paix entre l'Eglife, & la Iuftice, que nous
uons veu defpuis le regne du Roy Louys XII auoïr efté fin-
ulierement contraires l'vne à l'autre auec tant de violence,
ue le Ciel, & la Terre font offenfés de ces contraftes, & fu-
cufes animofités. Or comme le fiecle dernier a porté vn
rand nombre de Prælats fçauants, & courageux, ie me fuis
aintefois étonné de leur naufrage en la defence de la caufe
e l'Eglife, laquelle eft fans aucun doute, ayant veu dailleurs
s Roys, & le Confeil fauorables à la iuftice de leurs droicts:

La conference, que i'ay eu auec aucuns esprits du corps plus embarassés que les autres en ces contentions m'a en fin faict resoudre à ce point general, qu'on ne veut qu'haranguer, & paroistre, voire mesme que le mal plaist aux vns, & aux autres, qui se delectent en ces matieres de douleur, comm'en des sources fœcondes d'eloquence. Car le faict naïuement deduict foudroye tout ce qu'on sçauroit dire, & imaginer sur le suiect des Appellations comme d'abus, & monstre la voye infaillible d'abolir cette Chicane à l'honneur du Roy, lequel on interesse malicieusement en sa conseruation.

Ce faict est, que l'Eglise tient sans moien sa puissance de Dieu aux choses spirituelles, & qu'elle est diffuse dans les Monarchies, pour estre protegee par les Roys, ainsi qu'elle a esté maintenüe dans la France auec plus d'honneur, qu'en aucun autre Estat.

Que cette Puissance est vne Iurisdiction, Notion, ou Audience ordinaire, pour la police, la correction, & en general le ministere de l'Eglise octorisee par tous nos Roys, dont il s'ensuit, que la Iurisdiction ordinaire inclut par necessité absolüe vne Iurisdiction aussi ordinaire, & superieure selon l'ordre de l'Eglise pour la voye d'appel.

Que partant l'Appel du Iuge Ecclesiastic, ne peut ailler en matiere spirituelle qu'au mesme Iuge, & que le mot d'abus ne s'entent que pour l'vsurpation, que feroit l'Eglise sur la Iurisdiction Royale, auquel cas il est legitime.

Que la distinction des cas, dont l'Eglise doit connoistre, est necessaire autant qu'on la peut faire par ordre, pour conseruer son octorité legitime, en laquelle est establie la paix, & le repos de tous les Gouuernements contre les Heresies, qui sont les fertiles semences de la ruine des Estats fomentees par

la licence,

la licence, qu'on preat de conteroller l'ordre, & la liberté de l'Eglise.

Que l'entreprise des Officiers seculiers sur la iurisdiction Ecclesiastique n'est pas seulement vne iniure faicte à l'Eglise, mais vn mespris de l'octorité du Roy, lequel comme personne sacree peut auec le coprs du Clergé auiser aux moiens de faire seruir Dieu dignemét, & y pouruoir auec nostre S. Pere, & sous son octorité, sans qu'il soit loysible à ses Officiers l'entreprendre aucune Cour, iurisdiction, ny connoissance sur les decrets de l'Eglise aux choses spirituelles, ausquelles ils ne sont pas appellés.

Que pour conclusion les Officiers du Roy ne sont fondés en aucune puissance de combatre la liberté, & legitime puissance de l'Eglise, & qu'au contraire l'vsurpation leurs en est interdicte par les Ordonnances du Royaume tutrices de la iurisdiction Ecclesiastique.

Cette verité nette pouuoit confondre toute la Malice du Palais seuissante côtre les droicts, & la iurisdiction Ecclesiastique sans exception du Breuiaire, si elle eust esté selon les renontres sagement expliquee, & en l'humilité conuenable enuers le Roy, qu'on ne sçauroit reuerer auec trop de respect, insi que faisoit S. Bernard admirable en ce suject, comm'a esté aussi Yuo Euesque de Chartres, & ceux qui ont eu à traicter auec les Princes souuerains, desquels on ne peut mieux tirer raison en la cause de l'Eglise, qu'en leurs faisant connoire effectuellement aux sujects, qui se presentent, qu'ils sont les protecteurs de sa iurisdiction, & que leur gloire est de luy aisser sa liberté, & puissance naturelle. Or en ces occasions il y a chose si pernicieuse, que l'haranguer, & le fast d'vne grande compagnee, dautant que d'abord l'Eglise excite le

V

foufpeçon finement publié, qu'elle veut empieter, ainfi qu'elle
a faict autrefois, fur la iurifdiction Royale, qui faict, qu'on
eft obligé de vaincre modeftement, & prendre toufiours les
plus claires caufes d'abord, afin de rendre l'vfurpation des
Officiers du Roy fans controuerfe. C'eft l'ordre que ie propofe ayant par vne Loy expliqué de grandes chofes, qu'on
ne fçauroit contefter, pour rauir par la feconde tout ce qu'on
fçauroit defirer. Il me fouuient, que parlant de ce fujet à vn
grand Euefque, il me dift, que l'exception d'vn cas eftoit l'in-
clufion de l'autre, en quoy certes il fe méconte grandement,
& plus en ce point, qu'il penferoit à la façon du Cardinal Bertrand donner la Loy en general à fa volonté, laquelle encore
que iufte ne produira iamais en cette façon, que fcandale,
& confufion. Ce n'eft pas le tout, Monfeigneur, que d'auoir
vne bonne caufe en ce fiecle inique, & qui n'a point de raifon:
Il faut connoiftre les rufes de la Malice du palais ennemie de
l'ordre fous la grande couuerture de l'octorité du Roy, laquelle f'oppofe aux meilleures remonftrances, qui faict, que fi
la Sageffe n'accompagne le droict auec la force d'vn entendement cófommé au Palais, les meilleures caufes feront toufiours perdües. L'experience de cette verité n'eft que trop
conftante par l'opreffion de l'Eglife ayant Dieu, le droict,
& la raifon de fon côté auec la bienveillance de nos Roys, &
la confeffion de fes Aduerfaires. Ie le fçay, & trop le fçay-ie,
pour des confiderations de fcience, & d'experience, que la pudeur m'oblige de taire, vous affurant pour conclufion de ce
propos, que fi i'ay l'honneur de la defendre en liberté, vous
verrés des effects merueilleux en ce fujet. A quoy i'adioufte,
qu'il eft neceffaire de donner ordre à l'adminiftration de la
iurifdiction Ecclefiaftique, pour effacer les grandes plaintes,

qu'on en faict auec raifon, lefquelles bien qu'elles ne foient
pas capables de couurir les entreprifes illegitimes fur fa puiffance, & contre l'ordre de la Monarchie, lequel ne peut eftre
alteré pour aucun pretexte, donnent neantmoins vne grande
prife à fes ennemis,& terniffent l'honneur des Prælats,qu'on
doit conferuer foigneufement.

Ie ne parle point,Monfeigneur,de l'autre Loy,laquelle regarde la fin des difputes côtre les herefies par la prefcription,
& le moien de pouruoir aux libeiles de diffamation de fes Miniftres faicts contre les Edicts, ne reftant aucune chofe en ce
fuject, que de punir par les voyes de la iuftice la rebellion, &
l'attendre de Dieu vaincu par l'innocence de noftre vie cō-
pagne infeparable des prieres les effects de la mifericorde en
la deliurance de l'Eglife, victorieufe de l'Herefie, qui la trauaille, & a efté tendrement nourrie par l'impunité du fiecle
dernier, lequel en accommodant a peruerti l'ordre, & excité
par tout vne grande confufion parmy les abominations de la
Chicane Françoife caufe de tous nos defaftres.

Quant aux autres Ordonnances que ie propofe, le bien en
eft tel,que vous ne fçauriés faire vn plus grand feruice à Dieu,
au Roy, & à l'Eftat, que de les faire valloir par la force de votre efprit puiffant, & iudicieux. La Nobleffe entre les autres
fujects du Roy affligee des vfures honteufes dans vn Eftat
Chreftien, & du trop grand prix de l'argent au cas legitime
receura vne finguliere côfolation en fes affaires par le fecours
liberal des Loix, qui aboliront ce grand crime, & feront revi-
ure l'induftrie des hommes abymés dans l'ordure de leurs
concupifcences, flattees par le pretexte de la demeure de l'argent, lequel ne peut engendrer legitiment aucun intereft, f'il
eft alienè, fors entre Marchants. C'eft vn des cas de la puri-

fication vniuerſelle des conſciences, lequel apppartient au
Roy obligé de retirer ſes peuples des voyes de la perdition, &
les maintenir auec Dieu, vous aſſurant, que c'eſt temps perdu
de preſcher, ſi la Iuſtice n'accompagne la pieté ſa ſœur ger-
maine par des Ordonnances fortes, & vigoureuſes contre
l'Ambition, & l'Auarice ſources fœcondes de tous les vices.
·Quel honneur dailleurs ne receura point ſa Majeſté d'abolir
cett'infame loy de la priſon, pour detes ciuiles, dont les Iuifs
auroient horreur ? La liberté naturelle de l'homme ne peut
ſouffrir cett'iniuſtice auec infamie, & perſonne n'eſt maiſtre
de ſon corps, ny le Iuge, qu'au cas de crime. L'Empereur
Conſtantin, auoit ordonné que les femmes pour quelque dete
ne ſeroient tirees de la maiſon, & Iuſtiniain les auoit fauoriſé,
&exempté de la priſon, non ſeulement pour detes, ains encore
pour tout autre pretexte de faute, & voulu quelles fuſſent
gardees dans le Monaſtere, & nos Ordonnances les aſſujectiſ-
ſent à ce ſupplice par l'imprudéce de nosLegiſlateurs, laquelle les a emporté d'vne extremité à l'autre, en introduiſant
vn remede apparent contre la Malice, laquelle en effect ils fo-
mentoient par tous leurs labeurs.

Ie paſſe toutes les autres Ordonnances, leſquelles ne tendent qu'à l'eclairciſſement des maximes de la Iuſtice, & à la reſecation de la Malice du palais, laquelle les a tellement aboly,
que ce n'eſt plus vn ordre de iuſtice, ains vne confuſion publique. Il eſt uray, que les Romains, & nos Legiſlateurs n'ont rien
veu en cette ſcience, dont m'eſtonnant aucue-fois ie me ſuis en
fin recueilly auec Ariſtoſte en ce point, que la Loy n'eſtant
autre choſe, que la deſcription de l'ordre, & toute leur eſtude
n'aillant qu'au deſordre, ils n'ont faict autre choſe par vne
multitude d'Ordonnances, qu'obtenebrer les lumieres de la
verité

verité en la diftribution de la Iuftice. L'abolitiō des formes
ridicules, & ineptes eft vn grand remede aux iniquités publiques, & plus encore la prefcription contre la naiffance des
ctions,& l'abreuiation de leur vie apperçüe en verité par les
Iurifconfultes, & nos Legiflateurs, lefquels neantmoins par
leurs fophiftiqueries ont obfcurci les plus claires chofes. Car
l eft vray,que iamais on n'a veu vn fiecle fi fertile, & fi fça-
ant en l'art du Palais multipliant les procés, & les faifant
naiftre pour viure eternellement que le noftre,& fi ftupide en
a fcience de la Iuftice, laquelle tüe, & fuffoque cette femence
mal-heureufe auant qu'elle foit leuee, & apres fa naiffance la
deracine par-cy par là, & la faict mourir foudainement par
e trenchant de fes Loix. En quoy certes confifte l'excellence
d'vn Legiflateur, lequel à la façon d'vn fageMedecin, qui pre-
ient le mal, & quand il eft venu le guarit promptement, ne
aiffe point perir les hommes en leurs infidelités,& les re-con-
ilie par amour,ou par force les vns auec les autres auant leur
uine Ie laiffe le bringandage public en l'alienation des biens
ar decret auec cette fin, que perfonne ne f'en reffent, & que
out eft confus dans vne varieté d'abymes, fi bien qu'vn pau-
re miferable fe voit autant endeté qu'il eftoit apres la perte
e fa fubftance. Ie paffe auffi les contentions honteufes des
Officiers inferieurs,la multiplicité des degrés des iurifdictiōs,
c l'abandonnement qu'on a faict des Ordonnances dorees
ellement vtiles au public, que fans leur practique la Iuftice
e regnera iamais. La France foufpire dailleurs aux pieds du
oy apres l'excés des Offices, qu'il faut temperer par vne iu-
e moderation, remede practiqué autre fois fainctement
our les mariages, & ne plus permettre, fans que pour cela
Edict de l'Annuel foit bleffé, qu'aucun entre dans le temple

de la Iuſtice, ſ'il n'y eſt appellé, & choyſi par le Roy, auquel ſeul il appartient par deuoir, & en conſcience d'en faire le chois. I'adiouſte en ſuite le grand bien, qu'on reſſentira de la deſtruction d'vn million de Practiciens de village, ſi l'infiny a quelque finité, leſquels ne viuent que du ſang du pauure peuple contre le principe de la Iuſtice, lequel ne veut que deux degrés de iuriſdiction aux cauſes de conſequence, & vn ſeul pour les modiques. I'ay lu ſur ce ſujet diuerſes choſes en l'hiſtoire Romaine pour la difference des Iuges, & l'ordre des Iuriſdictions, & comme Iuſtiniain a voulu, que les Iuges Pedanees diſſemblables des noſtres fuſſent aſſis deſpuis le ſoleil leué iuſqu'au couché en vne portique Royale, dans laquelle Agathias dict qu'il a faict cette fonction. I'ay encore appris, que les Playdeurs loüoient des ſieges, ou que le public en fourniſſoit, argument veritable de la propoſition, que i'ay faict, qu'on a flatté en l'Empire Romain la malice du Palais, laquelle neantmoins on deteſtoit de paroles. L'appel eſt vn ſecours commun contre l'oppreſſion, & maintenant il eſt l'oppreſſion publique, & le fleau du peuple, auſſi bien que ſont les oppoſitions, recuſations, & requeſtes ciuiles, leſquelles bien que legitimes ne ſont que ruines, & calamitès par l'abolition publique des pénes ſainctement introduictes, pour arreſter la fureur de la Chicane honoree dans ce Royaume, comm'vne grande Deeſſe.

Ie n'obmets pas la Force compagne de la Pieté, & de la Iuſtice, pour laquelle i'ay dreſſé vn'Ordonnance noble, & magnanime, comm'elle eſt à l'honneur de la Nobleſſe trop gouſpillee dans ce Royaume, afin que par l'octorité des Loix armees contre les rebelles la Iuſtice exerce ſon empire ſans cruauté, & range tous les ſujects à l'obſeruance d commande-

ments du Roy par les voyes de Dieu. On ne voit par tout,
que Volleurs, Affaſſins, Pirates, Corſaires, & le Diable dé-
chainé ſous des couleurs, de mouuements, rebellions, & factions, leſquelles n'arriueroient point, ſi le Roy eſtoit armé, &
qu'on fiſt vne prompte Iuſtice de ces outrages, qui menaſſent
le Royaume d'vn traict épouuentable de la iuſtice de Dieu
pere des Pauures, & vangeur des iniures, qui leurs ſont
faictes.

Il ne reſte donc plus, Monſeigneur, que de fermer ces diſcours par vne concluſion ſolide, en laquelle conſiſte la perfection des grands ouurages. Ie vous diray ſur ce point en vn
mot, que ie ne voy aucune yſſüe en mon entrepriſe, que par la
voie qu'on practiqua pour la verification du labeur de feu
Monſeigneur le Cardinal du Perron contre les fauſſes octo-
ités, deſquelles on pretextoit vn liure treſ-pernicieux. Car ſi
a Majeſté excitee par vos ſages auis me faict l'hóneur d'ouyr
n la preſence de perſonnes notables choyſies des trois Or-
res la verité que ie luy propoſe, il eſt ſans doute, que l'examen ſ'en fera ſi nettement, que d'vne commune voix les Or-
onnances, que i'ay dreſſé à la ſuite d'vn Edict bref, & puiſſant
our la reſtauration de l'ordre de la Iuſtice paſſeront, & ſe fe-
ont place parmy les plus obſtinès, à la ruine de l'Hereſie, &
e la Chicane. Vn grand Seigneur de ce Royaume, duquel
ous auès experimenté le courage, & la prudence voyant l'aſ-
emblee des derniers Eſtats lamentoit le mal-heur de la Fran-
, & diſoit de bonne grace, qu'il n'eſtoit point beſoin de ce
and bruict, mais qu'il conuenoit ſeulement voir à quoy il
noit, que la Iuſtice, par laquelle il failloit commencer, eſtoit
mal adminiſtree. Ces paroles, ſur leſquelles il me fiſt l'honeur de m'ouyr, me repreſenterent la reſolution des Eſtats de

X ij

Bloys de l'an 1576, lesquels finirent par cette mesme conclusion, qu'il estoit necessaire de revoir les Ordonnances, les éclaircir, & reduire en vn tel ordre, que la Iustice fust remise en son ancien lustre, ayants supplyé à cette fin, ainsi que i'ay exposé à sa Majesté, le Roy Henry III de commettre des personnages vertueux. Ie remarque dailleurs aux assemblees des Estats calamiteuses à ce Royaume, pour des considerations que ie dissimule par prudence, qu'vn chacun parle pour son interest, & qu'on n'y faict que des harangues, qui sentent à l'huile rance, & infecte, pour conteroller les Roys, par toute sorte de propositions hardies, & mal digerees, voire qu'on les finist auant qu'on sache l'ordre des seances. Cette verité n'est que trop constante par ses effects luctueux, & deplorables, ausque's nos Peres pensants mettre ordre ont veu neantmoins d'aussi tristes euenements que nous. Car les Estats du Royaume assemblés sous Charles VIII considerants la confusion des trois Ordres interessés par trop en leur grandeur élurent Me Iean de Rely docteur de Sorbonne, & Chanoine de Paris, lequel proposa les articles, & parla pour tous, mais il n'entendoit pas ce qu'il disoit, pour le faire reüssir à bonne fin. Ainsi en est-il tousiours auenu, & auiendra par ces voyes de proposition sans conclusion, ausquelles Dieu a pourueu par l'election, & le chois de mon entendement, en le rendant capable de la restauration de la France par vne Legislation nette, forte, & telle que la desiroient lesdicts Estats de Bloys, sans que de ma part en verité i'aye autre interest en tout cecy, que Dieu, le Roy, & l'Estat. Ie vous ay dict, Monseigneur, que la douleur m'auoit forcé à cette resolution contre mon genie, à laquelle encore la Necessité m'a obligé me voyant redu & à l'opprobre apres l'expoliation de mon bien par des voyes

trop

trop iniurieuses. Mais pour cela ma patience n'est pas blessee, n'y ma resignation à la volóté de Dieu offensee, pour me rendre serf des faueurs du Monde, vous assurant que mon intention se trouuera telle, que ie la propose par vne preuue solide, & plus puissante, que la Malice ennemie de la vertu, & d'vn franc courage. Car aussi sçay-ie bien, que si ie m'estois proposé d'ailler de côté, & d'autre, pour mandier quelque aide, il m'en arriueroit de mesme qu'il a faict durant dix ans, que i'ay semé à mon grand regrect des propos gracieux, iustes, & d'vne consolation publique en laquelle ie trouuois mon salut deuant des personnes, lesquelles ont indignement recompensé l'honneur que ie leur faisois. Ie connois trop le train du Monde, pour esperer iamais aucun secours humain par ces voyes, aussi ne voit-on dans les discours des plus sages, que paroles perdües, & qui n'ont garde de produire des effects solydes n'estans fondees sur les bases de la charité, verité, & sagesse pour le bien commun. Il me semble, que i'oy ces gents babiller des Grecs, des Romains, & des Nations estrangeres, pour changer la forme de l'Estat, & abolir l'ordre de la Monarchie, duquel ils ne sçauent aucunement les ressorts. Que ne disent-ils point de la mutation des Officiers inique, comm'il fut re-connu par Charles V, & que le sens naturel reroule, puis-qu'en leur place il y faudroit mettre d'autres hommes de mesme étoffe? C'en'est pas vn moien de restauration, mais de trouble, & de confusion, n'estant besoin que de pouruoir aux crimes des Iuges par bonnes Loix, & la punition des meschants par les voies de la iustice, ainsi que fera la premiere Ordonnance du Roy douce, & d'vn effect plus legisme, que n'estoient les anciens Syndicats des Officiers. Ie laisse à part les actions des autres, lesquels ont voulu abolir les

Y

procès en ce Royaume par leurs imaginations, & les ont multiplié à l'infiny auec vn'oppreſſion publique, par l'ignorance des moiens, qu'il faut tenir pour faire bonne, & brieue iuſtice ſans ſe ſoucier d'autre choſe. Il y en a qui ont voulu at-
tribüer la Chicane françoiſe à l'humeur de noſtre Nation le-
gere, ne re-connoiſſants pas que le propre genie du François
eſt honeſte, courtois, & bon, ſi ce poiſon ne l'infeʒtoit, la cauſe
duquel on ne doit rechercher ailleurs, qu'en la multitude de
nos Ordonnances confuſes, & mal dreſſees, & en la malice des
Miniſtres de la iuſtice, leſquels, ſans offenſer les bons, conuer-
tiſſent la ſainʒte é de leurs intentions en vne confuſion publique de noiſes, & querelles par l'anneantiſſement libre
des Loix, & l'impunité des Chicaneurs. Ie veux taire pareillement les fineſſes des Conterolleurs des bonnes Ordonnances, leſquelles pouuoient enfler l'Eſpargne de grands threſors
par le retranchement des fauſſetés, tromperies, & deloyautès,
qu'on a rendu ſi communes, que le trafic en eſt plus libre, que
d'aucune choſe en ce Royaume. Ie ne m'arreſteray point auſſi
à l'enumeration, que i'ay ouy faire des quarante millions
d'or, qu'on tient neceſſaires pour le rembourſement des Offices, puiſ-qu'en tous ces diſcours on ne rencontre, que vanité,
& erreur ſans fruiʒt, ny changement de l'eſtre peſtifere en vn
autre d'innocence, & de iuſtice. Car en verité c'eſt pitié, que
de voir des hommes dans ce Royaume éleués ſi tendrement
des deniers publics, & qu'ils aient ſi peu de ſoin de l'Eſtat, ſi
ce n'eſt qu'il eſtiment, comme leurs œuures manifeſtent, qu'il
faut donner vn Curateur à celuy, lequel penſe à autre choſe,
qu'à ſon intereſt particulier. Il y a encore vn autre vice cómun
dans les conferences priuees, & ſingulier à noſtre Nation,
qu'vn chacun parle en meſme temps, & ſans erdre, ny raiſon

de ce qu'il n'entend pas, & auant qu'on aie eſtably le faict, duquel noſtre Hiſtorien m'a quelque-fois ouuert vn exemple
notable des Ambaſſadeurs François conferants auec ceux de
l'Empereur étonnés de ce tumulte. I'adiouſte à tout cela, que
la verité d'vn ſi haut myſtere, comm'eſt celuy de la reſtauration de l'ordre en la Iuſtice inſpiré d'en-haut à vne pauure
creature choyſie de Dieu pour en annoncer l'excellence, & le
bien, veut eſtre examinee ſerieuſement, & ſans côtention ma-
igne en la preſence du Roy, auquel ſeul eſtant bien conſeillé
par des perſonnages integres des trois Ordres il appartient
l'octorizer l'Edict auec les Loix, que ie preſente, qui paſſera
ſans côteſtation, & produira ce bien, que ſi vous auiés reduict
es playes du corps politic à douze, qui eſt le nombre des Iu-
iſconſultes, leurs Majeſtés en verront huict, & les plus gran-
les conſolidees, auec vne connoiſſance lumineuſe de l'ordre
le la Monarchie inconnu à nos Peres, & lequel n'a iamais eſté
pperçeu qu'en figure. Ie vous ay dict, Monſeigneur, comme
'auois fuy les honneurs du Monde, pour me conſommer en la
cience de la Iuſtice, qui eſt la Sciences des Sciences, laquelle
u grand mal-heur du Royaume eſt inconnüe aux Prælats,
ien qu'en effect ce deuroit eſtre le principal but de leurs la-
euis, pour la direction de leurs charges, & les grands conſeils,
u'ils pourroient dóner au Roy pour la Legiſlatió, laquelle ils
e ſçauroient entendre, ny meſme les cas de côlcience, que par
s maximes, & l'ordre de la Iuriſprudence rapportee ſans chi-
anerie aux deux commandements de Dieu, ou pluſtoſt à vn
:ul de la paix, & dilection des hommes, en laquelle l'amour
nuers Dieu faict ſes operations admirables. Que ſi ie me cô-
icre maintenant à Dieu, au Roy, & à mon païs, ſeroit-il iuſte
e me laiſſer en proye à la hayne, à l'enuie, & à l'oppreſſion de

ceux, qui eſtiment la verité ſcandale, & ne veuïllent entendre
autre raiſon, qu'vn applaudiſſement vniuerſel à leurs volôtés?
I'eſpere cueillir plus de iuſtice en voſtre ame, que i'ay droiᵈ
de prouoquer en la vieilleſſe par le témoignage d'vne vie
honeſte, & liberale, laquelle ne doit point eſtre luᵈtueuſe à de
pauures Enfans, auſquels i'ay preparé vn heritage immortel
en la benediᵈion des hommes. Ie demande dailleurs en con-
ſeruant ce Royaume des meſmes brigandages par vne ſainᵈe
Ordonnance la reſtitution du bien, qu'on m'a rauy par chicane contre l'expoliateur, & le droiᵈ, & la raiſon contre des
iniuſtices ſi cruelles, que l'Enfer en auroit horreur. Si le Roy
doit la iuſtice à ſes ſujeᵈs égalemẽt ſera-elle refuſee à celuy, qui n'a eu plaiſir ny contentement en ſa vie, que de conſoler les Pauures, & reconcilier la Nature diuiſee par des labeurs
violents peres de concorde, & d'amitié en vne charité ſinguliere? Ie ne ſçay, ſi ie vous ay diᵈ, Monſeigneur, cette bonne
fortune, qui m'a accompagné eſtant Iuge, que n'ayant que
ſoixante, & quinze liures de gages, deſquels mes deuanciers
auoient paiſiblement iouy, on m'a condamné d'en rendre la
premiere annee auec la perte de toutes les autres, n'en ayant
iamais rien touſché, & encore es deſpens. Et afin qu'il ne
vous reſte aucune impreſſion d'imprudence de ma part en ces
deſaſtres ie vous diray, en attendant la preuue, que vous fera
parfaiᵈement l'audience que ie deſire, de la verité, qu'on n'en
ſçauroit remarquer aucune cauſe, ſ'il eſtoit loyſible de la rechercher, qu'vn effeᵈ de la Iuſtice de Dieu, lequel a chaſtié ſe-
uerement ma pareſſe, m'eſtant retiré du Barreau, auquel ie
pouuois faire des aᵈions grandes pour les pauures, afin de viure en la patience, que ie cheriſſois auec les liures, ainſi qu'vn
ſouuerain bien. Or comme i'ay re-connu mon talent, & que
Dieu

Dieu m'appelloit aux facrifices de la Iuftice, ie me fuis recuil-
ly en ce point, de n'auoir autres penfees, que de le feruir en ce
miniftere, duquel i'ay eftè faict fi capable par fa grace, que
vous me verrés feul au Monde auoir digeré la fcience de la Iuftice par des effects vifibles, qui ne fçauroient tromper perfonne.

Il n'eft donc queftion en cet'affaire, que de voir l'Edict, &
apres fa lecture d'examiner article par article les Ordonnances, & de les verifier par vne fage application tant pour le bien
vniuerfel, que le profit de l'Efpargne fur les affaires communes en la focieté ciuile. Car fi nous fommes malades il nous
faut guarir felon que la caufe le requiert, comme i'ay entrepris
le faire par la practique de cette demonftration infaillible,
qu'il ne faut parler d'aucune chofe en faict de reftauration, que
la Iuftice ne foit en bon ordre. Que fi la verité eft examinee en cette façon il n'y aura point de côtrouerfe me foufmet-
ant à l'auis des fages, comme ie me fuis propofé de combattre
viuement les ennemis de la Iuftice, en laquelle gift le repos, &
l'honneur de la France. Mais il n'y a perfonne, laquelle ne
lefchiffe à la voix du S Efprit animant les Ordonnanees que
ie propofe moulees fur le vray, & naïf pourtraict des Loix diuines, & humaines fi bien alliees enfemble, que la Loy du
Pere n'eft iamais contraire à celle de la Mere, puifque Dieu
eft autheur de la Nature, & que la Nature n'eft que fa pure, &
fimple volonté viuement imagee dans fes ouurages. Et paf-
ant outre, ie vous affeure, Monfeigneur, que quand la Compagnee, en laquelle ie fouhaite reueler la verité & la iuftice,
feroit refolüe de ne rien croire, ie la reduiray à l'approbation
d'vne commune voix de mes vœux. Il n'y a point de rocher
uft-il Adamantin, lequel puiffe refifter à mes foudres, ny

Z

d’eloquence, quand elle feroit de Pericles auec fon tonnere
fur fa langue, laquelle foit capable de combattre mes propofitions, qu’auec honte, & opprobre, proteftant de perdre le temeraire entreprenneur par fes propres conceptions. C’eft le
deuoir de l’homme d’Eftat, lequel doit auoir bien penfé à
ce qu’il diét fur le faiét des Magiftrats, la vie defquels eft en
vn fingulier honneur, quand elle eft conforme aux Loix, & à
l’ordre de la Monarchie. Il y a plus, & cecy eft à remarquer,
que fi la verité des defordres eftoit connüe aux agents, le mal
feroit diminüé grandement par le changement des cœurs, lefquels auroient horreur de le faire, & quand aux patiens, ils
quiéteroient tout pluftoft, que de le fouffrir, & f’accommode-
roient auant leur ruine. Cette maxime eft certaine ayant appris par l’experience, que la confufion eft telle, qu’on va les
yeux bandés au combat, & qu’en effeét ny les Iuges, ny les parties par les intrigues des procés ne fçauent communement
ce qu’ils font. Les Hiftoires nous fourniffent des exéples femblables en la cófufion des Eftats, dont l’incomparable S. Bernard en la Politique m’a découuert les fecreéts, & dóné à connoiftre parfaiétement outre les raifons premieres cy deffus
rapportees, que tous ces defaftres n’ont autre caufe, que l’i-
gnorance des principes de la verité, laquelle porte l’entendement à des conclufions ineptes, & ridicules. Car comme la
Prudence charnelle en fon eftude fe propofe la feule gloire,
& la reputation, elle n’a autre loyer de fes labeurs, que vanité, & fterilité de tout bien. Il faut femer en iuftice, pour
moiffonner des fruiéts de paix, & croire qu’apres ces bonnes
intentions Dieu illuminera l’ame d’vne fcience claire, & capable de produire des aétions vertueufes. Que fçauroit donc
faire celuy, lequel apres auoir confideré l’exellence de fon

eſtre ne ſ'employe de toutes les forces de ſon entendement à connoiſtre Dieu, & en ſuite à l'aimer, & le craindre? La ſcience eſt la fin du trauail, & la derniere couleur illuſtrant les operations de l'ame, laquelle en vne profonde humilité, & ſouſmiſſion à la volonté de Dieu eſt enrichie d'vne capacité ſolide des choſes inconnües aux ſages du Monde, leſquels ſe perdent en leurs propres conceptions, comm'au contraire, les bons eſprits ſelon leurs vocations puiſent dans l'Occean des graces de Dieu des threſors d'vne ſcience, laquelle faiƈt les effeƈts miraculeux en l'aſſoupiſſement du ſiecle. I'ay expeimenté les effeƈts de cette doƈtrine apres auoir mille, & mille ois verſé mes larmes aux pieds de la Croix, & me ſens à preſent fort, & puiſſant pour la defence de la verité d'vne ſainƈte egiſlation ſelon le progres, qu'il faut tenir pour reſtaurer es Compagnees de la Iuſtice. Ainſi re-connoiſſés-vous claiement deux choſes, l'vne que l'orgueil des Harangueurs leur oſté le moien de ſonder la cauſe veritable de nos maux, l'aure, qu'en leurs vaines penſees ils ont deſeperé d'vn meilleur ſtre en des maladies, que les Païſans par le rayon de la lumiere naturelle euſſent guary.

Et puiſque la verité de mes propos ſe peut manifeſter par ſ œuures, ne permettés point, Monſeigneur, que ces bons œux inſpirés d'enhaut à vne pauure creature tombent ſur la ierre, mais faiƈtes d'vn genereux courage, qu'ils fruƈtifient ſondamment dans les conſciences de leurs Majeſtès, & que multiplication de la ſemence de leur iuſtice ſ'epande par ſut le Royaume, afin que Dieu pacifié par ces bonnes aƈtions eniſſe leurs entrepriſes, & les côble de ioye, & fœlicité eterelle. Ie ſçay, que vous ne manquerés pas d'abord à trouuer trange, que ie demande au Roy l'honneur d'eſtre Aduocat

general de l'Eglife, & des Pauures dans le Confeil de Iuftice,
que ie propofe, puifque le grand S. Bernard, duquel ie tafche
en tout & par tout de fuyure les voyes, m'en deuoit diffuader
par l'auis, qu'il donne au Pape Eugene de ne point pouruoir
des charges ceux qui les ambient. Mais quand vous aurés cõ-
fideré, que le trauail de ma vie fera toufiours ingrat, f'il n'eft
fouftenu par quelqu'octorité, laquelle luy fraye le chemin
parmy les rochers, & les écueils de la contradiction en ce fuject, vous re-connoiftrés, cóm'il eft vray, que ie ne demande,
qu'vn moien de parfaire des chofes grandes, & dignes de voftre vie, à laquelle ie rapporteray le bien qui en reüffira, fi
vous m'honorés de vos bonnes graces. Auffi certes n'eft-ce
pas vn titre de vaine gloire, que ie cherche, mais vne charge,
laquelle ne peut attendre au Monde, que pénes, & tribulations par vne guerre perpetuelle contre la Chicane auec
trop de hayne, fi elle n'eft refrenee par l'octorité du Roy,
& vne dignité exterieure animant les mouuements interieurs. Ie fuis dailleurs attiré à ma fupplication, par cette remarque, qu'on ne voyoit au Parlement en l'Antiquité,
qu'honneur, & veneration à l'Eglife, mefme qu'elle auoit fon
Aduocat entre les gents du Roy, lequel furpaffoit en prero-
gatiue les deux autres, ainfi que m'a appris vn docte perfonnage, lequel encore rapporte, qu'il n'y auoit, que Preftres, que
Curés, & qu'Archidiacres au Barreau, qui monftre, que la
Pieté, & la Iuftice ne font qu'vne mefme vertu, & qu'il eft
raifonnable, qu'en la confufion du fiecle l'Eglife, & les Pauures aient vn Aduocat general en titre d'office dans le Confi-
ftoire du Roy, lequel courageufement f'oppofe aux violences, & outrages, que la Chicane leurs faict endurer fans aucun
confort, ny aïde.

I'ay

I'ay parlé auffi des Ordonnances dorees, non pour flatter les Partifans, & me faire place par ces voyes aimees outre mefure en ce fiecle, mais dautant que les veritables Mines de la France font les infidelités des peuples, & les artifices du Palais, lefquels on ne fçauroit furmonter que par les pénes legitimes. Ie vous ay dict, Monfeigneur, qu'il eft vray, que la fcience de la Iuftice n'a point efté connüe aux hommes, ayant faict ce iugement en vne longue meditation de quatorze ans, bien que S. Bernard, & le Cardinal d'Amboife en aient apperçeu les grands fecrects, qui faict, que ce vous fera vn honneur fingulier de l'auoir octorizé par vos fages, & puiffants confeils, tant pour les graces, que vous aués de la Nature, que la confience, qu'ont pris leurs Majeftés en vos deliberaions. C'eft vne faincte Comœdie, laquelle merite d'eftre ntendüe, & donnera vn tel contentement à leurs Majeftés, qu'elles verront vne fimple creature rongee iufqu'aux os, & qui n'a plus que le cœur, triompher de l'Orgueil, & de l'Avarice de la terre par dexterité, & fageffe fans combat. Vous ftes grand en honneurs, & en biens, & ne vous refte plus qu'à ous immortalifer, par les actions de la vertu, puifque tout ce que fçauriés iamais poffeder eft au deffous des facúltés de votre ame, lefquelles eftans bien emploiees feront des miracles n la corruption du fiecle. Prennés donc garde, qu'il ne vous uienne pas ce que nous remarquons tous les iours, que les randes dignités du Monde ne feruent communement aux ommes, que pour les faire viure en vn eternel opprobre, ar l'abandonnement qu'ils font de leur deuoir, & la conueron de leurs charges en vanité, & diffimulation. Admire qui oudra vos grands biens, ie ne trouue quand à moy qu'vne iofe digne de confideration en voftre perfonne, que Dieu vous a doüé d'vn efprit riche de fcience, & de prudence accompagnees de cette bonne fortune, que vous pouués faire des actions politiques belles, fainctes, & d'vne iuftice finguliere pour l'Eglife, & les Pauures, lefquels font trop opprimés entre les autres fujects du Roy dans les Palais. Ie fuis infortuné, mais il ne m'auiendra iamais de flatter perfonne pour les richeffes, n'ayant plus au Monde d'efperance, que de le pacifier, & rendre meilleur par les Ordonnances de la Iuftice. Faictes, faictes donc encore vne-fois, Monfeigneur, par vos confeils, que la France apres l'experience qu'elle a faict en fa profperité de la foudre blanche, que les Poëtes feïgnoient eftre la premiere d'aduertiffement des trois de Iupiter, & pour n'en auoir faict profit a efté frappee de la rouge bleffant, foit exépte de la noire détruifant tout, par la purification des Miniftres de la Iuftice, en laquelle cófifte le feul moien d'appaïfer Dieu fort irrité contre les iniquités publiques. Et cóm'on ne voit dans tous les temples de cette Vierge facree, que tenebres, obfcurités, & inuolutions, rendés au Roy, lequel vous a tant faict de bien, ce témoignage de gratitude, qu'il paroiffe fur la terre, ainfi qu'vn Soleil printannier de verité, & iuftice, découurant l'erreur, la malice, & l'iniuftice des hommes, comm'il auiendra, fi la Legiflation que ie propofe, eft appuyee de vos fages, & graues auis. Ce grand honneur fera communiqué à la Reyne mere du Roy, laquelle participe heureufement à la direction des plus eminentes affaires de l'Eftat, & par fes fages confeils enuers fa Majefté Iufte nous faict efperer de grands biens en la reftauration des plus grands defauts, qu'on pretexte de la Iuftice, comme l'vne, & l'autre qualité de bonté, & Iuftice propre au fils, & à la mere ne font qu'vn mefme effect de la Diui-

nité , laquelle par vne Prouidence singuliere a doüé leurs
Majestés de ces deux vertus les plus conuenables à sa puissance supreme.

    Pour ces considerations i'ay employè le secours de sa Ma-
jestè Tres-bonne auec cette creance, que par vostre fauorable intercession elle reçeura benignement le fruict de ce
mien labeur de iustice digne de sa gloire, lequel ie confie á
vostre courage, protestant que cette charité aura vne telle
puissance sur mon ame, que vostre nom viura par ses trauaux
iusqu'à la consommation des siecles. En cette resolution
ie me diray,

MONSEIGNEVR,

Vostre tres humble seruiteur,

FRANÇOIS MARCHANT.

A MONSEIGNEVR D'HALLIGRE
CHANCELLIER DE FRANCE,

MONSEIGNEVR,

On ne voit plus de bornes à l'ambition, & à l'aua-rice des foibles esprits, lesquels ne se seruent des honneurs, que pour paistre leurs vanites, cõm'au contraire les gents courageux n'ont autre but en leurs actions, que d'im-mortalifer leurs noms par l'accompliffement de leur deuoir. Ie laisse l'abiection des premiers esclaues du Monde, & m'at-tache à l'excellence des ames libres, lesquelles aiment à presi-der pour le proffit commun, & preferent le bien de leur païs à vn sale guain. Et puisque vous estes éleué au faftige de la gloire, que la vertu d'vne homme de la Robbe peut efperer au Monde, rendés graces au Roy de l'election, qu'il a faict de vo-stre personne, par la fidelité de vos actions en la pure, & naïue distribution de la iustice, afin que de la voix publique fortent les mefmes cõpliments enuers sa Majesté, que S. Ber-nard faisoit au Pape Eugene, de la promotion à la dignité de Chancellier de Romme d'vn perfonnage integre, fur lequel il se repofoit des plus eminentes occupations de l'Apoftolat. Car ainfi ferés vous heureux, & voftre memoire de fiecle en fiecle florira en la benediction de voftre pofterité, à laquelle vous ne fçauriès laiffer vn plus riche heritage.

Il eft donc bien iufte, Monfeigneur, qu'en la corruptiõ publique vous entriés en vous-mefme, pour confiderer l'ex-

Bb

cellence de voftre dignité, non par les eloges de l'Empereur Valentiniain de gardien des Loix, & du threfor de la renommee publique, mais par la propre qualité de Chef de la Iuftice entre fes Officiers, laquelle vous eft acquife, pour la defcharge de la confcience de fa Majefté enuers Dieu, & fes peuples. Ie ne veux pas m'eftendre fur les anciennes fonctions de voftre charge, & moins flatter vos oreilles de paroles vaines, bien vous diray-ie, que la France ne fouhaite apres tant, & tant de maux, que le reftabliffement de la Iuftice bannie de fes temples par la diffolution des Loix diuines, & humaines, & que vous eftes obligé de monftrer en ce fujeét, que vous eftes homme. Nous fçauons, que le Roy eft bon, & magnanime en fes iuftes intentions, mais comme cela n'eft pas affés, felon que S. Bernard difoit nettement au Pape Eugene, fi les Miniftres de la iuftice ne refpondent à la candeur de fa confcienee, la France efpere, que vous pouruoirès d'abord, autant que le fiecle peut fouffrir, à la reftauration des Ordonnances du Royaumes éteintes, & anneanties par les vfurpations, qu'on a faiét de tous cótés fur leur puiffance, &en fuite fur l'oétoritéRoyale. En quoy certes il n'y a aucune difficulté, fi vous portès voftre entendement à la verité des chofes, fans refpeét, ny confideration des efprits éleués à vne oétorité immoderee par la diffimulation du Confeil, lequel ayant mefprifé la proteétion des Ordonnances, de l'Eglife, & des Pauures, a auffi fouffert vn grand choc en fa puiffance fouueraine, & a efté vaincu fouuéte-fois par des aétiós tres-iniuftes. Or cõme vos grandes affaires, & des autres perfonnes portees aux premiers honneurs de la Iuftice ne permettent point, que vous mediés ferieufement, & auec loyfir fur les abus, & defordres, que la voix publique detefte en vñ tracas de procés pour rien

communement, defquels auffi vous n'aués iamais experimenté le mal, i'ay pris cette partie, & me fuis refolu de confacrer
tous les labeurs de ma vieilleffé à Dieu, au Roy, & à l'Eftat,
afin d'ouurir les moiens, de remettre peu à peu l'ordre conuenable au miniftere de la iuftice, par des Ordonnances plus
fortes, que la malice du Palais. Ie fuis capable de cela, non
feulement par vne fcience, & experience cómune aux Miniftres de la Iuftice, mais encore par vne finguliere grace de
Dieu, lequel parmy de grandes afflictions a fortifié mon entendement, & l'a illuminé d'vne connoiffance fi haute des
myfteres de la Iuftice cachés aux hommes, que vous re-con-
noiftrès par les effects de la fcience, que ie profeffe, vn traict
admirable de la Prouidéce pour le falut de l'Eftat. Il ne faut
donc plus niueler, & peindre la France en vn habit luctueux,
& épouuentable, puifque le temps de fa liberté, & de fon ancien luftre eft venu à la naiffance d'vn Soleil de Iuftice, lequel
diffipera les tenebres, & les nüages de la Chicane. Ie veux dire,
qu'à la rencontre des vertus du Roy rares en vn mefme Prince, nous ne deuons trauailler à autre chofe, qu'à l'examen po-
itic des caufes premieres de nos maux, & à l'application des
emedes. Vous fçaués que ça efté l'office de Pline fecód. Chan-
ellier de Traian, hóme certes admirable fil euft efté Chre-
tien, & comm'Vlpiain affifté de Fabius Sabinus, Iulius Pau-
us, & autres difciples du grand Papiniain tous Iurifconful-
es finguliers, par le mefme train que ie propofe d'vne legifla-
ion viue, & puiffante a donné vn grand ordre aux diffolutiós
ubliques à l'honneur de Seuere, lequel fagement aux affaires
e police, & de la direction de l'Empire au dedans auoit plu-
eurs Confeillers, & fe communiquoit autant en fes rencon-
es, qu'il faut eftre fecrect aux confeils, lefquels regardent les

eſtrangers. Ie ne veux pas chercher d'autres exemples, mais vous diray-ie ſeulement, que me reſſentant fort pour cet ouurage, i'ay requis des plus grands perſonnages, comme ie fais de vous, que, par vne interceſſion charitable enuers ſa Majeſté i'aye l'honneur d'entrer au Conſeil de Iuſtice, que ie propoſe au Roy, pour épandre par tout le Royaume en qualité d'Aduocat general de l'Egliſe, & des Pauures, vn ruiſſeau de conſolation ſinguliere. I'ay deliberé deſpuis quatorze ans, iour, & nuiét, ſur ce deſſein, grand, & ſerieux, & au temps que i'ay formé la reſolution de l'executer ie me ſuis trouué en vn tel labyrinthe, que ſi Dieu ne m'euſt ouuert la voye pour en ſortir, ie me fuſſe perdu dans les tours, & les détours de mes propres conceptions. Or attendant, que ie manifeſte les ouurages de iuſtice dreſſés ſous le nom d'vne ſcience, laquelle eſt propre eſſentiellement au Roy fondé en vne puiſſance incommunicable de faire des Loix pour le gouuernement de ſes peuples, ie dis en vn mot, que les mœurs dans ce Royaume ſe ſont peruertis par degrés, & que la negligence des Iuges a nourri l'impunité, l'impunité la licence, la licence les iniures, & les contumelies, leſquelles ont multiplié les crimes en telle abondance, qu'il n'y a preſque ny Foy, ny Loy en toutes les parties de l'Eſtat. Et puiſ que nous ſçauons, que de la diligence de la iuſtice, & de l'integrité de ſes Miniſtres doit ſortir tout le bien, qu'on peut ſouhaiter dans vn Royaume, il ne faut voir autre choſe, que ce qui manque aux anciennes Ordonnances, pour faire puiſſamment regner leur ſainéteté, & d'vne vie beſtiale, & ſauuage, que nous menons, en faire vne bien ordonnee, & ſociale, pour ſeruir Dieu en pureté de cœur, & ſ'entr'aymer les vns les autres par les reciprocques effeéts d'vne ſainéte charité. Car d'eſperer aucune choſe des Iuges contraires

traires les vns aux autres, ce feroit imprudence apres tant de
miſeres, & l'experience, que nous faiſons cherement de la faute de nos Legiſlateurs, leſquels ont donné trop d'octorité aux
paſſions des hommes touſiours oppoſees à la puiſſance des
Loix. C'eſt la voix de Fulbert Eueſque de Chartres, lequel
quicta l'auguſte dignité de Chancellier de France ſous le Roy
Robert, pour ſeruir Dieu, & reuerer la VIERGE d'vne ſinguliere deuotion, à l'honneur de laquelle il fit re-edifier vn ſuperbe Temple, lequel auoit eſté bruſlé. *Qu'il n'auoit iamais veu*
homme, qui defendit les Loix, mais re-connu, que tous les eſprits ſe bandoient
ſans fin à leur ruine. C'eſt pourquoy, Monſeigneur, il faut ſe reſoudre à ce ſeul point, que ſi la France n'eſt regie par des Ordonnances plus puiſſantes, que l'ingenieuſe malice des Palais, dans leſquels ſous de faux pretextes palliés du ſacré nom
du Roy on ruine tout le Monde, nous ne verrons iamais Dieu
propice, & fauorable à nos vœux. On dict que Numa auoit
tellement imbu les eſprits des premiers Romains de pieté, &
ſaincteté, que d'eux-meſmes ils faiſoient ſans autres Ordonnances, ny pénes, ce qui eſtoit de leur deuoir. Nous ne ſommes pas en ces termes : La diſſolution des Loix diuines, & humaines, que l'Hereſie, & la Chicane ont leué en ce Royaume
auec vne ſuite de prodigieux effects veut, & attend de vos cõ-
ſeils, qu'on s'oppoſe à ces deſordres par des moiés vigoureux,
& plus ſolides, que n'ont eſté les actions de nos Peres. Seruons
le Roy, Monſeigneur, & quictons ce vieil Adam terreſtre en
ſes penſees, fol en ſes paroles, & brutal en ſes œuures, pour re-
ueſtir cet homme, lequel nous a eſté donné ſelon l'eſprit en
iuſtice, & ſaincteté de verité. Entrons dans les lices d'vn
hóneur ſolide par les actions de la vertu, & abandónons à des
gents de neant ces deſirs mal-heureux de cimenter des Palais

Cc

du fang, & de la ruine des Pauures. Courons aux richeffes eternelles, de la liberté de l'Eglife, du falut des Veuues, des Pupilles, des Orphelins, & à la confolation des perfonnes miferables, pour les deliurer de l'infolent empire de la Chicane. Appaifons le Ciel par les facrifices de la Iuftice, & en nos funeftes defaftres confiderons auec Saluiain, que nous forçons Dieu par nos impietés, & iniquités ordinaires, de laiffer fa mifericorde, pour nous vifiter en fa iuftice. Eft-ce pas la voix, qu'on doit faire retentir par tout, & Dieu, qui faict toutes chofes par droicture, n'a-il pas apres luy la Iuftice vengereffe de ce qui a efté commis contre fes Loix ? Qu'elle honte en vn Royaume Chreftien, de voir le Confeil du Roy, & les Parlements confpirer les vns allencontre des autres, & fe ioüer en ces conflicts de la vie,& du bien des peuples ? Qui n'a horreur des animofités, qu'on a veu fingulierement defpuis cent ans entre l'Eglife, & la Iuftice, & qui maintenant font fi furieufes, qu'on n'oit que fcandale,& opprobre de tous côtés? Qu'els exemples donne-on à la Nobleffe coniuree par fes violences à fa propre ruine, & excitee au defepoir par l'inhumanité de la Malice du palais? Parleray-ie du peuple, lequel ne voit le Soleil, que pour foufpirer, & n'attend la nuict, que pour fe noyer dans les vagues de fes larmes ? Il n'y plus de patience, & le mal paruenu iufqu'à l'excés de l'indignation publique defire, que vous y donniés remede, comm'il eft aifé, puif-qu'en effect la fcience, que ie profeffe, eft la reftauration foudaine de l'ordre en la Iuftice. Et afin qu'on n'eftime pas, que mes difcours foient des paroles de gloire, & d'intereft, ie fouftiens pofitiuement, que la fcience de la Iuftice apperçeüe fimplement en ce Royaume iufqu'au fiecle du Roy Loüys XII n'y a point efté connüe, & que defpuis elle a efté entie-

rémēt ignorée, voire mesme, que les meilleures loix n'ont esté
que des femēces de procés. Ie ne blasme personne, & ne parle,
& n'escris que pour faire; Vn ignorant peut-estre m'accu-
seroit de vanité, si Ferrand Diacre de Cartage ne respondoit
pour moy, que le S. Esprit ne communique point ses graces
aux ames, qui n'ont pas d'affection au bien commun, & moins
à ceux, lesquels par leurs conuoitises insatiables voudroient
mettre l'Estat, & tout le reste des hommes au dessous de leur
puissance : Mais que sert-il de tant parler en vn suject si con-
tant par les témoignages de nos mal-heurs? Il n'appartient
pas aux hommes de la terre, de conçeuoir la Verité, & éleuer
leurs entendements iusqu'à la cime de ses principes, & maximes inuiolables? Est-il pas vray, & en la rareté des gents
l'Estat la France n'a-elle pas esté frappee au dernier siecle de
la sentence de Iesus-Christ, *Et pour ce que l'iniquité a abondé, la cha-*
rité de plusieurs refroidira. Qui a resisté aux vices, & qui plustost
s'y a donné confort par vne lascheté, & dissimulation trop
extreme? On faict des liures de l'Ante-christ : Mais en vain:
Car il est sur la terre vagabond, &, *La sterilité de tout bien public qui*
doit deuancer sa face, par la voix de Iob, nous en faict voir les effects, que le deuot, & sage S. Bernard m'a enseigné en tous les
Ordres de ce Royaume, par le seul soin, qu'vn chacun prend,
non du sien, mais de rapiner celuy des autres, par sacrileges,
violences, iniquités, & malices. Et passant outre i'ay reconnu,
pour vn grand témoignage de l'ire de Dieu sur la France,
qu'encore qu'elle nourrisse delicieusement autant de gents de
Palais, qu'il en faudroit pour peupler mille Mondes, il n'y a
pas vn homme, lequel s'adonne à la science de la Iustice.

Ie sçay, Mōseigneur, que vous desirés en vos grandes occupations vne preuue de l'assurance, que ie donne d'vn meilleur

Cc ij

ordre par quelque confideration folide, en attendant la confirmation de mes propos, qui fera auffitoft accomplie, que fa Majefté l'aura commandé. Quel autre témoignage en poués-vous auoir, que la force d'vn efprit de iuftice mutiné contre la Malice, & qui f'eft anneanti fur la terre, pour viure en Dieu, & en la dilection des hommes? Qu'elle difficulté dailleurs fçauriés-vous conceuoir fur l'euenement des bonnes Loix en vne Monarchie guidee par vn Roy Iufte? Il n'eft pas des Royaumes, comme des autres Eftats, ou la diuerfité des efprits combat la raifon, & furmonte la verité par le plus grand nombre des voix. Reduifons la propofition à la conclufion, & vous verrés auffitoft le Côfeil d'acord auec les Parlements, l'Eglife auec la Iuftice, & la Nobleffe bandee auec le Peuple côtre les Magiftrats en vn grand calme. Voulés-vous encore eftre plus éclairci, confiderés que deux fimples mots mal-entendus, qu'il faut expliquer en la prefence du Roy, ont diuifé le Confeil d'auec les Parlements, & excité par tout de grandes ruines. Examinés les caufes de nos maux d'vn autre côté, & vous iugerés, que la fource en a efté ignoree. Aillons à l'Eglife, & vous trouuerés d'abord, que Meffieurs les Prælats fe font perdus dans les confufions de leurs propos, & n'ont iamais compris nettement, que veuïllent dire les Appellations comme d'abus, & les priuileges de l'Eglife Gallicane, que le Vulgaire eftime differente d'auec la Catholique, Apoftolique, & Romaine. I'en ay re-connu ces iours paffés vne preuue concluante dans vn difcours, que faict au Roy vn fçauant, & eloquent Euefque, lequel demande, qu'vn perfonnage de ce Royaume, qu'il ne nomme pas, f'abftienne de connoiftre des caufes de l'Eglife, comme fi tous les Orateurs pouuoient combatre fa puiffance prife en fimplicité, & felon les Loix diuines,

& humaines.

& humaines. Ie laisse la Noblesse, le peuple,& en vn mot tous
les hommes, qui n'entendent rien en la science de la Iustice,
pour bien connoistre les voyes du Palais,&sçauoir clairement
le mal auec le remede qu'on y doit apporter. Il ne faut point
parler dauantage, mais apres tant de tépestes, & de sang épandu, venir au point de la fœlicité du siecle d'Auguste à son re-
tour dans la Ville, par vostre secours, & des gents bien In-
struicts en la science Royale. *Finita vicesimo anno bella,* dict Velleius Paterculus, *sepulta externa, reuocata pax, sopitus vbique armo-*
rum furor, restituta vis legibus, iudicijs auctoritas, Senatui Majestas, Impe-
rium Magistratuum ad pristinum redactum modum, prisca illa, & antiqua
Reip. forma reuocata, redijt cultus agris, sacris honos, securitas hominibus,
certa cuique rerum suarum possessio, leges emendata vtiliter, lata salubriter,
Senatus sine asperitate, nec sine securitate lectus. C'est le train de nos
Peres lesquels ont employé toutes les forces de leurs entendements à restaurer la Iustice apres les guerres, bien qu'en
France maintenant ce temps calamiteux ne differe qu'en nom
de celuy de la paix,& qu'en l'vne, & l'autre saison nous soyós
reduicts à de grandes miseres par le defaut d'ordre. Le com.
merce est anneanti, l'impunité triomphe, la terre est deserte
de laboureurs, le Luxe est effroiable, l'Auarice n'a point de
bornes, & en vn mot toute chair a corrompu sa voye. On ne
voit plus que des Practiciens bardés de parchemins qui sont
autant de fleaux du peuple, vous assurant par vne experience
reelle, que tel est plus dommageable à vn païs, que ne font les
tailles, les subsides, & tous les orages. Il faut voir de l'ordre
à ces desolations par prudence,& moderation, vertus tref-ne-
cessaires en vn Estat malade, lequel fuit les saignees violentes,
& desire qu'on purge doucement auant que d'en venir au dernier remede. En la Iustice, Monseigneur, consiste tout bien:

Dd

Faifons la, & feruons le Roy en ce diuin ouurage: Et fi vos occupations infinies ne permettent pas, que vous prenniés foin
des Ordonnances, en ce trauail eft ma ioye, m'eftant refolu
de fuyure Turbo, lequel refpondit à l'Empereur Adriain, qui
luy confeilloit le repos parmy de trop grandes occupations,
mefme en la maladie, *Qu'vn Capitaine doit mourir en l'expedition, &*
les armes à la main: Il ne refte que de faire voir les effects de mes
propos, pour lefquels , ie me feruiray des paroles de ce
grand Euefque de Chartres addreffees au Roy Robert, qui
defiroit fon auis. *Si de Iuftitia, de pace, de ftatu regni, de honore Eccle-*
fiæ vultis agere; ecce habetis me paruum Satellitem pro viribus opitulari
paratum.

Ie finirois volontiers en cet endroict, fi ces belles paroles
ne m'obligoient à vous reprefenter, que ce grand perfonnage
à la façon de l'Apoftre a commencé par la iuftice, ainfi que le
fondement de tous les Eftats, & qu'il a finy par l'honneur de
l'Eglife, comme le fouuerain point de la gloire des Royaumes. Et puifque tous les grands abus, qu'on pallie du fainct
nom de la Iuftice ne fçauroient prendre fin, que par la conclufion des Eftats de Bloys, lefquels ont finy par le neceffaire
eclairciffement des Ordonnances, & des Couftumes, Suy-
uons l'auis de Iuftiniain efcriuant à Epiphanius Archeuefque
& Patriarche de Conftantinople, que i'ay pour object, afin de
retrancher ce qui eft de fuperflu, amplifier, & acourcir les Ordonnances, felon qu'il fit ayant compofé vne loy, pour corriger l'imperfection des deux autres faictes par Leon, & Ana-
ftafe fur l'alienation du bien de l'Eglife. Voyla, Mófeigneur,
fans aucun tumulte la charge des Confeillers d'Eftat, pour
remettre l'ordre de la iuftice, & rendre à la Robbe, laquelle
n'a prefque feruy en nos iours qu'à faire des pauures, l'ancien

luſtre, & ſes premiers ornements de gloire. Ie ne m'exprimeray pas dauantage, ayant bien appris de l'Hiſtorien, que la felicité des temps eſt rare, auſquels on dict librement ce qu'on
penſe, auſſi n'ay-ie autre deſſein, que d'eſtablir le bien à la mode du Philoſophe Euphrate dextrement, & ſans bruict. Car
iaçoit que i'aye ſouffert de grands maux i'ay eu pour conſola-
teurs deux ſinguliers maiſtres de la Patience, Tertulliain, &
S Cypriain, auec cet aduantage que i'ay pris dans mes propres deſaſtres la reſolution de compoſer vn Edict, lequel ſera
ainſi qu'vn ſçeau de ſauuegarde à la France. Qui peut trouuer cett'entrepriſe eſtrange voyant vn Attilius Creſcens ſage Romain officieux enuers ſes amis, & viuant dailleurs du
ſien noblement, & en innocence, auoir porté impatiemment
la moindre perte, qu'il faiſoit de ſon bien, laquelle dailleurs
ainſi que i'ay re-connu par experience offence les plus con-
ſtants ? I'ay pu, Monſeigneur, voler du Barreau à la qualité
de Maiſtre des Requeſtes y â lóg-temps, & entrer dans les có-
ſeils des Princes, mais le deſir naturel d'apprendre la ſcience
de la iuſtice m'a porté à la cóſolation du pauure peuple, pour
ioindre à la Theorie vne experience ſolide des remedes à la
malice du Palais. La Iuſtice contre les Expoliateurs des
finances eſt vne ſaincte action, mais l'abolition de la Chicane
eſt vn effect de la Diuinité ennemie des noiſes, & diſcordes,
qu'elle nourrit ſi tendrement au dommage, & à la ruine generale des trois Ordres. C'eſt pourquoy, Monſeigneur, vous
feriés vn grand deſeruice auRoy, ſi vous luy taiſiés l'inuention
de la Science Royale, que i'ay formé pour ce ſuiect durant
ſon regne, laquelle ſurpaſſe l'ordinaire des choſes humaines,
& doit embellir toutes les parties ſainctes, & prophanes communes, & priuees, nobles, & mechaniques du Royaume, leſ-

Dd ij

quelles en feront decorees, ainfi que d'vñ precieux, & riche
ioyau. Quant à l'euenement, Dieu autheur de l'ouurage me
faict efperer, qu'il fera fi heureux, que nous ne chercherons
plus à l'auenir les actions de Charlemagne, & S. Louys pour
des excelléts patrós de vertu, mais qu'à la façon des Romains,
lefquels defiroient enfemble l'heur d'Augufte, la bonté de
Traian, la douceur de Tite, & la pieté d'Antonin nous expri-
merons tout fous le nom de noftre Roy Louys le Iufte. Ce
font les actions de ma folitude, lefquelles font capables de faire de grandes chofes, fi vous les appuyés de voftre octorité,
comme ie vous en fupplye, & les confie à cette fin au Pafteur
de voftre ame, afin qu'aux heures de voftre deuotion il vous
les expofe deuant les yeux, pour les porter courageufement à
vne bonne fin, quoy faifant vous obligerés étroictement.

MONSEIGNEVR,

Voftre tres-humble feruiteur,

FRANÇOIS MARCHANT.

A MONSEIGNEVR DE RETZ
ARCHEVESQVE DE PARIS.

MONSEIGNEVR,

L'hiſtoire m'a appris, que du temps de Charles VII vn religieux Carme Breton viuant dans la Flandre eſtoit ſi puiſſant en ſes œuures, & eloquent en ſes propos, qu'vn chacun luy rendoit vn ſingulier honneur, & que par ſes predications Apoſtoliques blaſmant entre les autres vices les jeux, & les ſuperbes atours des femmes, il changea les mœurs, & neantmoins qu'apres ſa retraicte la Nature depraïee par vne longue habitude retourna au meſme train. Cet exemple m'a donné ſujeċt de faire vne profonde meditation ſur la miſere de noſtre ſiecle, auquel les Prædicateurs en vn nombre infiny ſçauants, & de bonne vie ſement ſur la pierre, & de me recueillir en deux points dignes de voſtre conſideraïon, puiſque vous aués cet honneur entre les autres Prælats de l'Egliſe d'eſtre le Paſteur du Roy. Le premier eſt, que nous ne traictons plus à la façon de S. Paul la parole de la verité euangelique par ſes circonſtances, & la naïueté des actions de Ieſus-Chriſt auec ſes Apoſtres plus efficace, que les anthiſes, figures, & les autres ornements, qu'on recherche pour plaire pluſtoſt aux aureilles, que vaincre, & domter les cœurs rebelles à l'obſeruance des Loix diuines, & humaines : Le ſecond eſt, que nous auons quicté la charité, & loyauté, que mutuellement ſe doiuent les hommes, leſquels maintenant en ce

Ee

Royaume ſe maſquent de la pieté, pour commettre ſous le
voile de la playdérie toute ſorte d'iniquités, malices, & cruautés auec ce pretexte mal-heureux, que l'octorité du nom ſacré de la Iuſtice voilee par des artifices, que la pudeur ne me
permet de reueler, les garantit de blaſme, & d'opprobre ſur la
terre, à laquelle ils ſont colés ſans ſoucy du Ciel.

A ces extremités deplorables ie voy vn remede prompt, &
aiſé, par la practique des actions de Noé, que S. Pierre appelle
preſcheur de iuſtice, & de S. Iean l'Euangeliſte, lequel n'auoit
qu'vne meſme voix de dilection pour maintenir les hommes
en grace auec Dieu, & leurs faire connoiſtre, que par l'obſeruance de la Charité, qui eſt la loy Royale de l'Apoſtre S. Iacques, & ſelon les Hebræus la loy du Royaume, ils auront Dieu
propice, & fauorable à leurs prieres. C'eſt la voix de l'Eſcriture en general, & des hommes ſpirituels, leſquels nous deuons ſuyvre en ce ſujeĉt, & nous reſoudre à publier hautemét
la Iuſtice, comme la ſeule vertu capable de reſtaurer la France
en ſon ancien luſtre. Et comme ce n'eſt pas aſſés de parler, ſi
l'octorité Royale grauee dans des Ordonnances magnanimes
n'accompagne les trauaux des perſonnes Apoſtoliques, i'ay
dreſſé vne Legiſlation nette, & ſi dextrement accommodee
aux crimes, & malefices du Palais, qu'elle a ce pouuoir de changer les cœurs par amour, ou par force, & les purifier du venin
de la Chicane, laquelle a ſemé par tout en abondance l'infidelité, l'exaction, la concuſſion, l'iniuſtice, & en vn mot vn fin
brigandage. Il ne reſte donc en ce ſujeĉt à faire autre choſe,
ſinon que par voſtre ſageſſe les chaires de la ville de Paris do-
micile de nos Roys, & la princeſſe des Prouinces prennent
cette partie de la Iuſtice, pour la definir auec S. Auguſtin par
la pieté, & môſtrer aux Chreſtiens, que la Religion n'eſt qu'vn

nom vain, si les operations de la Iustice ne suyuent, & n'infor-
ment la deuotion. Ie ne doute point, que la prudence du
Monde ennemy de l'ordre ne siffle la proposition, mais si ie
suis ouy dans le temple de la liberté, ie luy feray son procés
heureusement par des ouurages de pieté, & iustice, que Dieu
par sa bonté a façonné, pour faire voir les effects de sa Toute-
puissance en vn desespoir public, & monstrer, qu'il ayme le
Roy, à l'honneur duquel ie trauaille, d'vn si singulier amour,
qu'apres vne desolation generale il veut retirer la main de sa
iustice, afin d'étendre sur la France celle de sa grace, & misericorde,

Ie ne veux pas, Monseigneur, faire l'Enfant en vne decla-
mation des loüanges des Loix, & de la Iustice, puisque leur
nom surpasse tout ce qu'on sçauroit dire, mais bien vous aduertir, que le mauuais ordre de la Iurisdiction Ecclesiastique
a faict naistre le mespris, qu'en ont faict les Officiers du Roy
auec cette suite, qu'ils ont excité par tout le schisme, & la rebellion entre les personnes Ecclesiastiques. Cette considera-
ion n'est pas mienne, mais du deuot S. Bernard escriuant au
Pape Eugene sur le suject des degrés de iurisdiction aux appellations, desquels ie parleray efficacement à quelqu'heure
auec la grace de Dieu, me contentant de vous dire à present,
que l'impunité dans les Auditoires de l'Eglise a sousleué la li-
ence de iuger les Clercs, ainsi que les seculiers, & de rauager
generalement l'octorité, qu'elle tient immediatement de
Dieu pour les choses spirituelles conseruee soigneusement
par nos Roys. Ie me suis étonné en ces rencontres maintefois
les façons de faire de plusieurs Prælats, lesquels se voyants
eschirés dans les Palais n'ont profité de ces mal-heurs, pour
choysir à l'exemple de Moyse des hommes vieux en sagesse,

Ee ij

& integrité de confcience, afin de difcipliner vigoureufement les Miniftres de l'Eglife , & faire à vn chacun bonne, & brieue iuftice. Car qui eft celuy ayant encore quelque femence du Chriftianifme en fon ame, lequel ne deplore les abus de la iuftice Ecclefiaftique autant ou plus abandonnee à la Chicane, que n'eft la feculiere ? Les Euefques n'ont-ils pas affés de biens, pour eftablir des gents vertueux, & n'eft ce pas à eux d'apprendre les fecreéts de la iuftice, pour defcharger leur côfcience enuers Dieu, & l'Eglife,& môftrer à vn chacun par leurs œuures, qu'ils l'ont autât emprainte dans leurs cœurs, que fur leurs langues ? Que fi les dignitès d'Officiaux font deftituees de commodités pour les fouftenir, il eft aifé d'y pouruoir par l'vnion de quelques benefices fuffifants auec les proffiéts , qu'on en peut iuftement tirer, pour le maintien de la perfonne éleuee à vn fi haut titre d'honneur. C'eft, Monfeigneur, l'auis falutaire, que vous donne vne pauure creaturo illuminee de grandes raifons par vne vocation finguliere, pour faire reuiure la difcipline, & l'ordre, qu'on doit tenir en la diftribution de la iuftice, eftant excité à ce faire par l'experience de ma vie,& la falutaire admonition de Petrus Blefenfis Archidiacre en Angleterre, lequel efcriuant à trois Euefques leurs annonçoit cette verité , que les Iuges d'Eglife doiuent renuoyer les Preftres, & les Clercs accufés de grands crimes au btas feculier, & non pas couurir leurs pechés par vne diffimulation capable de faire crier le Monde offenfé par ces voies contre la iurifdiétion Ecclefiaftique. Ie ne rapporteray point les Conciles, qu'il allegue, & fes raifons, puif-qu'en vn mot les deux glaiues fe doiuent confort,& aïde auec ce refpeét,que l'vn cede à l'autre par vn rapport mutuel de la puiffance legitime, que Dieu a donnè à l'Eglife, & aux Roys, pour la direction

ćtion de l'ame, & du corps.

Vn ancien ſe plaignoit d'auoir employé quelque partie de ſa vie à l'eſtude du droiĉt ciuil, eſtimant que la Malice du palais eſtoit vn calice Babylonien, lequel enyvre les pechevrs de la terre, comme S. Chriſoſtome re-connut, n'ayant voulu, bien qu'il fuſt tres-capable, eſtre Aduocat. Mais il faut entendre ces choſes ſainement, & croire, que la Iuſtice ſainĉtement exercee eſt le plus grand benefice, que Dieu aie donné au Mõde, pour contenir les hommes en ſon amour, & en l'obeïſſance deuë aux Princes ſouuerains. C'eſt pourquoy ayant eſtè contre mon cœur touſiours attaché à cet exercice, & l'ayant apris à mon dommage par vn ſecreĉt de la Prouidence de Dieu, luquel ie ne me veux rendre curieux, ie me ſuis reſolu d'en manifeſter le threſor, & d'employer toutes les puiſſances de mon ame à la fin de ma vie, pour la defence de l'Egliſe, & des auures contre l'inſolence de la Chicane, ſi ie ſuis honoré de la charge de leur Aduocat general dans le conſeil de Iuſtice, que ie propoſe, pour l'obtenrion de laquelle ie vous ſupplye de contribuer vos faueurs, & d'aymer,

MONSEIGNEVR,

Voſtre tres-humble ſeruiteur,

FRANÇOIS MARCHANT.

DE CONSIDERATIONE.

AD DOMINVM MYRON
EPISCOPVM ANDEGAVENSEM.

qui pretendebat appellaões a Clericis factas tanquam ab abusu esse supprimenda

NESCIO quo fato, aut potius quo in-explicabili rerum ordine fuêre semper, vt nunc sunt innumeri in Gallia homines, qui proprijs tantùm intenti negotijs turbare nituntur Ecclesias, quòdque grauius est, summi Pontificis, & Christianissimi Regis mutuam beneuolentiam, & gratiam Diabolico studio dirumpere moliuntur. Vox ista fuit D. Bernardi Regem Ludouicum iuniorem enixé supplicantis, vt tam malignis spiritibus fortiter resisteret. Sed nihil vnquam simile visum est à constitutione Mundi, quàm centum ab hincannis Cleri, & vestra, Reuerende Episcope, inter alios Ecclesiæ Antistites contentio cum Senatu Parisiensi, quæ Deo, & hominibus inuisa, nihil aliud vnquam præter Hæreticorum propagationem, & Religionis Cathoicæ contemptum in effusione sanguinis Prælatorum, non corporis, sed honoris, excitauit. Quid enim hac in re potest sse ambigui iuris, seruato iustitiæ ordine sine circuitu, & suo, cùm veritas vocis illius sit ab ipso Saluatore ore proprio xpressa, *Reddite quæ sunt Cæsaris Cæsari, & quæ sunt Dei Deo?* Finienæ sunt ergo scientia illa regia, quam Galliæ annnunciaui stes istæ, & hoc firmissimo decreto in omnium vtilitatem reg mnis temperanda est, *Regna terræ, & iura regnorum tunc sanè sana is Dominis, atque illæsa persistant, si diuinis Ordinationibus, atque disposi-*

tionibus non resistunt. Habet Gallia Regem nostrum magnanimum in ijs rebus, quæ ad eius notitiam perueniunt, pietatis, & iustitiæ protectorem, nec aliud hac in re moliendum est, quàm Regni, & Sacerdotij iura potenti sanctissimæ legis oraculo ita in posterùm distinguere, vt nulla amplius litigandi hac in re Magistratibus regijs cum Clero surpersit occasio.

Non vtor more multorum proemio ad vos, nec ambitu, sed à re ipsa incipio. Quòd si non solùm in Ecclesiæ, sed totius regni causâ, quam forti animo amplector, mihi vera dicere licet, nulla tanti mali fuit alia ratio, quàm infoelix Malitiæ forensis in hoc regno genius, qui dormiente Regis Côsistorio, conculcatis legibus, & euersâ omni verecundia cuncta, non potestati, quæ est à Deo, sed propriæ solùm volûtati, quæ est à Diabolo, côtra regni ordinê ambitiosé subjecit. Hinc Hærefes in Ecclesia, & in Pontificio iudicandi, dum omne consilium fluctuans incertum, ac vagum est, & in eisdem ac per eadem sine vlla consistendi statione defertur. Et si aliquando contentionum istarum quærantur causæ ab his omnibus Hæreticis, confunduntur, perturbantur, dissimulant, circum errant, & finem ipsum eius, de qua quæritur, controuersiæ cuitant. Atque adeò non minus incerta, & fallacia Hæreticorum, & Rabularum ingenia, quàm tepestatum, terrarúmque, agunt sermone in orbem semper, & circulum erroris inflexo, qui nihil tenens, & in nullo consistens, indefinitæ sententiæ cursu, recursúque iactatur. Quid plura? Nihil potest obesse bono pacis inter vos, & Iustitiæ Antistites in hoc regno, quàm silentium, & negligentia vestra, cùm veræ Iustitiæ, cuius scientiam profiteor, æqualis distributio ex sanctissimo Legum nostrarum recté, & rite dispositarum secundum animi mei propositum fonte manans vnicuíque, quod suum est, retribuat, &

iuris

iuris terminos ambitioni, & auaritiæ fortiter præfigat. Euigila igitur, ô homo Dei,& tuis fac præcibus cum Clero,vt res ista coram Rege solemniter manifestetur, liceátque mihi Ecclesiæ,& Iustitiæ Ministris simul liberè dicere. *Vsquequo malè in malo vos alterutrum confortatis, & gladijs labiorum inuicem sternitis, inuicem perditis, vt ab inuicem consummamini? Congregamini oues dispersæ, redite ad pascua, redite ad Pastorem, & Episcopum animarum vestrarum Obsecramus pro Christo, Reconciliamini Deo, Reconciliamini Regi, quem vestris nimiùm querilis offenditis: Reconciliamini etiam omnibus, ne forte vox publica clamet contra vos. Quid Ecclesiæ cum villa, fundo, & gleba? Quid Iustitiæ cum animâ, & interioris hominis regimine?* Annuntio vobis Iustitiam, prenuntio periculum in mora, veritatem non taceo, hortor vos ad meliora, & pacem firmissimam spondeo, dum modò desiderijs meis parientiam, si non potiùs deuotionem vestram commodaueritis. Sed vt breui stylo res conclusa clariùs elucescat, considera, quòd prudens in tempore tacui, vt aliquando laxatis eloquentiæ frænis fortiter erumperem. Ea igitur est facti species, & recta scientiæ meæ ratio, non in verbis hærens, sed quæ ex ipsis causæ vestræ, & totius Galliæ nimiùm oppressæ, miseriæque meæ singularis visceribus veritatem eruit, & sole meridiano lucidiorem ante ocu'os omnium exponit. Quindecim ab hinc annis in summo mœrore transactis quatuor inter plurima alia Malitiæ forensis excepi tela, quæ fato functam vxorem, & liberos mecum in rei familiaris nimiâ iacturâ ad desperationem rerum humanarum nullâ regnante iustitiâ adegerunt. Nec sane vlla in magnis corporis morbis, dum vbique Iustitiæ templa mihi supplicanti clausa fuêre, animo illæso superfuit consolationis sedes, quàm ex testimonio rectæ conscientiæ diuinæ misericordiæ grata recordatio, & ardens, si vnquam daretur libertas, vindictæ religiosæ studium contra Artem illam, quæ me il-

Iaqueauit dolis, & per innumeros anfractus bonis, & interioris foelicitate pacis fpoliauit. Virtus eft ad vindictam necef-
fitate venire. Magnum quid, & diuinum fapit offenfus cle-
mens. At tandem, vt inter pericula animo defoecato, & à ter-
renis cogitationibus abftracto firmum adhæfit propofitum,
Hydram illam malorum renafcentem, non fictâ Herculis ope,
fed Legiflationis facræ fulminibus ad Inferos, vnde proceffit,
relegare, vota mea nunc in Ecclefiæ libertate, & legitima poteftate, Pauperùmque falute tuenda publicè expono. *Et victo-
ria habet, & gloriam placendi Deo, & prædam viuendi in æternũ.* Diffici-
cilis res effet ifta hoc fæculo vitijs omnibus laborante homini
obtufo, non ei, qui fub fauftis Regiæ beneuolentiæ aufpicijs
nihil tam arduum exiftimauit, quod non improbitas extor-
queat. Silui diu, immo elongaui fugiens, & manfi in folitu-
dine, vt aliquando ex operibus, quæ compofui, veritatis cer-
tæ, & iuris indubitati, Rex nofter non folùm nomine Iuftus
cènfeatur, fed & publicis iuftitiæ operibus labore meo euerfæ
in foro difciplinæ corrector, emendatórque contigat. Scio
Moratorum in Gallia morem, qui ad emendationem domi, &
publicè ad oftentationem difputant fuper eo verbis exquifi-
tis, quod nec intelligunt, nec fieri defiderant in omnino diffi-
milï ratione viuendi: Sed non hic eft animi mei genius, quin-
immo nulla mihi vnquam ad dicendum caufa fuit, quàm exequendi operis voluntas, & Ecclefiæ liberandæ, Viduarum,
Orphanorũ, Pauperùmque omnium è Malitiæ forenfis fau-
cibus eripiendorum fummum ftudium. *Sic oportet demonftratio-
nem, & commendationem alicuius rei adortos, priùs in adminiftratione eius
rei deprehendi, & côftantiam commonendi propriæ conuerfationis auctorita-
te dirigere, ne dicta factis deficientibus erubefcant.* Quòd fi prifcis tem-
poribus cùm adhuc nuda virtus placeret, & vigerent artes in-

genuæ, fummum erat inter homines certamen, ne quid pro-
futurū fæculis diulateret, Antiquitatis infiftens veftigijs tribus Galliæ Ordinibus thefaurum iuftitiæ, & pacis refero, vt
ope veftrâ, & omnium, qui de Rep. bene mereri volunt, tanti
boni vtilitas coram Rege fapienter examinetur. Quid plura?
Nonne oportuit in omnibus fæculis femper aliquem fuiffe,
qui in fummis periculis Reip. veritatem excuteret, & legibus
improborum hominum licentia fepultis vitam quafi nouam
reftitueret? Premitur Gallia tyrannide Malitiæ foréfis, & omnes quotidie grauia, atque indigna patimur, nec eft qui à periculis Ecclefiā, & Pauperes extrahat. Hoc igitur magnis à Deo
ingenij dotibus ditatus conftanter opus aggredior in eius honorem, Regífque profperitatem, & regni vtilitatem, cum cer-
tiffima fpe victoriæ doli, fraudis, calumniæ, & iniquitatis,
quæ primas in hoc regno tenent partes, & Ecclefiæ, Nobili-
tatis, & proborum omnium damnum cum iniuria, & oppro-
brio ita moliuntur, vt verè à fapientibus vox illa cum magna
animi triftitia publicetur, *Plus togæ læfere Rēpub. quàm loricæ.* Iacta
ft alea, nec ampliús deliberandū eft de eo confilio, quod non
poteft laudari nifi peractum. Rem autem omnem ordine per-
iciam côfilio D. Bernardi, & tenebo medium ne perdam modum, cùm omnem extra modū habitationem fapiens exilium
eputet. Quod liberè dico, quia in his omnibus video quotidie animos æftuantes, & in optimâ caufâ nihil aliud colligen-
es, quàm furiofæ cuiufdam audaciæ turpem famam contra
egni ordinem, & debitum Regi ab omnibus obfequium,
ale.

Reuerentiæ tuæ feruus humilimus
FRANCISCVS MARCHANT,

A MONSIEVR LE REVEREND PERE

SEGVIRAN IESVISTE, PREDICATEVR
ET CONFESSEVR ORDINAIRE DV ROY.

MONSIEVR MON PERE,

La Prouidence de Dieu en vne grande perfecu-tion m'a placé au Defert. Ie n'ay autres voifins, que les chefnes, & la grotte du Bien-heureux Pere Robert d'Ar-breiffel, lequel a efté en fon temps la foudre de l'Euangile, & l'vne des lumieres de l'Eglife. Il f'eftoit retiré de l'Abbaye de Touffainéts d'Angers Ordre de S. Auguftin, pour vacquer à la connoiffance de foy-mefme, en vne affreufe folitude occu-pee par des Volleurs, & Dieu, qui abaiffe les orgueilleux, & éleue les humbles, a fait le plus riche ouurage par tant de gra-ces, qu'il luy cómuniqua en l'inftitution d'vn Ordre de filles Religieufes, qui foit en toute l'Eglife, voire l'vnique en des prerogatiues de grandeur, puiffance, & auétorité. Ie ne veux pas entrer en aucune comparaifon des effeéts de la Prouiden-ce fur moy, qui ne fuis qu'vne chetiue creature. Mais i'oferay dire, qu'eftant venu au mefme lieu, pour feruir Dieu en fon Eglife d'vn efprit calme apres de grandes agitations au Mon-de, ie me fuis fenti tellement épris, & illuminé des dons du S. Efprit en la vacation, que i'ay fuyui au cours de ma vie, qu'-en verité ie ne voy aucun empefchement, lequel me puiffe ra-uir la gloire, d'eftre le mediateur enuers le Roy de la reftaura-tion de l'ordre de la Iuftice. I'ay parlé fur ce fujeét plufieurs-

Hh

fois, mais maintenant fans obfcurité ie me découure au public, auec efperance de parfaire tout ce qu'on fçauroit defirer
felon le temps. Il n'en faut point dire dauantage, ains venir
au point de la perfection par cette refolution d'vn ancien
Pere fur des entreprifes genereufes: *Que ne prennès vous garde,*
que la mort ne vous fur-prenne, ainfi que faict le Larron ? Mal-heur à ceux,
qui voudront enfanter en ce iour. Ie quicte donc la contemplation
aux Cloiftres, pour fuyure l'auis Apoftolic de S. Iacques, &
prens en main comm'Aduocat la caufe des Pauures, que la
Chicane opprime, & def-honore par trop, bien que mes
vœux foient vniuerfels pour les trois Ordres du Royaume.
Et puif-que vous maniés la confcience du Roy au Cofeffion-
nal, qui eft le lict de la mifericorde, & de la iuftice de Dieu fur
la terre, & que ce mien deffein eft en vn mot la defcharge de
fon ame enuers Dieu, & fes peuples, ie vous en dóne auis, m'affeurant que vous ne manquerès d'en aduertir fa Majefté, &
luy faire connoiftre de bonne grace, que ce n'eft pas affès de
bien-faire, aymer, & craindre Dieu aux Princes fouuerains,
mais qu'ils font obligés de gouuerner leurs fujects par des
Loix equitables, & puiffantes, pour les vnir d'vn étroict lien
d'obeiffance aux commandements de Dieu, & de dilection des
vns enuers les autres. C'eft, Mon Pere, la vraye Theologie,
& la Religion des Chreftiens ; fans aucune diftinction, ny feparation du double effect d'amour compris fous vne mefme
Loy. Ie dis cela contre ceux, lefquels fe donnent de grands
titres de pieté, & deuotion par leurs actions exterieures, & ex-
ercent toute forte d'iniuftices, d'iniquités, & d'oppreffions
par force, & fous le voile de la Iuftice. Tertuliain reconnoif-
foit les Chreftiens par cette marque, qu'ils s'abftenoient du
Palais, comm'en effect les tricheries, qu'on y practique, font

des actes plus barbares, que la Barbarie mefme. Il faut donc fe renfermer dans les Ordonnances de la Iuftice, pour purifier ce Royaume, & l'affeurer, que fi nous ne rentrons dans cette voye Royale, nous ne verrons iamais que mal-heur. C'eft le beau fuject, qu'on doit faire retentir par tout, & finguliere-ment deuant le Roy, afin d'appaifer Dieu fort irrité par les contentions d'entre l'Eglife, & la Iuftice, & plufieurs autres defaftres, lefquels finiront par les exercices d'vne bonne, & prompte iuftice comprife en la Legiflation, que i'ay conçeu, pour l'enfanter par ordre, fi fa Majefté l'a aggreable. Ie ne doute point que le Vulgaire ne m'accufe de vanité, & ne m'im-pute, que ie vife à quelque bien particulier. Dieu, qui fçait la verité, & guide mon cœur, me iuftifiera des calomnies ordi-naires aux ames defireufes de fuyure la vertu, & de f'immor-alifer par des actions loüables. Ie n'ay point de paroles, qui naiffent fur les leures : Ie tire tous mes difcours du profond du cœur amoureux du bien folide, & des richeffes d'vne vie eternelle : Il y a long-temps, que le defefpoir des affaires du Móde m'a faify, & que les afflictions m'ont picqué trop auant, pour me fier aux amitiés de la terre : En luy font mes efpe-rances, & vous affeure, que fi vous donnés à leurs Majeftés de bonnes impreffions de mes vœux, l'Eglife, & les Pauures entre les autres fujects du Roy beniront l'heure, en laquelle vous aurés annoncé la nouuelle. Il n'y a point d'autres difficultés, que de reueler cette verité, & de preparer le Roy à vn fi fainct, & falutaire bien : Ie ne fuis pas apprentif en la connoiffance des refforts, par lefquels les affaires publiques fe maniënt. Ie parle de la Iuftice, de laquelle ie fuis pleinement inftruict, & par delà ce qu'on peut attendre humainement : Cóbatte donc qui voudra dans le champ de la liberté ma Science Royale, la-

Hh ij

quelle eſt en effect l'ordre de la Iuſtice reduict en vne forte
Legiſlation, ie le precipiteray par ſes propres paroles dans l'a-
byme de ſa temerité. Mes forces ſont du Ciel, & n'y a point de
prudence humaine capable d'en ſouſtenir les aſſauts: Il eſt
temps de parler, & comme i'ay eſté la fable, & l'opprobre de la
Chicane en vne patience religieuſe, i'ay droict de publier
pour la gloire de Dieu, qui m'a conſolé, que ſi i'ay eſté en qualité d'Officier de la Iuſtice, & d'homme priué ſans exemple de
miſere dans ce Royaume, ie n'auray point en cette ſcience de
compagnon de vertu en tous les ſiecles. Mais que ſert-il de
tant parler? Faictes, Mon Pere, experience de la force de mes
propos, & ne permettés point, que ces bons deſirs tombent
ſur la pierre. Aduertiſſés le Roy de bon cœur, que i'entreprens
de luy faire connoiſtre l'ordre de la Iuſtice, lequel a eſté caché
iuſqu'à preſent ſous des voiles d'erreur, & d'obſcurité, quelque ſoin, qu'aient pris les Roys ſes majeurs de l'entendre, & de
le faire practiquer. C'eſt la ſeule voye, qu'on doit tenir maintenant dans les Chaires, pour exciter le Roy à la reſtauration
de la diſcipline en l'ordre de la Iuſtice, & les Magiſtrats à leur
deuoir. Noſtre Religion eſt affermie par le S. Eſprit, & toutes
les diſputes, ainſi que Siſennius homme tres-ſçauant remon-
ſtra à l'Empereur Theodoſe, ne font que renflammer la fureur
des Sectaires. Vous en ſçaués, Mon Pere, les belles conſiderations repreſentees par le Pape Innocent octorizant la conſtitution ſinguliere de l'Empereur Martiain en vne epiſtre, qu'il
eſcriuoit à Henry, & Sampſon Archeueſques de Sens, & de
Rheims, & à S. Bernard, par laquelle il les exhorte au meſpris
de Pierre Abaillard moine de nom, & Diable en effect, lequel
formoit des hereſies, & à ne point diſputer des articles de la
foy apres les ſacrés Conciles, ce qu'on doit ſur tout obſeruer

contre

contre l'Herefie de noftre fiecle, laquelle a pour object la diffolution des Puiffances fpirituelle,& temporelle, & qu'on ne
fur-montera iamais,que par vne force toufiours prefte de preuenir la rebellion, pour en faire par les voies de la Iuftice vne
feuere punition. Car ainfi verrés-vous ce venin chaffé du
cœur de la France,auquel il f'efforce de f'attaquer,auec la grace de Dieu, que les Chreftiens font dailleurs obligés de meriter par des œuures de iuftice. Faictes donc que par vos fages
exhortations enuers le Roy affifté de l'inuincible force de la
Legiflation,que ie luy offre, nous voyions vifiblemens le dol,
les fauffetés, les tricheries, & en vn mot les Chicaneries fran-
çoifes bannies des temples de la Iuftice, laquelle en fes cuifan-
tes douleurs demande inftamment à la Majefté, qu'elle pro-
nonce de fa propre bouche contre les artifans d'iniquité &
malice cet oracle fa cré des Machabees purgeants la ville, & 2. mac. 26
le temple, *Maudit foit celuy, qui inftitüe fon fils en la difcipline grecque.*
Car Dieu veut eftre ferui en innocence de mains, & en pureté
de cœur,comm'il a en grand'horreur les artifices d'vne ame
double voilant fous le manteau de la pieté vne damnable
impieté.

I'ay,Mon Pere, efcrit naïuement des chofes d'vn admirable bien. Mais comme les propos de la Iuftice tombent ordinairement fur la pierre, foit qu'aucun ne fe foucie que de fes
interefts prefents, ou que les vns, & les autres eftiment fe fauuer des dangers par argent, ou par grace, & que dailleurs perfonne n'y entende rien, ie fuis obligé de recueïllir en des propofitions claires ce que i'ay dict, afin que vous le portiés par
l'octorité du Roy au falut de la France, que i'ay pour feul obiect en tous mes defirs. Il eft vray, que la mifere m'a excité à
cette refolution auant que de quicter tout, mefme le Royau-

me, pour des iniquités si violentes, qu'en verité elles ont percé le fort de mon ame maistresse de la fortune, apres auoir blessé ma famille incapable de cette haute philosophie. Aussi vous diray-ie ingenüement, que les assauts de cette furieuse Chicane contre cette illustre maison, que i'auois entrepris de sauuer, sont plus violents que mes forces, & qu'il n'y a moien d'en venir à bout, que par quelqu'octorité exterieure accompagnee de la grace du Roy, laquelle ie me suis resolu de meriter par le plus grand, & le plus genereux seruiee, qu'on aie iamais veu en tous les liures auoir esté faict par vn homme de la Robbe à son Roy.

Ie dis donc par ordre, qu'il n'y a en tous mes vœux aucun interest terrestre, ny feu de malice, & que i'ay representé mes accidents, & encombres, pour faire voir par vn exemple palpable, que si i'ay pery ayant Dieu, le droict, & la raison auec courage, moiens, & amis sans ennemis par des voies trop iniques, qu'on peut tirer vne demonstration infaillible de la desolation & calamité publique de mes miseres, lesquelles sont communes à toute la France, & sont releuees par mon esprit aimant la Iustice, & hayssant d'vne parfaicte hayne l'iniustice manifeste, sans que iamais ie me veuïlle enquerir des iugements rendus sur des causes à double face.

Que ces infortunes sont les matieres fertiles des Harangueurs du dernier siecle, lesquels, comme i'ay monstré, ont dict publiquement à nos Roys, qu'ils en rendront conte au grand, & épouuentable iugement de Dieu, adioustans pour fin de tous leurs propos, que la meilleure iustice est vne extreme iniustice.

Que la connoissance des remedes à ces grands mal-heurs ayant esté ignoree, ou dissimulee, & Dieu m'en ayant reuelé la' verité apres vne parfaicte meditation de quatorze ans en l'abdication de toutes autres penfees que celles de la Iuftice, i'ay efté obligé en confcience d'en aduertir leurs Majeftés, & les plus illuftres perfonnages de la France emploiés à fa dire-ction, pour faire voir des effects vifibles, & reels de iuftice, & de paix, par lefquels le Roy triomphera en vn inftant des ini-quités publiques de l'Eftat, & rendra à tous fes fujeéts la liber-té, qu'vne infame feruitude leurs a rauy par l'empire immo-deré des mauuais Miniftres de la Iuftice.

Que l'examen de cette verité eft aifee en la prefence de leurs Majeftés affiftees de telles perfonnes choyfies des trois Ordres qu'elles auront agreables, fans que la verité, & la Iu-ftice des Ordonnances, que i'ay dreffé, & tiré des Loix diuines, & des Ordonnances du Royaume puiffeñt eftre conteftees qu'auec honte, & opprobre.

Que ces Ordonnances ont cette force, que des trois fortes de playes, defquelles le corps de la France confidere, ainfi qu'vn homme, eft navré ayant le cœur fain toutefois en la perfonne d'vn Roy iufte, on en verra aucunes des mortelles confolidees, & quand aux autres femblables, que par vn pre-mier appareil le remede fera tellement difpofé, qu'au fecond lles feront guaries en la mefme façon, qui eft à dire, que la premiere Loy fera vne merueilleufe confolation auec vne ef-perance certaine de la fin de la maladie incontinent apres par vne pleine fanté.

Qu'aux autres playes de ce corps politic, qu'on ne guarira amais, n'eftant pas au pouuoir humain de le conferuer des fluxions ordinaires aux Eftats on y verra des remedes fi bien ordonnés, que les maladies ne feront que des exercices pour cueiller, & non pas affliger les efprits, lefquels auroient fuject de requerir de Dieu le don d'immortalité, pour voir la fin d'vn procés intenté pour rien, si les choses demeurent en l'estat qu'elles sont.

Que le Roy partant aura cet honneur sans bruict, ny mutation violente de faire ce que tous les Roys ses majeurs ont desiré, & d'accomplir par effect ce que les liures sacrés, & prophanes ont rapporté de plus beau, & de plus excellent tant pour la gloire des Princes souuerains, que le bien de leurs sujects.

Que le principal defaut de nos Peres portés iusqu'au siecle du Roy Louys XII à la vraye iustice conseruatrice des pauures, & personnes miserables a esté, de ne pas conceuoir les Ordonnances en termes si puissants qu'elles fussent plus fortes que l'homme, duquel on ne doit iamais attendre que mal-heur.

Que despuis ce siecle toutes nos Loix n'ont esté que des pepinieres de procés, & qu'elles ont porté sur le front l'extirpation des malices, & iniquités des Palais, lesquelles au dedans elles ont releué iusqu'à la cime de tout'abomination?

. Que nos Ordonnances en vn mot n'estants que des exhortations, vaines, & vagues, pour restaurer l'ordre de la Iustice il les faut recueillir en vn ordre puissant, & tellement vigoureux, que la Malice du Palais ennemie de leurs decrets cede à leur iustice.

Que cette action diuine, & d'vne gloire immortelle au Roy est la resolution des Estats de Bloys de l'an 1576, laquelle en vn instant sa Majesté verra accomplie auec cette benediction, que son regne surpassera en bon-heur tout ce qui a esté veu en l'Empire Romain, & dans ce Royaume, voire mesme, que si on considere les liures sacrés, pour en tirer quelques

propositions

propofitions de l'amour de Dieu enuers vn Roy, on trouuera par des effects conftants, & irreprochables, que Dieu a defti-né le Roy pour eftre vn Roy de iuftice, & en fuite de paix, & reconciliation auec luy grieuement offenfé par les iniquités, oppreffions, & barbaries de la France exercees fous l'octorité facree de la iuftice.

Que cette Science Royale, ou la Science des Sciences ne peut auoir efté comprife, que par vne fpeciale vocation, la-quelle i'ay reuelé apres de grandes preuues des infpirations du S. Efprit en mon ame, que l'infidelité mefme ne fçauroit contefter, re-connoiffant eftre obligé à Dieu par infinies ma-nieres, mais fingulierement en ce, qu'il m'a conferué l'efprit parmy des afflictions in-ouyes, & qu'apres les tempeftes il m'a faict voir le port de la raifon en vne ferme conftance, de viure en luy feul, pour mourir en fa grace.

Que la reftauration de l'ordre de la Iuftice partant ne peut eftre accomplie que par vn homme fçauant, & expert en l'art du Palais, & en la fcience de la Iuftice, lequel foit refigné du tout à Dieu, pour la benediction, & le falut de fon païs, laquel-le qualité fe rencontrant heureufement en moy follicite leurs Majeftés d'ouyr ce qui n'a iamais efté exprimé naïuement, & vous oblige de leurs faire entendre le bon-heur, qu'elles reçe-uront de cette connoiffance. Voyla, Mon Pere, les premiers traicts, lefquels ie m'en vay reduire à d'autres propofitions plus ferrees, & dont vous auès vn grand intereft de fçauoir la verité, pour la defcharge de la confcience du Roy enuers Dieu, & fes peuples. Ie fuis obligé à ce faire par le vice de noftre fiecle, lequel eftime tous les propos du bien autant d'i-lees, comme fi la raifon de Pline fecond parlant à Traian n'e-toit pas veritable, que fi on a fuyui les chofes mauuaifes, on

Kk

peut par les exemples, & la puiſſance d'vn Roy vertueux reprendre les bonnes, & ſe conformer à l'obeïſſance de ſes Loix
imperieuſes.

Ie dis donc, que iamais vous ne verrés aucune iuſtice dans
le Royaume, que le Roy n'entreprenne la premiere partie des
actions de Ieſus-Chriſt conſiſtante en ce mot de *faire*, nom de
iuſtice, lequel appartient à ſa Majeſté, comme la viue image
de la puiſſance diuine, laquelle il a communiqué aux Roys,
pour la direction de leurs peuples. Car les actions particulieres des Roys, & des gents de bien, leſquelles parlent & en-
ſeignent par leurs exemples auec la ſcience des ames religieu-
ſes ne ſont pas aſſés fortes, ſi l'octorité ſouueraine ne ſerre du
frein de la raiſon les eſprits rebelles, & refractaires à l'obſeruance des Loix diuines, & humaines·

Que cette verité eſt certaine par vne experience calamiteuſe en noſtre ſiecle; auquel on ne voit preſque dans le Monde que des Chreſtiens en apparence, & des Iudas en effect par
leurs trahiſons, & les infidelités de leurs œuures.

Que pour étouffer la malice des François auant ſa naiſſance, & la punir quand elle paſſe les limites des Loix, & des maximes politiques, il eſt neceſſaire d'eſtablir vne loy generale,
laquelle aura cette force d'octorizer les bonnes Ordonnances dans vn Conſeil de ſalut, & par les exemples d'vne correction ſeuere contre les infracteurs des Loix, & des principes
de la iuſtice arreſter l'inſolence de ceux, leſquels veuillent
d'vne ſcience diuine en faire vne opinion humaine, confuſe,
& calamiteuſe au Royaume, ſans que l'ordre neceſſaire en la
diſtribution de la iuſtice ſoit aucunement ébranlé, mais
du tout affermy par le maintien des Puiſſances ſelon leurs
fonctions.

Que de là doit sortir l'accord du Conseil auec les Parlements, lequel a esté employé aux derniers traictés des mouuements, & qui offense l'octorité Royale, & tous les Ordres
consumés par ces altercations.

Que ce Conseil sera en effect la forteresse in-expugnable
des Loix, l'azyle des Veuues, des Pupilles, & des Orphelins,
& en vn mot le refuge des personnes miserables sans aucune
péne par la vertu de quelqu'action productrice d'vn monde
de bien par-cy par-là, ainsi que ie feray voir selon les rencontres, ayant supplyé sa Majesté de m'octroyer la charge d'Aduocat general de l'Eglise, & des Pauures à l'exemple du Roy
Louys XII pour cet effect. *appartient a Mrs les advocats du Roy*

Que ces verités se manifestent par les exemples reels, com-
m'vn particulier de cette maison, laquelle estant pauure à l'e-
gard des charges souffre y a quarante ans vn mal, lequel appartient au Roy dans ce Conseil de guarir, comm'il fera, si
i'ay en l'occasion propre vn quart d'heure d'audience, autrement il n'y aura que d'espense sur despense, ce que desia i'eusse
accompli, si le Conseil m'eust ouy.

Que la cause de l'expoliation d'vn beau droict importante
de douze mille liures semblable aux calamités publiques en
ce suject procede de la practique des iugeméts à discretion, &
apres que la verité a esté blessee d'vne opiniastre resolution
de maintenir l'iniquité, en donnant à la passion, ou à l'erreur
grossier plus de poix, qu'à la iustice ennemie de l'opinion des
Iuges, & amie des Loix, & des maximes generales, lesquelles
estans violees reclament la conscience du Roy, pour les re-
dresser à la confusion des ouuriers du mal, & à la consolation
de celuy qui est offensé par vn Tricheur, qu'on ne doit iamais flatter, selon que i'ay appris heureusement de S. Bernard

parlant au Pape Innocent.

Que les contentions d'entre les iurifdictions Ecclefiaftiques, & Seculieres excitent vn fcandale extreme, & fomen-
tent l'Herefie, laquelle ne fçauroit eftre|plus puiffamment
côbattüe, que par la reftauration de la liberté legitime de l'E-
glife pour les chofes fpirituelles, de laquelle le Roy eft le
protecteur , & defenfeur par auantage fur tous les Princes
Chreftiens.

Que partant il faut diftinguer les droicts de l'vne, & l'autre Puiffance, & ne plus permettre les fchifmes, & diuifions en
l'Eglife, fous pretexte de la confufion, & des appellations côme d'abus, lefquelles ne doiuét auoir lieu, qu'en l'vfurpation,
que feroit fur la iurifdiction temporelle l'Eglife fondee en
vne puiffance fouueraine ordinaire, & fuperieure par appel
pour les chofes fpirituelles, laquelle eftant conferuee par le
Roy, ainfi qu'elle a efté par les Roys fes predeceffeurs, fera vn
puiffant rampart contre l'Herefie fans autres difputes, & ra-
menera la paix du Ciel en la France par l'vnion de la Pieté, &
la Iuftice maintenües en leurs droicts fous l'heureux regne du
Roy iufte en fes defirs, & magnanime en fes œuures.

Que les artifices, qu'on pallie de l'octorité du Roy contre
la puiffance legitime de l'Eglife ne font que des femences de
fchifmes, & d'irreligion en vn Royaume Chreftien, defquels
fe feruent les Heretiques maiftres de l'erreur , apres qu'ils
ont refufé en leur diuifion de l'Eglife d'eftre difciples de la
verité.

Que la Nobleffe re-connüe par nos Roys, pour eftre l'ornement, & l'appuy de la Couronne, defire apres tant & tant
de maux d'eftre foulagee en fes affaires par les exercices d'vne
bonne, & prompte iuftice, laquelle luy fera rendüe par la reftauration

ſtauration des Loix.

Que la reduction des rentes à vn prix legitime, & l'abolition des obligations vſuraires ſont deux grands moiens, pour
ſecourir cet Ordre deplorable, & faire valloir les terres, & le
commerce, auec ce bien, que ces deux remedes purifieront les
conſciences abondamment, & abaiſſeront l'orgueil, & vn luxe effroiable accompagnés d'infinis malices practiquees par
les deteurs, qui changent de viſage à tous moments, & ſe font
en leurs menteries, ainſi que des Protees.

Que la captiuité de la priſon pour detes ciuiles entre
gens, qui ne ſont marchants, eſt honteuſe dans les Ordonnances d'vn Roy Treſ-Chreſtien.

Que les pieges tendus aux playdeurs par des formes ridicules, & cherement dechiffrees doiuent eſtre reduicts à
vn langage commun par dès Ordonnances lumineuſes, &
ſimples,

Que les preſcriptions du temps, & des actions ſont les
ſources fœcondes de la iuſtice, & les moiens de preuenir de
grands maux, & les vaincre auant la ruine des playdeurs.

Que les appellations, & autres remedes contre la violence
des Iuges iniques ne ſont plus que des couuertures de calomnie, iniquité, & malice, leſquelles il faut refrener par les pénes
legitimes ſans diſpenſe.

Que les pénes eſtablies par les Loix ſont les vraies mines
de la France.

Que la foy ne ſera iamais reſtauree en la ſocieté politique,
de laquelle elle eſt le lien, que par l'Edict des Nantiſſements,
& autres de meſme qualité, pour rendre les pactions des hommes libres des fauſſetés, & tromperies, dont le commerce eſt
ordinaire.

LI

Que par l'ordre de la Iustice le Roy outre le soulagemēt
d e ses sujects reçeura de grands thresors saincts,& legitimes.

Que les sergents, qu'on appelle traineurs de testes de Loup
en tre les autres iniures, qu'ils font au pauure peuple ruiné
pa r infinies voies, n'auront plus le ponuoir de le charger de
commissions, par l'abolition de ces vexations auec vn grand
proffit à l'Espargne, sans sur-charge non seulement, mais encore auec le bien commun des Creanciers,& des Deteurs. Exemple de misere, qui me represente l'establissement d'vn Cō-
missaire de Paris sur vne terre en Touraine auec vne suite de
ruine prodigieuse, laquelle m'a n'avré le cœur n'ayant moien
d'y remedier.

Que la multiplicité des degrés de iurisdictions est contre
le principe de la iustice, & qu'il n'y en aura que deux en ce
Royaume, sans que personne se puisse plaindre, ny interesser
contre les Ordonnances anciennes reduictes en vne loy
plus vtile au peuple, que si le Roy le deschargeoit de tous
subsides.

Ie ne sçaurois, Mon Pere, exprimer la bonté des Loix que
ie propose au Roy, dont ie vous ay faict voir le suc, de peur
que le discours continu parmy vos grandes occupations ne
persuadast si facilement cette verité, à laquelle ie m'attache,
qu'ayant tiré l'essence de la Malice des palais, & de la Iustice
du Roy, ie trouue que les iniquités, qu'on releue à vn si haut
degré sont vn rien, si la Loy est vne-fois armee contre l'am-
bion, & l'auarice du Magistrat, apres vne application sage, &
vigoureuse sur le mal selon la varieté des rencontres aux maximes generales des affaires, desquelles seules ie traicte en ombre à present, ainsi que des clefs de la Iustice, en attendant la
liberté d'vne parole naïue.

Mais puiſque le ſiecle confus en ſon ignorance de la ſcience politique ne peut ouyr aucune propoſition du bien vniuerſel, qu'il ne demande, comment cecy, comment cela, ie dis
en vn mot, que la capacité d'vn eſprit recueilly en Dieu, & illuminé de ſa grace apres vne longue experience de trente-
deux ans ſuffiſt pour toute reſponſe à la deſiance, qu'on voudroit prendre d'vn fauorable ſuccés de l'entrepriſe, que i'ay
faiſt de reſtablir genereuſement l'ordre en la iuſtice ſous l'o-
ctorité du Roy ſelon le temps. Vous ſçaués dailleurs par la
ſuite des hiſtoires, que les ſciences premieres ont eſté non ſeulement cultiuees, mais que l'eſprit humain les a embelly, & en
a faiſt de nouuelles ſelon les ſujeſts. Le meſme ſe remarque
aux arts mechaniques, comme nous voyons vn Demetrius re-
connu en l'Antiquité Aſſiegeur de villes, pour auoir inuenté
vne machine de guerre propre à les forcer. Ainſi Ptolomee a-
il grandement embelli, & accru la connoiſſance, qu'auoient eu
Platon, & Ariſtote des Aſtres auec les anciens Philoſophes,
lequel s'il re-tournoit feroit re-connoiſtre ſon ignorance en la
Geographie, par la découuerte d'vn Monde nouueau, dans lequel voſtre Ordre a genereuſement planté la foy Chreſtienne. Ie laiſſe tant & tant d'eſprits ſinguliers en la Theologie,
& en la Medecine, leſquels ont paru en nos derniers iours ſte-
riles, comm'a eſté le Monde, en vne ſcience forte, & puiſſante,
pour embraſſer l'ordre vniuerſel, qu'il faut garder en la iuſtice. Ie ne parle point auſſi des autres Nations, & quiſte le diſcours, puiſque la preuue de mes propoſitions ſe doit faire reel-
lement, & ſans controueſe. I'adiouſte à tout ce'a; que quand
il playra au Roy, il verra dans vn an les Palais de ſon Eſtat de-
ſerts de Chicaneurs, les Loix liberales, & en vn mot le bien,
qu'on ſçauroit deſirer par la force de ſes Ordonnances mai-

ſtreſſes de l'homme meſchant, & ennemy de la diſcipline.
Mal-heur plus commun en ce ſiecle, qu'en aucun autre, par la
licence, qui nous a faiƈt voir des gens en grand nombre, leſquels venus de peu, & ſemblables à vn Saluidien Rufe Romain monté au Cóſulat eſtiment, qu'il n'y a rien d'aſſés haut
en eux, & ſe veuïllent touſiours releuer, pour voir Cæſar, & la
Republique plus librement au deſſous de leur puiſſanne·

Il me ſemble, que i'oy quelqu'homme d'Eſtat, mot certes
duquel ie n'ay ſçeu comprendre au cours de ma vie la definition en vn Royaume auquel il n'y a aucune iuſtice, qui demande qu'on fera de tant de Praƈticiens, lequels ne viuent
que des calamités publiques.

Or bien que ces objeƈtions ſoient ridicules, ie diray neantmoins, que le Roy eſt le Pere commun de ſes ſujeƈts, & qu'il
n'eſt pas iuſte de voir des gens éleués tendrement à la deſola-
tion des autres, leſquels ne ſeruent pas à l'Eſtat, puiſque la
Nobleſſe, & le peuple en portent les charges, & que ces perſonnes par leur credit renuoient tout le mal ſur les Pauures.
I'en ay veu vn exemple calamiteux lors de la ſurpriſe d'A-
miens apres les neceſſités de la guerre, leſquelles reclamoient
pour le ſecours du Grand Henry quelque largeſſe des perſonnes riches, dont toutefois on ne ſçeut iamais reſſentir aucun
effeƈt. A tout cela il n'y a qu'vn bon mot, & tel, que ſi ces hômes ne veuïllent trauaïller à l'agriculture, & au commerce ſur
la terre, & la mer, & ſ'addonner aux armes, qu'ils ſe peuuent
manger eux-meſmes, & aïller de bonne heure, ou la péne de
leurs pechés, ſ'ils ne ſe re-connoiſſent, les portera par le iuſte
iugement de Dieu. Il me ſouuient d'auoir veu dans Ariſtote
des choſes ineptes, & impies en ce ſujeƈt, par la limitation du
nombre des enfans, & la prohibition d'éleuer ceux, que la
Nature

Nature auroit procreé auec quelque defaut, adiouſtant que ſi les bornes eſtoient outre-paſſees, il ſeroit neceſſaire, auant que les enfans fuſſent formés, de les faire perdre. Car cette façon de faire entre les Chreſtiens eſt vne eſpece d'homicide, & cóme i'ay dict auſſi ridicule, que la volonté d'vn Chancellier d'Angleterre, qu'il n'y euſt pas moins de dix, ny plus de ſeze enfans dans vne famille, comme ſ'il euſt eſté en luy de commander à la Nature d'autant plus heureuſe qu'elle eſt feconde. A quoy i'adiouſte, que ce nombre de gents de Palais effroiable dans la France eſt cauſé par l'impunité, & la licence de faire tout à diſcretion, & qu'il y a trop d'occupations honeſtes, pour ſ'employer, ainſi que faiſoient nos Peres, ſans ſe deuorer les vns les autres par des actions, leſquelles en toutes leurs circonſtances d'hayne, de dol, & de fraudes ſont cóm'vn feu grejois, lequel mange en ſ'augmentant touſiours de la perte, & ruine de ceux, qui tombent dedans, les deuorant tous les vns apres les autres.

Apres cela i'ay, Mon Pere, à vous exhorter pour la concluſion de ce mien diſcours, que vous conſideriés vn eſprit de iuſtice bruſlé, & trop picote par l'Iniquité, lequel dénüé de tout autre ſecours, que de la grace de Dieu, ſecoüe le ioug de ſa ſeruitude, & en appelle à la conſcience du Roy auec cette reſolucion de trouuer ſon ſalut dans la conſeruation generale de l'Eſtat. Auſſi certes voyant cet Ordre languiſſant, & que ie ne çaurois releuer par mes ſeules forces, ay-ie eſtimé pluſtoſt que de quicter tout, que par l'effuſion des puiſſances de mon me pour l'honneur de Dieu, la benediction du Roy, & le ſaut de la France ie pourrois meriter quelqu'octorité, & grace du Roy, lequel ie me ſuis propoſé de faire voir, non par vne

Mm

hiſtoire tragicque de nos calamités, mais par des actions ſain-
étes, & magnifiques le Roy donné de Dieu, & ſans exemple de
vertu en tous les ſiecles. I'ay remarqué dans la vie de S Louys
des choſes admirables, & ſur tout des iugements ſinguliers
par luy rendus, leſquels ont manifeſté l'integrité, & la candeur de ſa côſcience, côme d'vne Diuinité ſur la terre. Cette
meſme gloirę courónera le Roy des benedictions du Ciel,
& de la France, auec ce ſingulier appannage de bon-heur, qu'a-
uant la naiſſance des maux il tuëra les pechés, & iniquités de
ſon Royaume par la force de ſes Ordonnances dignes en verité d'vn Roy de Iuſtice. Il ne ſert de rien de ſ'amuſer à la ve-
nalité des charges. puiſ-que toute l'excellence de la ſouuerai-
neté d'vn grand Prince conſiſte en la maniere de brider le
Magiſtrat, & l'aſſeruir à la Loy, ce que nos Peres ayants ignoré, meſme dépuis Charles VII, ne nous ont faict voir, que des
Ordonnances confuſes, cu pluſtoſt des trainees de paroles,
leſquelles ont rendu l'Eſtat de la France tributaire de la Chicane, & en ſuite la fable des autres Nations. Les bonnes Loix
ne meſlent point de raiſon auec leurs commandements, &
moins de complaiſance à la volonté du Iuge, laquelle doit
eſtre ſuſpecte ſans conſideration quelconque à vn ſage Legiſlateur. C'eſt l'honneur du Roy, lequel encore vous pouués
exhorter à la moderation du furieux prix des Offices, pour
laquelle i'ay dreſſé vne loy ſinguliere.

A quoy i'adiouſte, que m'eſtant addreſſé par-cy par-là
pour me conſoler en mes afflictions, ie n'ay trouué, que des
conſeils de patience, leſquels ont contribüé au rengregement
de mon mal. Car ayant choyſi ſingulierement deux maiſtres
S. Paul, & S. Bernard pour la conduicte de ma vie, ie les ay re-

connu formellement contraires à la proposition aggreable à
mon genie doux, ennemy de la contention, & fuyant la pène.
Vous fçaués, Mon Pere, la verité des heureux confeils, que ce
grand Apoftre de noftre France donnoit au Pape Eugene cõ-
dãnant la manfuetude de ceux, lefquels fe laiffent reduire à la
feruitude, quand ils peuuent fe maintenir en libertè. I'ay de-
firè plufieurs-fois à la façon de Themiftocles oublier, & ne
plus apprendre, mais ce don ne m'ayant efté accordè de Dieu,
ie re-connois auoir grandement failly en ma diffimulation,
lors que i'ay efté en qualité d'Officier tuteur du pauure peuple, eftant de mon deuoir de refpondre aux bonnes infpirations, lefquelles m'eftoient enuoyees d'en haut pour fon falut, & que ie pouuois obtenir en plufieurs rencontres, fi i'euffe
propofè au Roy les remedes à ces maux. Et puif-qu'il a plu à
Dieu de me reueiller l'efprit par de continuelles afflictions
procedãtes de la malice du Palais, il ne faut plus viure que
dans les cõbats, & meriter par des actiõs genereufes les palmes,
& les lauriers de la benediction publique en attendant l'heureufe moiffon de la vie eternelle. L'execution du deffein me
feroit aifee fans circuit, fi le corps attenüe par de grands maux
ne fe rebelloit contre l'efprit, vous affurant que ie ferois trem-
bler la terre par ces foudres du Prophete Ifaye. *Malediction fur
ceux, qui conftituent loix iniques, & en efcriuant ont efcrit iniuftice, pour opprimer en iugement les pauures, & forcer la caufe des humbles de mon peuple,
afin que les Veuues fuffent leur proye, & qu'ils pillaffent les Orphelins.*
Car la verité reuelee auec dexterité obtiendroit de grandes
chofes, lefquelles en vn inftant par l'effect de la Legiflation
du Roy vous verrés accomplies auec le miracle rapporté par
le mefme Prophete de la conuerfion des Iuges. Or comme

Mm ij

ces choses mysterieuses meritent quelque Minerue fauorable, pour obtenir vne benigne audience, ie vous coniure, non par aucun mien merite, mais au nom de Dieu, de me la preparer heureusement, & que ie viue en cette liberté de pouuoir demander la iustice au Roy, & sous sa protection dans son Conseil contre les ouuriers des mal-heurs publics en vne reuolte generale des hommes les vns contre les autres. Ie sçay que Solon voulant persuader quelque chose, qu'il n'auoit pu obtenir du peuple d'Athenes fist le fol en recitant des vers en vn lieu public, mais de ma part ie ne sçaurois faire que le sage, & iamais ne m'auiendra de passer les limites d'vne modestie courageuse, & de la resolution que i'ay faict en patience d'esprit, de mourir en l'expedition d'vne guerre eternelle contre la Chicane françoise pour l'honneur de Dieu, du Roy, & de l'Estat.

Et puisque ie suis resolu à l'imitation de S Ambroise, & plusieurs grands personnages de prendre le charactere de la Prestrise apres les deux charges d'Aduocat, & de Iuge, & que ie suis capable par la grace de Dieu de seruir dignement le Roy aux sacrifices de la iustice, Faictes, faictes, Mon Pere, par vos puissantes exhortations, que la Iustice du Roy seconde sa pieté, & que les prieres de tant & tant d'ames religieuses congelees dans le sein misericordieux de Dieu irrité contre les iniquités publiques viennent à se fondre par les feus ardents de la charité enuers les pauures du Royaume, ainsi qu'il auiendra heureusement, si sa Majesté purifie les temples de la Vierge Themis, & rend à vn chacun ce qu'en sa conscience elle doit, puisque le plus singulier ouurage de la Royauté est vne bonne, & prompte iustice. Le tableau de la Iustice viue, & lumineuse

mineufe n'eſt pas effacé, mais ſimplement ſouïllé par des ta-
ches, qu'il eſt aiſé au Roy de faire re-polir, & de le rendre plus
beau qu'il n'a iamais eſté par le ſoin, & l'induſtrie d'vn pein-
tre auſſi excellent en cet art, que fuſt iamais Apelles en la
ſienne, lequel euſt cet honneur par vn Ediét d'Alexandre priuatiuement à tout autre d'eſtre choyſi de luy, pour faire ſon
image. Ie parle hardiment, & trop au iugement du Vulgaire,
qui ne faiét que tourner ça, & la quand il eſt queſtion d'entreprendre vn action magnifique, laquelle au contraire vn
homme de Dieu repreſente droiétement, & ſans artifice. Ce
n'eſt pas, Mon Pere, que ie n'aie vn grand d'éplayſir en mon
ame, de m'éleuer ſi haut, comme ie fais, mais la ſtupidité du
ſiecle enſeueli dans ſes ſeuls intereſts terreſtres me force de
paſſer par deſſus la modeſtie, que i'ay aymé, & trop au cours
de ma vie, re-connoiſſant que cette vertu ſ'eſt tournee en laſ-
cheté, & abandonnement du deuoir auquel i'eſtois obligé. Si
donc apres tant, & tant de maux i'ay par la miſericorde de
Dieu la recompenſe d'vn ferme iugement pour la diſcretion
du vray d'auec le faux en la reſtauration de l'ordre de la Iuſtice, & que par cette Science vrayement Royale, & puiſee
dans les conſeils du Roy des Roys ie me reconnois interieure-
ment auoir penetré iuſqu'à la racine de l'immortalité promi-
ſe aux amis des Pauures par la Sageſſe eternelle, ſecourés-moy
en l'execution de mes vœux, & ne permettés point que des labeurs ſi penibles ſ'euanouïſſent, vous aſſurant, que de la ſor-
tiront mille benediétions publiques enuers le Roy, & qu'il
ſera la ioye de ſes ſujeéts auec l'heureuſe ſuite d'vne belle
lignee heritiere de ſes vertus. Car vous iugerés par les effeéts
des Ordonnances, que i'ay dreſſé, que ce ſont des vapeurs de

N n

la vertu de Dieu, & des brillants rayons de la lumiere eternelle lors que par l'application de leur decrets fur les grandes
corruptions de l'Eftat on verra le mal contre l'efperance humaine du tout aboly, & la difcipline reftablie dans le grand
corps de la Iuftice, lequel étonne les plus forts de fon feul
afpect. Cet Ordre que ie confole par mes confeils vous fera
obligé de l'amitié que me ferés, & participera au bien, qui en
reüffira, & fi dailleurs vous gratifierés vn efprit officieux à fes
amis, quand il a le pouuoir de bien-faire. C'eft,

MONSIEVR MON PERE,

Voftre tres-humble feruiteur,

FARNÇOIS MARCHANT.

A MONSIEVR LE REVEREND PERE
IOSEPH DE L'ORDRE DES CAPVCINS,
PROVINCIAL EN TOVRAINE.

MONSIEVR MON PERE,

Vous m'aués plusieurs-fois ouy plaindre des ru-des traicts, qui m'ont navré, & blessé outrageuse-ment, la Chicane ayant triomphé de mon petit auoir, & de ma santé en vne grande desolation de ma famille. I'ay cher-ché les voies honestes, pour m'en tirer, & pour tout loyer mes compliments durant huict ans enuers les vns, & les autres, qui estoient en honneur, & partant obligés de me secourir, n'ont esté que de nouuelles matieres, pour embraser dautant plus les feux de mes ennuys. Ie ne me contentois pas, de me mettre à l'abry de ces maux, mais encore esperois ie par des auis salu-taires faire voir le port à vn monde de personnes miserables, qui flottoient auec moy sur les vagues des mesmes oppressions. Or puis-quil a plu à Dieu de permettre que tous mes des-seins obscurs, & qui n'estoient dressés sur le modele d'vne puissante Legislation, se soient confus dans mes souhaits, & que les souhaits n'aient eu autre fin que du vent, sa volonté soit faicte, & son sainct nom beni, sans autre ressouuenir des choses passees, que pour en tirer des conclusions pafaictes d'vne science experimentale au bien, & soulagement du Roy-aume par vn ordre si clair, que la connoissance de mes labeurs

Nn ij

excitera de l'amour, & de la ioye de tous côtés. Il me fouuient
de l'exemple, que vous me reprefentaftes d'vn grand Cardinal Religieux en Hefpagne, qui fift des merueilles, pour le falut de la Chofe publique. Mais comme les efprits ont diuers
talents felon la varieté des actions neceffaires au Monde, ie
laiffe ce proceder, duquel auffi ie ne fuis pas capable, n'ayant
autre but en mes eftudes defpuis trente-deux ans, que de fçauoir parfaictement les moiens de confoler les Pauures par les
exercices de la iuftice. Ainfi vous diray-ie, fans parler des autres Nations, puifque ie me fuis refferré dans la fœlicité de la
France, que c'eft vne grande folie d'y attendre aucun bien,
que la Iuftice ne regne auec l'ordre conuenable au temps, & à
ce qu'on peut raifonnablement obtenir du Roy apres vn long
debordement: L'Herefie perira par cette voie infenfiblement,
& l'Eglife n'aura point fitoft efté remife en fa liberté naturelle, que vous en verrès des effects admirables. Les trois Ordres
dailleurs reünis yront à la paix auec Dieu, fans laquelle tous
les confeils du Monde ne font, que des artifices palliés de belles apparences, pour perdre, & ruiner l'Eftat. Le mal a commencé par la diffolution des Loix diuines, & humaines, que la
Chicane a faict feruir à fes paffions fous l'octorité du facré
nom du Roy, & defpuis la licence eftant ouuerte nous auons
en la profeffion exterieure du nom de Chreftiens furpaffè en
cruauté les Barbares, que l'ignorance de la Loy de Iefus-
Chrift excufe Car nous n'auons trauaillé à autre chofe, comme nous ne faifons encore, durant la rebellion de l'Herefie,
qu'à nous foufleuer par vne coniuration licentieufe contre la
puiffance legitime de l'Eglife, laquelle eftant eftant vne fois
abolie, la Religion fera ce qui plaira aux vns, & aux autres,

fans

fans aucune liaifon d'obeïffance au fouuerain Chef, & Pafteur
de l'Eglife. Ie laiffe tout cela, pour vous dire naïuement, que
me reconnoiffant par la grace de Dieu tres fçauant, & expert,
pour remedier à ces defordres, i'ay eftably vne fcience Royale, capable, comm'elle eft appuyee fur de fortes colomnes, de
fe faire admirer, par la perfection de plufieurs ouuages d'vne
charité incomparable. Ie fçay que la plus efficace perfuafion
doit venir de la vie de celuy, qui parle, & que peut-eftre on
me voudroit reprocher ce, que les Empereurs Diocletiain, &
Maximiniain difoient à vn Philofophe, lequel auoit la vertu
fur la langue, & l'ordure dans le cœur. Mais i'ay Dieu pour
témoing, d'auoir toufiours bien defiré, & plus entrepris, que
la foibleffe de ma condition ne permettoit, pour la confolation des Pauures. Et afin de ne vous point amufer, il eft vray,
que tous vos vœux, & de plufieurs autres bons Religieux ne
fructifieront iamais, fi la Iuftice n'eft remife en fon luftre, &
la pieté ne fera parmy nous qu'hypocrifie, fi les effects ne f'en
reconnoiffent par l'innocence de la vie. C'eft le point de la reftauration, qui tend à remettre la France auec le Ciel par la
diffolution des mauuaifes mœurs, afin que Dieu appaifé par
des facrifices de iuftice beniffe le Roy, & le côble de fes graces
en vne lõgue vie. Vous eftes fçauant, & fuffifamment inftruit
en ce point, par la voix de Dieu animee heureufement par le
grand S. Hilaire, que des prieres, & deuotions nües ne font
point agreables à celuy, qui veut le cœur, & que nos propos
foient reueftus de probité, d'integrité, de charité, & en vn
mot de iuftice. C'eft la voie Royale des Chreftiens, de laquelle les François f'eftans deuoyés, ils ont perdu parmy les Nations eftrangeres la creance, qui faict, que ie trauaille à les re-
dreffer par vne Legiflation puiffante, au grand honneur dü

Roy, & à la memoire eternelle de fon fiecle. Or comme i'ay appris de S. Bernard, & d'vne longue experience, qu'en ces rencontres les gents du fiecle font plus prudents, que les enfans de lumiere, voire que le mal fe faict auec ardeur, & le bien froidement, i'ay befoin de creance, & vous coniure au nom de Dieu auec vos Peres, qui tiennent les Chaires, de m'eftre fauorable par vne benigne recommendation enuers les fages, & vertueux perfonnages de ce Royaume. Car en effect qu'on die ce qu'on voudra, fi la nüe verité des erreurs humains fur la reftauration des abus du Palais eftoit découuerte, il n'y a perfonne, qui ofe paroiftre ny fe prefenter, pour deffendre les iniquités, malices, & oppreffions, qu'on commet fous le no n du Roy. Vn chacun le dict, & n'y a endroit ou la plaincte des iniuftices publiques ne foit remüe, & neantmoints perfonne n'y veut mettre la main, ny mefme f'en rendre capable, m'affeurant, que fi la fcience, que i'ay dreffé pour cela, eft vne fois connüe, vous verrés des millions de millions de mal-heurs fódre plus foudainement, que la neige aux rayons d'vn ardent Soleil. Ie le fçay conftamment, & vous affeure cette verité apres de grandes meditations d'vn efprit recueilly en l'amour de Dieu, & en la charité enuers les hommes. Il n'appartient qu'aux chefnes à rendre ces Oracles, & la varieté des occupations, qu'vn chacun prent pour fon proffit particulier, nous enuie les conclufions d'vn fi grand bien. Si donc il ne refte, que de voir les effects de mes promeffes, conciliés moy la grace du combat, pour obtenir vne pleine, & entiere victoire en la prefence du Roy. Il eft vray qu'en ces rencontres on doit marcher auec prudence, auffi me fuis-ie refolu de fuyure le confeil de Saluian, lequel ne fçauroit eftre expliqué que par ces mefme paroles, *Ne vitiorum curam crudelitate refpergerent,*

*tr dum peccata auferre cuperent, ipsi in peccatorum refecatione peccarent,
ita errantes emendauerunt, ut factum eorum medicina, pæna non esset.*
Mais quoy! Il me semble, que ie suis auec vous desirant de
moy quelque particuliere preuue de mes propositions. C'est
le commun vœu des hommes, lequel m'a fort péné en beaucoup de rencontres: Or maintenant Dieu m'a ouuert la lumiere, pour satis-faire en vn mot à toutes les demandes, qu'on
me pourroit faire par vne consideration simple accommodee
sur vous-mesmes. Vous estes Prouincial en vostre Ordre, &
à vous appartient la visite des Conuents de vostre Prouince:
En ces occasions le discours n'est pas le point, par lequel la
charge se doit accomplir, mais la connoissance des defauts en
l'obseruance de la discipline, si aucuns sont, pour remettre les
esprits en la voie reguliere: Et pour dire en vn mot vostre sagesse, qui est de Dieu, va à ces deux petits propos fixement,
seruate & facite, & la prudence du Monde en ses desordonnets
affections ne faict que discourir, & perdre le temps en des ca-
joleries indignes d'vne ame Chrestienne. Il en doit estre de
mesme d'vn homme d'Estat contemplateur, & facteur de son
deuoir, lequel ne s'arreste iamais aux harangues, mais faict cecy & cela selon les sujets, pour dissiper les maladies publiques par la guarison des singulieres: Si l'octorité du Roy y est
necessaire, il l'a requiert, & apres luy auoir faict voir le mal,
luy expose le remede plus fort, pour en triompher par de sainctes Ordonnances. C'est pitié, Mon Pere, que de l'ignorance
les hommes, lesquels sçauent tout en idee, & n'entendent rien
n effect: I'estois sur ce propos lors, qu'ouurant mon S. Bernard, lequel me console beaucoup, ie suis tombé sur la medi-
tion des choses dernieres de l'homme, de laquelle i'ay recueilly ce fruict, qu'ayant passé ma ieunesse en liberté, & le

Oo ij

milieu de ma vie en de grands perils, ie dois finir mes iours en
vn exercice magnanime, pour la gloire de Dieu , la benediction du Roy , & le falut de la France.

Voyla, Mon Pere, vn difcours à la mode diffus, & lequel eft
du tout côtraire à mon genie hayffant les Harangues. Mais
côfiderés la péne en laquelle ie fuis ya quatorze ans, eftant reduict à ce point, que la liberté de mon efprit eft refferree dans
la crainête de déplayre aux vns, & aux autres, lefquels prennent la verité pour fcandale , & d'vne iufte plainête ainfi qu'-
on a tenté de faire contre moy , en font vn libelle diffamatoi-
re. Et neantmoins puif-qu'il eft queftion de la caufe de Dieu,
du Roy , & de l'Eftat, ie vous diray nüement pour conclurre
tous ces propos, qu'en la confufion publique, que la meilleure iuftice de la France fe tourne en extreme iniuftice, il ne faut
plus parler d'inconuenients au fuccés de l'entreprife que i'ay
faiét, apres le témoignage de ma vocation parfaiét & accom-
ply d'exterminer les grands abus du Palais , & faire, que la Iuftice foit le commun azyle, & le refuge des Peuples. Ie fçay,
que d'abord vous penferés, qu'on ne fçauroit éleuer fi haut les
murailles de la iuftice, que les tromperies des hommes ne puif-
fent paffer par deffus. Mais à tout cela vne fimple refponfe
fuffift, que le bien des Ordonnances que i'ay dreffé eft vifible,
& reel, tellement que le mal finira auffitoft que le remede y aura efté donné auec cette ioye, que d'vne calamité publique
fortira la benediction vniuerfelle des trois Ordres deliurés
de la plus infame feruitude, qu'on fçauroit imaginer. Ie n'ay
donc befoin en cela, que d'aïde pour perfuader cette verité en
patience, & auec l'accueil, qu'on doit faire à vn homme d'honneur. Car tout eft confus en vn mot dans ce Royaume par le
defaut de iuftice patronne tutelaire des Eftats, & mere du re-

pos,

pos, & de la tranquilité publique. Il n'y a qu'infidelité parmy de feintes deuotions enuers Dieu, & des fraudes, & tricheries entre les vns, & les autres, ainfi que S. Gregoire le grand m'a appris, lequel taxe de ce nom les Prælats du Royaume facrifiants au veau d'or, & conferants les Ordres à prix d'argent, ayant pour ce fujeẗ exhorté Theoderic d'affembler vn Concile. Que faut-il donc faire en vn mot, finon qu'efleuer nos cœurs, & par les degrés de l'innocence, & la pureté de nos actions monter à la montagne du Seigneur, qui eft le fouuerain faftige de tout bien ? Il me fouuient d'auoir efté confolé grandement lors de ma fuite dans les bois, ou ie rencontrois plus fouuent Minerue que Diane, par la vifitation des Peres de voftre Ordre de la miffiõ en Poiẗou, & d'auoir tiré de leurs labeurs cette demonftration d'vne fcience experimentale, que l'Herefie de noftre fiecle n'eft qu'vne Chicane formee contre toutes les Puiffances de la terre, laquelle ne fera iamais reduiẗe à l'obeïffance par les difcours, & aduertiffements des ames religieufes, fi la Iuftice oẗorizee par la force ne met le feu à ce mal-heureux Chancre. Mais il y faut ailler d'vne telle façon, qu'il n'y aie ny tort, ny grace au proceder, & par ce confeil, que i'ay cueilly dans S. Auguftin, en le reduifant, cõm'il eft befoin de faire aux actions de la vie humaine, à vne bonne fin par la lumiere de la Sageffe requife aux actions publiques. Confiderés donc, Mon Pere, que les Chicaneurs en la Pieté, & en la Iuftice font des gents deftituës de l'vfage de la raifon, & frappés de de deux peftes, L'vne eft la lethargie, & l'autre la phrenefie. Pour la premiere, les auis falutaires, & les admonitions des gents de bien peuuent contribüer beaucoup à la guarifon, en réueillant l'efprit, & l'excitant d'vn profond fommeil par les foudres d'vne parole efficace en fes

Pp

œuures: Quand à la seconde, c'est vn erreur grossier, que d'y
penser donner remede, si ce n'est par les chaines, lesquelles re-
tiennent les esprits furieux en leur rage, & obstination contre
Dieu, le Roy, & l'Estat. Or en tout cela il est encore besoin,
que vous consideriés, que la Chicane de nos Palais est la matiere de l'ire de Dieu sur ce Royaume, laquelle ne cessera iamais, que le Roy n'aie establi de bonnes Loix, & pris vn grand
soin de les faire obseruer, & punir les meschants Officiers, lesquels abusent de son octorité, pour ruiner, perdre, & destruire
la foy, l'vnion, & l'amitiè, qui sont les fondemens des socie-
tés politiques. Ie sçay que vous estes equitable, & que iamais
vous n'attribüerés mes vœux à aucun interest singulier, &
moins à quelque côfidence de merite, laquelie m'aie transpor-
té à la publicatiô du riche talent, que ie me ressens auoir eu de
Dieu, pour faire des choses admirables : Ie suis trop bien instruict en cette verité, que Dieu n'a que faire le organes, & dis-
positions de nos ames, pour manifester sa Toute-puissance, &
qu'il le faict côme Souuerain, & non pas comme mendiant le
secours de sa creature, protestant de ma part sans misericorde,
si ie suis trouué menteur en ce sujeçt, que ie ne pretens autre
benediction de tous mes trauaux, qu'vn rapport perpetuel des
richesses que i'ay reçeu du Ciel au Pere des lumieres, & à l'iné-
puisable source des sciences, pour les employer singulieremét
à la gloire de l'Eglise, & au salut des Pauures, & par la reflex-
xion de leurs benedictions, & prieres pour le Roy, le faire
voir Iuste de nom, & d'effect. C'est,

MONSIEVR MON PERE,

Vostre tres-humble seruiteur,
FARNÇOIS MARCHANT.